新能源汽车关键技术丛书
总顾问　原诚寅

汽车热管理系统
仿真分析与实例解析

张扬军　王泽兴　钱煜平　主　编
朱　波　张　明　冯黎明　副主编

电子工业出版社
Publishing House of Electronics Industry
北京·BEIJING

内 容 简 介

本书主要围绕汽车热管理主题，从部件、子系统、整车三个层面详细介绍汽车热管理的建模与仿真技术。全书分为7章，主要内容包括绪论、动力系统热管理、电驱动系统热管理、空调系统、整车热管理、AI技术与汽车热管理、相关软件技术展望。依托国产汽车热管理仿真分析软件，本书第2～5章分别提供了动力系统、电驱动系统、空调系统、整车热管理系统的建模与仿真案例，供读者练习，解决汽车热管理实际工程问题。

本书可作为高等院校车辆工程、热能工程、动力工程等工科专业的本科生实践型教材，也可供相关专业教师、科研人员和工程技术人员参考。

未经许可，不得以任何方式复制或抄袭本书之部分或全部内容。
版权所有，侵权必究。

图书在版编目（CIP）数据

汽车热管理系统仿真分析与实例解析 / 张扬军，王泽兴，钱煜平主编 . -- 北京：电子工业出版社，2024. 8（2025. 8重印）. --（新能源汽车关键技术丛书）. -- ISBN 978-7-121-48496-4

Ⅰ . U469.7

中国国家版本馆CIP数据核字第2024DH3302号

责任编辑：宁浩洛　　特约编辑：田学清
印　　刷：北京七彩京通数码快印有限公司
装　　订：北京七彩京通数码快印有限公司
出版发行：电子工业出版社
　　　　　北京市海淀区万寿路173信箱　　邮编：100036
开　　本：787×1 092　1/16　印张：13.25　字数：339千字　彩插：2
版　　次：2024年8月第1版
印　　次：2025年8月第5次印刷
定　　价：59.00元

凡所购买电子工业出版社图书有缺损问题，请向购买书店调换。若书店售缺，请与本社发行部联系，联系及邮购电话：（010）88254888，88258888。
质量投诉请发邮件至zlts@phei.com.cn，盗版侵权举报请发邮件至dbqq@phei.com.cn。
本书咨询联系方式：（010）88254465，ninghl@phei.com.cn。

编委会

总 顾 问：原诚寅

主　　编：张扬军　王泽兴　钱煜平

副 主 编：朱　波　张　明　冯黎明

参编人员：（按姓氏笔画排序）

王　和　　王　明　　王红蕾　　王颢淳　　邓亚宁　　宁昱诚

刘腾超　　江泓升　　李本学　　李炜烽　　杨恒杰　　吴齐峰

张　忆　　张　媛　　陈国栋　　陈莹杰　　季　双　　赵　露

郝　维　　姚明尧　　黄铮铮　　隋　岩　　彭　晔　　曾泽智

蔺会光　　潘禹宏

序

制造业对中国 GDP 的贡献巨大，汽车制造水平更是衡量一个国家制造实力的重要标准。随着新能源汽车的崛起，汽车行业的技术需求日益提高，竞争也愈发激烈。借助计算机辅助工程（CAE）技术，汽车制造业实现了飞跃式发展，新车开发周期大幅缩短，成本显著降低，投资回报率明显提高。

在汽车运行过程中，无论是传统燃油车还是新能源汽车，其动力系统都涉及复杂的能量和热量转换。因此，精细化的整车能量管理和热管理对于提高车辆效率和安全性至关重要。通过 CAE 技术，燃油经济性、发动机热管理、电池热管理等问题得以精确模拟和优化，从而提升车辆性能和用户体验。

面对全球化的市场和技术挑战，中国自主 CAE 企业应勇担重任，成为中国汽车行业的技术创新者和可靠伙伴。通过先进的多物理场仿真、数字孪生和人工智能技术，支持新能源汽车进行突破和优化，助力企业提升核心竞争力。

中国自主 CAE 企业不仅应与国内自主技术伙伴紧密合作，构建自主创新生态圈，推动技术集成与协同发展，还应积极与国际技术服务商合作，确保解决方案符合国际标准，提升全球竞争力。通过持续的技术创新，中国自主 CAE 企业定可助力中国汽车业增强自主创新能力及国际竞争力。

陈十一

2024 年 6 月

前言

汽车热管理是指，从整车全局的角度，对发动机、电池、电机/电控、空调等部件及相关子系统进行匹配，使各个系统处于最佳的工作温度区间，提高整车经济性和动力性，保证车辆行驶安全性与乘员舒适性。传统汽车热管理主要包括发动机、变速箱的冷却及空调系统热管理；新能源汽车热管理主要包括电机/电控系统、电池系统及空调系统热管理。热管理系统遵循汽车行业"V"模型开发模式，建模与仿真技术对热管理系统开发至关重要。

汽车热管理系统建模与仿真主要包括一维热系统建模与仿真和三维热流体建模与仿真。一维热系统建模与仿真主要是针对汽车热管理进行的系统级建模与性能仿真，完成汽车热管理系统在不同驾驶环境及工况下的性能评估。三维热流体建模与仿真主要是针对汽车热管理进行的部件级建模与性能仿真，完成风扇、水泵、座舱等零部件在热管理系统中的性能评估。传统一维与三维独立的建模与仿真无法满足整车多场景、多热源条件下的多尺度热管理仿真需求，工业界正在逐步引入一维、三维联合仿真技术，快速评估零部件流动传热性能参数并传递给整车热管理系统进行仿真分析，实现热管理部件/系统仿真与汽车运行环境、工况的耦合，提高热管理系统仿真精度与仿真速度，缩短开发周期。

本书主要围绕新能源汽车、传统燃油车热管理建模与仿真需求，从部件、子系统、整车三个层面详细讲述汽车热管理的建模与仿真技术，并提供了贴近工程实践的热管理建模与仿真学习案例。本书的撰写工作得到了国家自然科学基金（中国汽车产业创新发展联合基金重点支持项目）"车用动力电池系统热场分布、热传输机理及热管理研究"（U1864212），以及国家973计划、国家重点研发计划等相关项目的支持。感谢清华大学、合肥工业大学、国家新能源汽车技术创新中心、南京天洑软件有限公司、北京十沣科技有限公司、宇通客车股份有限公司、宁德时代新能源科技股份有限公司等单位对本书撰写提供的大力支持。团队科研助理赵露、宁昱诚对书中细节及措辞等进行了认真审核，为本书的顺利出版做出了贡献。

汽车热管理系统是机械、流动、传热、控制多学科耦合的复杂动态系统，本书主要从工程实践角度介绍了汽车热管理系统建模与仿真技术及其最新的研究进展。书中相关案例的素材文件，可通过登录华信教育资源网（www.hxedu.com.cn）搜索本书书名或 ISBN 号，进入图书主页获取；相关案例的操作视频，可通过扫描封底二维码在线观看。由于我们的研究水平有限，书中难免会有疏漏和不足之处，恳请读者批评指正。

编 者

2024 年 5 月 13 日

目 录

第1章 绪论 ······ 001
1.1 汽车热管理系统概述 ······ 002
1.1.1 新能源汽车热管理系统 ······ 002
1.1.2 传统燃油车热管理系统 ······ 003
1.2 汽车热管理系统建模与仿真概述 ······ 006
1.2.1 一维热系统建模与仿真 ······ 006
1.2.2 三维热流体建模与仿真 ······ 007
1.2.3 一、三维联合建模与仿真 ······ 008
1.3 整车热管理系统开发流程 ······ 011

第2章 动力系统热管理 ······ 014
2.1 锂离子动力电池热管理系统设计与仿真 ······ 015
2.1.1 锂离子动力电池热管理方式介绍 ······ 015
2.1.2 锂离子动力电池热分析及热特性模型 ······ 017
2.1.3 动力电池热管理系统建模与仿真 ······ 028
2.2 发动机热管理系统设计与仿真 ······ 037
2.2.1 发动机热管理系统关键性能指标 ······ 037
2.2.2 发动机产热原理及热特性模型 ······ 041
2.2.3 发动机热管理系统建模与仿真 ······ 043
参考文献 ······ 053

第3章 电驱动系统热管理 057

3.1 电机热管理系统建模与仿真 058
3.1.1 电机热管理系统关键性能指标 058
3.1.2 电机产热原理及热特性模型 060
3.1.3 典型电机热管理系统级建模与仿真 064
3.1.4 典型电机热管理部件级建模与仿真 072

3.2 电控热管理系统建模与仿真 078
3.2.1 电控热管理系统关键性能指标 078
3.2.2 电控产热原理及热特性模型 078
3.2.3 典型电控热管理系统级建模与仿真 080
3.2.4 典型电控热管理部件级建模与仿真 088

参考文献 094

第4章 空调系统 095

4.1 空调系统概述 096
4.1.1 空调系统组成 096
4.1.2 空调系统关键性能指标 098

4.2 空调系统热特性模型 099

4.3 空调系统建模与仿真 104
4.3.1 空调系统制冷循环仿真案例 104
4.3.2 座舱制冷仿真案例 116
4.3.3 座舱热管理三维仿真案例 124

参考文献 128

第5章 整车热管理 129

5.1 纯电动汽车热管理系统 130
5.1.1 纯电动汽车热管理系统构型介绍 130
5.1.2 典型纯电动汽车热管理系统建模与仿真 140

5.2 混合动力汽车热管理系统 146
5.2.1 混合动力汽车热管理系统构型介绍 146
5.2.2 典型混合动力汽车热管理系统建模与仿真 151

参考文献 158

第6章 AI技术与汽车热管理 159

6.1 AI技术理论 160
6.2 AI技术在汽车热管理中的应用场景 165

6.3　AI 技术在汽车热管理中的应用案例分析 ·· 169

参考文献 ··· 176

第 7 章　相关软件技术展望 ·· 177

7.1　多学科系统仿真软件技术展望 ·· 178
7.1.1　开放的多学科和跨尺度联合仿真技术 ······································· 178
7.1.2　基于模型的设计优化流程 ··· 179
7.1.3　融合人工智能技术 ··· 179

7.2　流体动力学仿真软件技术展望 ·· 180
7.2.1　智能化网格生成和自适应网格技术 ··· 180
7.2.2　集成人工智能技术 ··· 180
7.2.3　行业应用领域拓展 ··· 181

7.3　工业软件辅助技术展望 ·· 181
7.3.1　工业云平台技术 ··· 181
7.3.2　软件云化技术 ··· 182
7.3.3　硬件技术 ··· 183
7.3.4　云端数据管理与分析 ··· 183
7.3.5　辅助工具 ··· 183

7.4　国创数字化仿真云平台 ·· 184
7.4.1　云资源管理 ··· 184
7.4.2　设计数据管理 ··· 186
7.4.3　仿真数据管理 ··· 186
7.4.4　仿真工具链 ··· 187

附录 A　QFLUX 软件介绍 ·· 188

附录 B　AITherMa 软件介绍 ·· 193

附录 C　AICFD 软件介绍 ·· 195

第 1 章　绪论

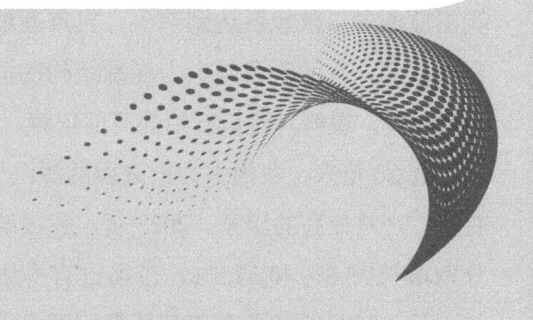

导读：本章讲述了汽车热管理系统的相关概念和背景知识，主要介绍汽车热管理系统的概念、一维和三维建模与仿真方法，以及整车热管理系统开发流程。通过本章的学习，读者可以对汽车热管理系统有个初步了解，为后续章节的学习打下基础。

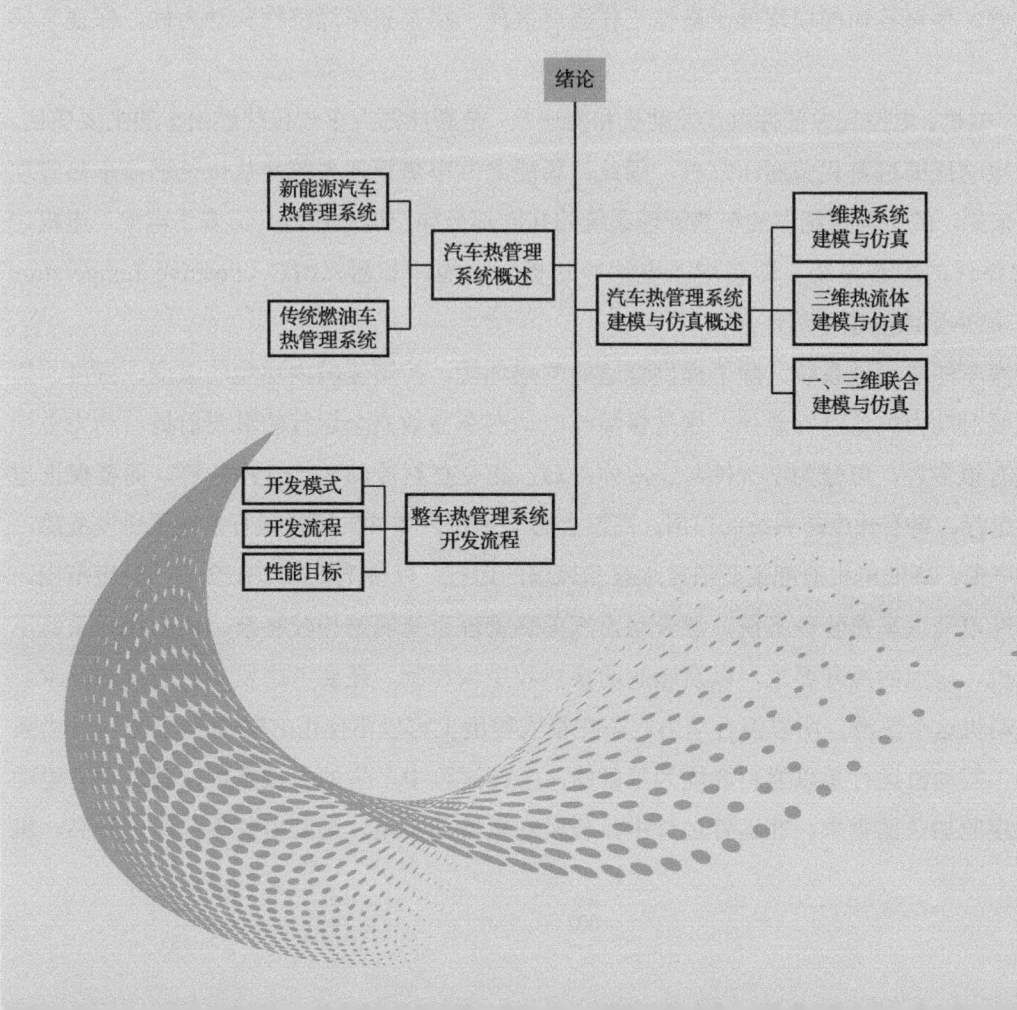

```
                              绪论
                               │
        ┌──────────────────────┼──────────────────────┐
        │                                             │
   ┌─新能源汽车                                    ┌─一维热系统
   │  热管理系统                                   │  建模与仿真
   │                                              │
─汽车热管理──┤                           ─汽车热管理系统──┤─三维热流体
   系统概述  │                            建模与仿真概述  │  建模与仿真
   │                                              │
   └─传统燃油车                                    └─一、三维联合
      热管理系统                                      建模与仿真

   ┌─开发模式
   │
─┤─开发流程────整车热管理系统
   │              开发流程
   └─性能目标
```

1.1 汽车热管理系统概述

1.1.1 新能源汽车热管理系统

新能源汽车由于其良好的节能效果和低排放特性被认为是汽车工业的发展趋势。2021 年，我国原油进口依赖度达到 72%，发展新能源汽车能够更加有效地利用风能、太阳能等多样化可再生能源，有助于我国电力能源结构的清洁化和加强电网建设，对于调节、优化道路交通领域能源结构，缓解对进口石油的高度依赖，保障国家能源安全，具有非常重要的战略意义。

近 20 年来，我国大力推进新能源汽车的技术发展和产品落地，已经成为全球新能源汽车保有量、产量最高的国家。2023 年，我国新能源汽车产销量分别为 958.7 万辆和 949.5 万辆，同比分别增长 35.8% 和 37.9%，市场占有率达到 31.6%，整个新能源汽车行业快速增长。截至 2023 年 1 月，我国新能源汽车产销量连续 8 年蝉联全球第一，成为全球汽车产业电动化转型的重要驱动力。

汽车的热管理系统（Thermal Management System，TMS）是整车的重要部分，其从整车角度统筹车辆发动机、空调、电池、电机等部件及子系统的匹配、优化与控制，可以有效解决整车热管理问题，使得各功能模块处于最佳工作温度区间，提高整车经济性和动力性，保证车辆安全行驶。

以电池、电机、电控三大部件取代发动机和变速箱，是新能源汽车较传统燃油车的主要变化，另外其还以电动压缩机替代普通压缩机，因此，新能源汽车热管理系统是从传统燃油车热管理系统衍生过来的，既有与传统燃油车热管理系统的共同部分如空调系统等，又多了电池、电机、电控等新增部件的冷却系统，即新增了电池冷却板、电池冷却器、PTC（Positive Temperature Coefficient）加热器或热泵等部件。

纯电动汽车的热管理系统，除了提供舒适的驾乘环境，控制座舱内环境的温度、湿度、送风量等，还要对动力电池进行温控，这是保障纯电动汽车高效安全运行的重要前提。动力电池的冷却方式有很多种，可分为空气冷却、液体冷却、相变材料冷却和热管冷却等。而要保证电机的高效率运行，离不开冷却系统的作用，高温会影响电机内零件的正常运行，甚至引发故障，还会增加耗电量；降低电机温度主要依靠水泵和风扇的运行，以使电机工作在合适的温度范围。

相对于纯电动汽车热管理系统，混合动力汽车热管理系统的结构较复杂。该热管理系统不仅要考虑电机、电池的冷却要求，以及座舱的换热和空调控制，还要考虑发动机的冷却要求。由于存在发动机这个热源，所以混合动力汽车在很大程度上可以不使用 PTC 加热器来对动力系统进行加热，发动机运行是以燃料燃烧为基础的，工作过程中产生的大量热可以满足动力电池初始加热及座舱加热的需求。在运行过程中，若发动机冷却不足，则其内部零件温度升高、机械强度降低,且高温会加剧零件的磨损并使润滑油变质和结焦,还会影响缸内燃烧过程,降低发动机功率;若冷却过度,则发动机气缸壁温度降低,高温混合气与之接触时会重新凝结流回曲轴箱,增加燃油的消耗量,本该转换为有用功的热量也会被冷却液带走。

新能源汽车发展初期,各系统的热管理功能是独立的。座舱制冷采用传统空调制冷系统,而采暖则采用高压 PTC 加热器。电池冷却采用风冷或液冷循环方式,加热则采用高压 PTC 加热器。电机冷却多采用前端散热器。这样的分散式热管理系统部件众多、体积及质量大、能耗高,系统成本高,但结构简单,系统控制简单。

在纯电动汽车续驶里程和整车能耗的压力下,随着技术进步,具备更低热管理能耗、更宽工作温域、更低系统成本和更紧凑系统结构的一体化集成[①]热管理系统成为大势所趋。一体化集成热管理系统采用更高效的热泵空调代替 PTC 加热器作为主要热源,并采用电机余热回收或电机发热等作为补充热源来拓展工作温域;将各系统的加热功能、冷却功能集成化,而不采用分散式结构;将冷却管路、控制阀、水泵、膨胀壶等辅助系统部件集成使结构更紧凑。但是,集成化的系统在面对不同环境、不同系统的热管理需求时,控制策略会变得较复杂。

新能源汽车热管理系统的发展可以划分为三个阶段,总体向高度集成化的方向演进。

(1) 单冷配合电加热。早期座舱采用蒸气压缩循环制冷和 PTC 加热器制热,电池热管理采用风冷方式,各子系统独立。

(2) 热泵配合电辅热。座舱引入热泵空调,液冷逐步成为电池热管理的主流模式,电池与座舱热管理回路有简单整合。

(3) 宽温区热泵与整车热管理系统一体化。合理增加了二次换热回路,对电池、电机余热进行回收利用,提升了热泵的环境适应能力,座舱、电池、电机热管理回路进一步整合。

总体来看,对于动力电池,采用液冷方式逐步替代风冷方式成为电池热管理的主流方案,冷媒直冷方式是未来的发展方向。对于车用空调系统,由于 PTC 加热器加热效率较低,热泵空调渗透率快速提升,采用 CO_2 等环保工质的热泵空调是空调系统的重要发展方向。对于电机、电控,液冷方式是主流,油冷方式是未来的发展趋势。最后,通过电机、电池余热回收可有效改变整车能效,集成式换热模块是实现热管理系统高度集成的关键技术。

1.1.2 传统燃油车热管理系统

传统燃油车热管理系统主要包括发动机、变速箱的冷却系统及座舱空调系统。传统燃油车通过空调冷媒为座舱制冷,通过发动机余热为座舱制热,并通过液冷或风冷的方式冷却发动机和变速箱。发动机冷却系统包括风扇、散热器、水泵、节温器和相关管路,其利用管路中流动

---

① 一体化集成是通过全新的设计和工艺,将以往由多个零部件分别实现的功能集成在一个模块组件中,以实现由单个模块组件代替多个零部件的技术手段。汽车零部件一体化集成已日渐成为主流趋势,新能源汽车热管理系统也正逐步向此靠拢。

的冷却液来实现热量传递，再利用风扇和散热器散热。节温器将发动机冷却系统分为大循环回路与小循环回路（见图1-1）。小循环回路的作用是帮助发动机自身预热，使发动机尽快工作在最佳温度范围。当发动机刚起动、冷却液温度低于80℃时，冷却液经过小循环回路。当冷却液温度高于90℃时，节温器打开，冷却液经过大循环回路流经散热器。

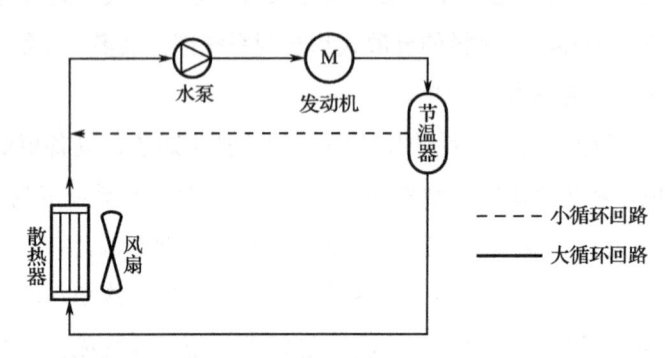

图1-1 发动机冷却系统的大、小循环回路示意图

对于传统燃油车的热管理系统，热管理的目标主要是如下两项。

（1）寒冷天气，迅速暖车实现冷起动。

在冬季寒冷地区，比如东北气温为-35℃时，汽油的雾化性极差，发动机起动时必须喷射远大于正常起动的油量才能够获得有条件燃烧的混合气，并且点火困难，起动时间明显较长，一般来说，气温为-35℃时发动机在15s内起动成功都属正常现象；缸内直喷可以使冷起动性能有所改善。

当传统燃油车发动机熄火一段时间后，发动机冷却，其温度低于正常工作温度，机油由于重力作用回流到油底壳。当车辆再次起动时，需要通过机油泵将油底壳中的机油重新通过油道输送至各个运动部件和摩擦副中，并建立、保持一定的油压。一方面，由于机油温度很低，其黏度变大，在低温工况下很难快速润滑发动机各零部件，所以需要时间来提升油温；另一方面，发动机内部各零件的间隙较大，需要经过时间预热，预热膨胀后才能逐步达到规定间隙。而在机油输送和油压建立过程中，零部件之间尚未形成油膜，尤其是缸盖中的气门液压挺柱需要经历充油的过程，此时气门间隙较大，气门闭合落座时将产生机械"哒哒"声。冷起动困难引起的机械磨损对发动机的影响是非常严重的，发动机80%以上的磨损都是在冷起动阶段产生的。

（2）炎热天气，防止发动机"开锅"。

"开锅"是指冷却液沸腾，呈现出"水被烧开"的状态。冷却液在正常的状态下是不会达到沸点的，如果出现"开锅"情况那就意味着出现了冷却液失效、冷却系统故障等热管理问题。

在空间有限的发动机舱内布置冷却模块必然会对冷却空气的流动造成很大阻碍，可能导致局部过热、冷侧空气流动不良等问题。如果汽车厂商没有对发动机冷却系统散热器的选配进行合理的计算分析就去选择散热器和风扇，则会使冷却模块之间的匹配，以及冷却模块与发动机之间的匹配出现问题，导致低速工况或爬坡等极限工况下冷却液温度过高，进而导致发动机"开锅"。"开锅"情况会使连杆、活塞、活塞环等零件强度降低或者变形，以至于汽车难以承受正常的驾驶负荷，破坏各部件的正常工作状态，影响整车工作的可靠性。

纯电动汽车相对于传统燃油车在结构上发生了巨大的改变，对热管理功能的控制也有很大的差异。下面叙述传统燃油车和纯电动汽车在热管理方面的区别。

传统燃油车与纯电动汽车热管理差异点简图如图1-2所示，两种类型的汽车在热管理系统结构和控制方式上存在着明显的差异。

对于传统燃油车，车辆的热管理主要集中在发动机冷却系统和座舱空调系统。传统燃油车的热源主要是发动机，需要利用冷却介质给发动机降温。座舱空调系统也是依靠发动机做功运行的。座舱空调系统的冷风输出依靠的是，发动机通过皮带带动空调压缩机工作，启动制冷；暖风输出依靠的是，发动机产生的热量通过热交换器加热座舱内部空气。

而纯电动汽车的热管理系统就发生了较大的变化。纯电动汽车利用电机替代了发动机，没有了变速箱，整个动力系统更新为三电架构：电机、电池、电控。整车新增加了DC/DC转换器、充电机（OBC）、PTC加热器。纯电动汽车没有了发动机作为动力源，热管理系统也相应发生了变化，比如空调压缩机的运行利用的是电池供电，暖风的获取利用的是PTC加热器。

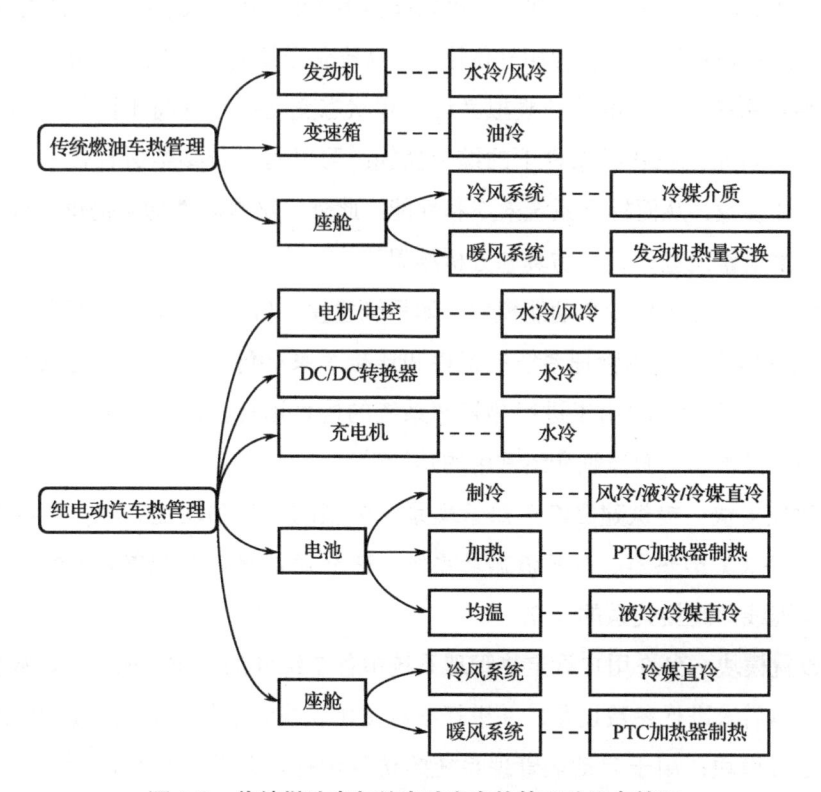

图1-2 传统燃油车与纯电动汽车热管理差异点简图

1.2 汽车热管理系统建模与仿真概述

1.2.1 一维热系统建模与仿真

汽车热管理技术的合理化应用可提高汽车整车能源利用效率，带来更优的节能环保性能，并帮助汽车使用者降低经济成本。随着可持续发展理念的普及，热管理系统成为汽车设计生产中的重要关注对象。为了实现更高效、可靠、环保的车辆性能，工程师日益依赖于先进的仿真软件，以支持他们对汽车热管理系统在各种条件下的性能进行评估和优化。在这一背景下，诸如 AMESim、GT-SUITE 等一维热系统仿真软件应运而生，它们为汽车热管理系统的仿真分析提供了强大的平台，是进行整车热管理系统设计必不可少的工具。

一维热系统仿真软件的主要功能在于模拟和预测汽车热管理系统的行为，从而帮助工程师更好地理解和解决系统中可能出现的问题。这些软件提供了多种建模和模拟功能，使工程师能够准确描述汽车热管理系统涉及的电池热管理系统、发动机热管理系统、座舱热管理系统、空调系统、电机/电控热管理系统等。

一维热系统仿真软件的关键特点包括：可以模拟多个物理场，如热传导、热对流、热辐射等，以更全面地描述热管理系统中的各种相互作用；可以建立详细的部件模型（即组件），包括散热器、风扇、冷却液循环系统等，以准确地模拟其性能和状态变化；允许将不同的组件集成到整车热管理系统中，以分析系统在各种条件下的综合性能；可以对系统参数进行优化和分析，以找到最佳的设计和工作参数，从而提高系统效率和性能。此外，这些软件通常提供直观的用户界面，使用户能够轻松地设置模型、运行仿真和分析结果。

一维热系统仿真软件包括多个功能模块，如系统建模、仿真设置、仿真运行、结果分析等。系统建模模块允许用户定义热管理系统的组件和连接关系；仿真设置模块提供参数设置和仿真条件配置功能；仿真运行模块用于进行热管理系统的仿真运行控制；结果分析模块用于展示仿真结果和生成图表报告。下面详细介绍常用的功能模块。

（1）系统建模模块：提供建立汽车热管理系统模型的工具和功能。用户可以选择不同类型的热管理系统组件（如散热器、冷却液循环系统、热交换器等）并配置其属性和参数。该模块还支持组件之间连线即连接关系的建立。

（2）仿真设置模块：允许用户设定热管理系统中各个组件的参数，如流量、温度、压力等。用户可以根据具体需求进行参数设置，并进行参数优化以找到最佳的系统配置和工作条件。

（3）仿真运行模块：用于启动热管理系统的仿真运行，并监视仿真过程。该模块提供仿真控制选项，如启动、暂停、停止仿真，并显示仿真时间、状态和进度等信息。

（4）结果分析模块：提供丰富的结果分析工具，以可视化和解释仿真结果。该模块包括绘图工具，用于绘制温度分布、流量曲线、能量平衡图等图表。此外，该模块还提供数据表格和统计分析功能，以便用户更详细地查看和分析仿真结果。

（5）优化模块：支持系统参数的优化和优化算法的应用。用户可以定义优化目标和约束条件，以及选择合适的优化算法。该模块可自动调整系统参数，以实现最佳性能和效率。

（6）可视化界面模块：提供直观和友好的用户界面，以便用户轻松地操作软件。该模块包括菜单栏、工具栏、状态栏等常见的界面元素，以及与其他模块的交互和集成窗口。

（7）模型库模块：提供预定义的组件和系统模型，以便用户快速创建和配置系统模型。该模块还包括汽车热管理系统的案例库，供用户参考和使用。

（8）导入和导出模块：支持导入和导出不同格式的数据及模型文件。用户可以导入已有的系统模型文件或实验数据，以及导出仿真结果和模型文件供其他软件使用。

总之，一维热系统仿真软件为汽车工程师提供了一个强大的工具箱，用于设计、优化和验证汽车热管理系统的结构及配置。通过使用这些软件，工程师能够更加精确地预测系统性能，加速创新，降低开发成本，并为现代汽车的高效、环保运行做出贡献。

1.2.2 三维热流体建模与仿真

三维热流体建模与仿真是一种利用计算机模拟技术对三维空间中的热流体行为进行分析和预测的方法。这种仿真方法结合了流体力学和热传导理论，能够准确地模拟流体在复杂几何形状中的流动和热传递过程，为工程设计和优化提供了重要参考。

当前比较常用的三维计算流体力学（CFD）软件有 ANSYS Fluent、ANSYS CFX、STAR-CCM+、Comsol、OpenFOAM 等。ANSYS Fluent 提供了广泛的建模和仿真功能，拥有丰富的物理模型，在各行业都有比较广泛的用户群。ANSYS CFX 基于有限元法实现仿真计算，在旋转机械领域有比较多的应用。STAR-CCM+ 是西门子公司旗下的一款通用 CFD 软件，在汽车行业有非常广泛的应用。Comsol 是一款多物理场仿真软件，在多物理场耦合领域有非常广泛的应用。OpenFOAM 是一款开源的 CFD 软件包，拥有丰富的物理模型，但是使用门槛相对较高。

三维热流体仿真软件 QFLUX 是深圳十洋科技有限公司开发的一款通用 CFD 软件。软件包含丰富的物理模型，可以用于各种汽车三维热流体仿真计算。本书进行的三维仿真均采用 QFLUX 软件。

QFLUX 软件的三维热流体仿真包括网格处理、模型设置、仿真求解、后处理四个步骤（见图 1-3）。

首先，在进行汽车三维热流体仿真之前，需要对仿真对象的几何模型进行网格划分。为了准确地捕捉流体的流动和热传输特性，网格划分需要确保模型的几何细节得到充分细化。利用 QFLUX 软件导入网格，并进行质量检查。

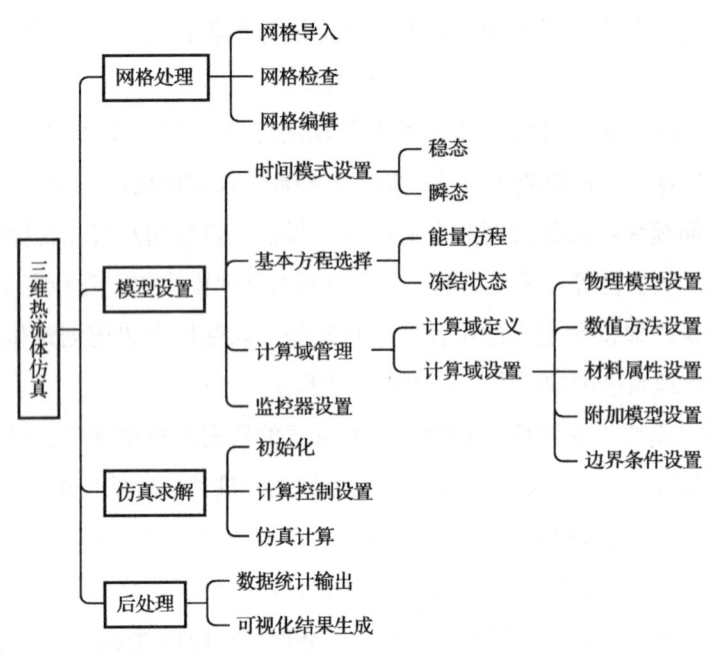

```
                    ┌─ 网格导入
         ┌─ 网格处理 ├─ 网格检查
         │          └─ 网格编辑
         │                           ┌─ 稳态
         │          ┌─ 时间模式设置 ──┤
         │          │                └─ 瞬态
         │          │                           ┌─ 能量方程
三维      │          ├─ 基本方程选择 ─────────────┤           ┌─ 物理模型设置
热流体 ───┤ 模型设置 │                           └─ 冻结状态   ├─ 数值方法设置
仿真      │          │                ┌─ 计算域定义              ├─ 材料属性设置
         │          ├─ 计算域管理 ───┤                        ├─ 附加模型设置
         │          │                └─ 计算域设置 ──────────── └─ 边界条件设置
         │          └─ 监控器设置
         │          ┌─ 初始化
         ├─ 仿真求解 ├─ 计算控制设置
         │          └─ 仿真计算
         │          ┌─ 数据统计输出
         └─ 后处理  └─ 可视化结果生成
```

图 1-3　QFLUX 软件的三维热流体仿真流程图

接下来是模型设置阶段。在 QFLUX 软件中根据具体问题的特点选择合适的湍流模型，如 Spalart-Allmaras、k-ε、k-ω 等。此外，还可以设置多相流、声学、辐射等物理模型。通过调整模型参数，确保仿真的准确性和可靠性。

仿真求解阶段是仿真的核心部分。QFLUX 软件采用有限体积法对 Navier-Stokes 方程组进行数值求解，考虑了不同流动条件下的压力－速度耦合算法和多种湍流模型。在求解过程中，用户可以实时监控仿真的进展，并根据需要进行参数调整，以确保仿真结果的准确性和收敛性。

最后，通过后处理模块对仿真结果进行全面的分析和评估。通过可视化功能，生成如云图、矢量线、切面、等值面等图像结果，用户可以直观地了解汽车内部的流场和温度场分布情况。此外，后处理模块还具备数据统计功能，可提供优化设计所需的数据基础。

汽车三维热流体仿真是一项复杂而关键的工程任务，利用三维热流体仿真软件，可以模拟汽车内部各种热流体现象。仿真分析可以为优化设计方案提供参考，从而有效提高汽车的性能和能效。

1.2.3　一、三维联合建模与仿真

汽车热管理系统的一、三维联合建模与仿真将一维和三维仿真技术相结合，以获得更准确、更全面的汽车热管理系统性能预测和分析，这种技术既可以利用一维仿真软件对车辆整体的动态响应进行准确预测，又可以利用三维仿真软件对零部件进行精细的模拟仿真。联合建模与仿真具有良好的综合控制能力，可以提高汽车热管理系统仿真精度，解决热管理系统设计中的选型、

分析和优化问题。

汽车热管理系统是机械、流动、传热、电气多学科耦合的复杂动态系统，汽车热管理系统建模需要面对多场景、多热源条件下的多尺度流动与传热问题，由于其极端复杂性，传统的建模流程会采用逐级分解方式，在系统级仿真尺度上使用一维热系统仿真工具，在部件级仿真尺度上使用三维热流体仿真求解器，但是这种不协同的仿真方式，无法保证仿真过程中环境和约束的一致性，不同尺度的仿真模型也无法相互验证，需要团队间的沟通和多轮设计迭代。一、三维联合建模与仿真是解决这一难题的有效手段，通过联合建模与仿真，将不同尺度的仿真模型进行联合，保证了环境和约束的一致性，提高了汽车热管理系统仿真的准确性，可以用较少的仿真次数在多个模型尺度上获得更多的信息，从而减少设计迭代次数，缩短产品开发周期。

在一、三维联合建模与仿真中，一维仿真软件用于系统级的多领域建模，可以对涉及流体、机械、电气等多个物理领域的动态系统进行稳态或瞬态仿真；三维仿真软件用于子系统或部件级的单物理场或多物理场仿真，可以对部件内部的流体流动、传热和传质等物理现象进行稳态或瞬态仿真。一、三维联合建模与仿真通过一定的接口技术，实现两种维度的模型之间的调度控制和实时数据交互。联合建模与仿真接口可能有多种不同的实现模式，从调用方式看，可以分为平台式和内嵌式；从运行方式看，可以分为离线协同式和在线协同式；从数据流向看，可以分为单向耦合式和双向耦合式；从数据更新方式看，可以分为实时同步式和离散更新式；从开放性看，可以分为私有接口和开放接口。

当前一些主流的仿真软件也支持一、三维联合建模与仿真，比如西门子公司的 AMESim、MathWorks 公司的 Simulink 等。

AMESim 是一种工程系统高级建模与仿真平台，其建模方法基于功率键合图，但是提供了直观的图形界面，可实现面向原理图的建模。AMESim 的模型库涵盖机械、电气、流体、传热、控制等多学科领域，在国内外汽车厂商的热管理系统一维仿真中有广泛的应用。AMESim 内嵌了与三维仿真软件联合仿真的功能模块，采用了西门子公司的私有接口技术，主要适配西门子公司的三维软件如 STAR-CCM+。其运行过程是一种主从模式，即由 AMESim 对联合仿真进行调度控制，并进行系统级仿真，而三维模型作为一个零部件嵌入系统模型，一维模型和三维模型之间进行双向的数据交互。

Simulink 是一种通用的动态系统仿真工具，用于多域仿真及基于模型的设计，支持系统设计、仿真、自动代码生成，以及嵌入式系统的连续测试和验证。由于 Simulink 的开放性，因此也可以通过将物理模型转化为框图模型来完成热管理系统建模。Simulink 具有一个开放的系统函数（S-function）接口，可以将外部代码方便地集成到其仿真平台中。因此，可将不同的仿真软件下的模型文件配置为 S-function，由 Simulink 充当调度平台来协同不同仿真模型之间的数据交互。目前诸如 GT-SUITE、AMESim、ANSYS Fluent、Comsol 等仿真软件均主动适配了

S-function 接口。

为了消除不同仿真软件之间的接口差异，解决工具碎片化、模型重用和知识产权保护的问题，欧盟 Modelisar 项目提出了一种开放的联合仿真接口标准，即 FMI（Functional Mock-up Interface）标准，其是一个不依赖于工具的标准。FMI 标准通过 XML 文件和 C 代码或编译的二进制文件组合来同时支持动态模型的模型交换（Model Exchange）和联合仿真（Co-Simulation）这两种主要的仿真功能。该标准最早由达索集团和戴姆勒集团发起，在汽车和航空航天领域具有广泛应用，现已成为全球接受度最高、应用最广泛的中立模型交互重用的接口标准之一。通过支持 FMI 标准，可以最大限度地保证仿真软件与其他外部软件的交互接口通用性，目前主流的商业仿真软件如 AMESim、Simulink、GT-SUITE、ANSYS Fluent 大都支持 FMI 标准。

一、三维联合建模与仿真作为一种相对高阶的仿真手段，已经在汽车热管理的不同场景下有了一定的应用。比如整车气动与热管理系统一、三维联合建模与仿真（见图 1-4），在该仿真场景下一维发动机冷却系统模型和空调系统模型采用 AMESim 建模，三维发动机舱整车模型采用 STAR-CCM+ 建模，一维模型和三维模型之间通过 AMESim 内部的联合模块进行调度和数据交互，交互的物理部件为散热器，即将三维模型中的散热器作为一个零部件嵌入并替换掉一维模型中的散热器，散热器的空气侧和冷却液侧都由三维模型仿真计算。一维模型仿真获得的冷却液流量、入口温度和出口压力作为边界条件输入至三维模型中，而三维模型仿真获得的换热量作为反馈量输入至一维模型中再重新计算相应的冷却液流量、入口温度及出口压力，如此往复，此过程为一维和三维数据的双向传递。

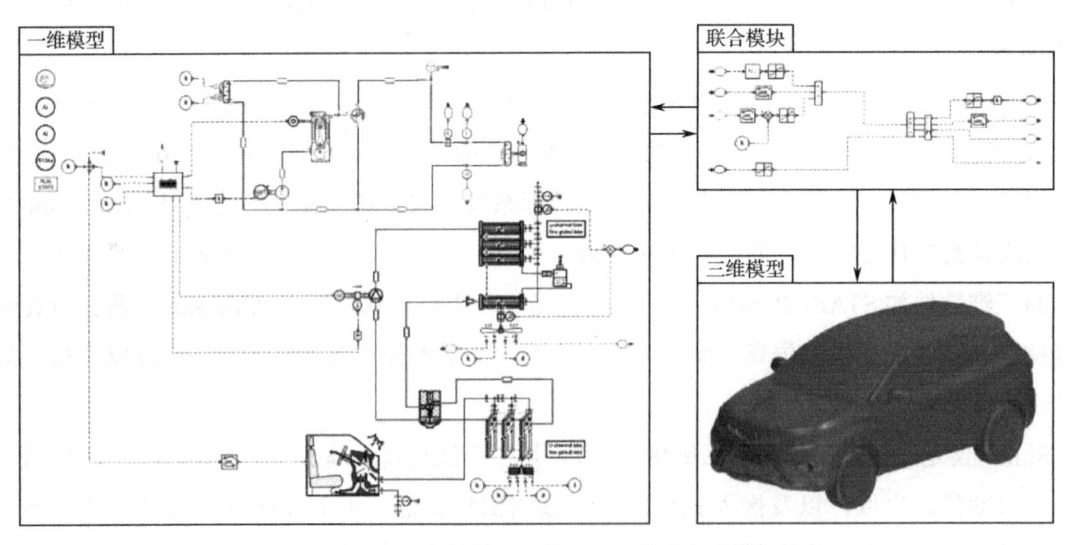

图 1-4 整车气动与热管理系统一、三维联合建模与仿真

1.3　整车热管理系统开发流程

热管理系统作为整车开发的一个重要系统,它的开发过程同样遵循汽车行业"V"模型开发模式,借助仿真软件及大量的测试验证,可以提升开发效率,节省开发成本,以及保障系统可靠性、安全性和延长使用寿命。图 1-5 所示为热管理系统开发的"V"模型,总体来看,该模型以正向开发为主,兼顾逆向的闭环验证;纵轴分为系统、子系统和零部件三个层级,横向分为系统设计开发和系统集成测试两个阶段。

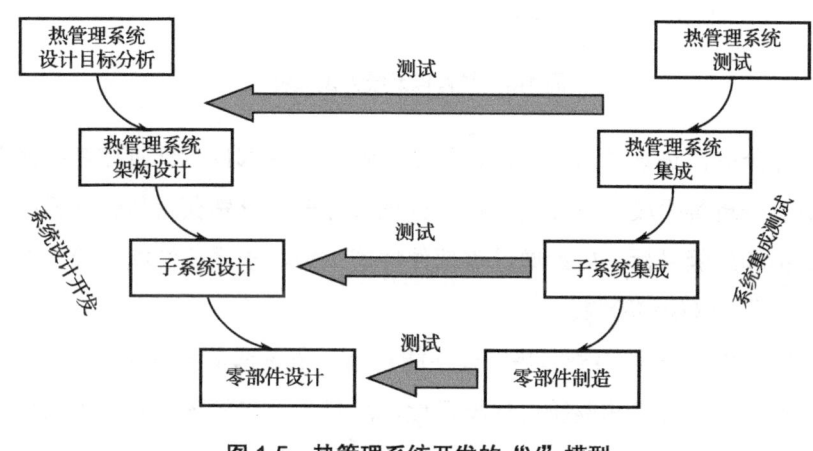

图 1-5　热管理系统开发的"V"模型

（1）热管理系统设计目标分析：根据整车的使用环境、运行工况和电池的温度窗口等设计输入参数进行需求分析,明确整车性能对热管理系统的需求;根据需求分析确定热管理系统所具备的功能及性能设计目标。

（2）热管理系统架构设计：根据系统设计目标,通过系统仿真及对标分析,确定整车热管理系统架构方案;通过仿真对架构方案进行初步验证和优化设计,并提出相应的子系统设计目标。

（3）子系统设计：根据子系统设计目标,对各个子系统进行方案设计、参数匹配、详细设计和仿真分析验证,并对相应零部件提出设计要求。

（4）零部件设计：根据零部件设计要求,对关键零部件进行详细设计和仿真优化。

（5）零部件制造：进行零部件生产加工或选型,并进行测试验证。

（6）子系统集成：进行子系统的集成,并进行测试验证。

（7）热管理系统集成：进行热管理系统的集成。

（8）热管理系统测试：进行热管理系统的测试验证。

具体的热管理系统开发流程,分为目标分解和目标管控两部分（见图 1-6）。其中,目标分解贯穿于概念设计阶段、方案设计阶段和详细设计阶段；而目标管控虽然也贯穿于设计开发和试验验证的全过程,但主要体现在试验验证阶段,通过试验测试的方法对设计阶段的目标进行有效管控及优化改进。

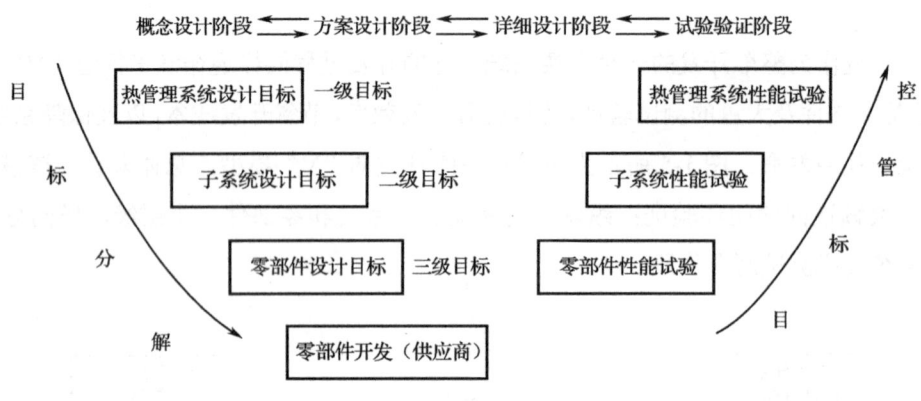

图 1-6　热管理系统开发流程

对应地，目标分解在热管理系统设计、子系统设计和零部件设计阶段都有涉及。其中，通过对标试验、仿真分析等手段，对性能目标进行逐级分解，分别获得热管理系统设计目标的一级目标、二级目标和三级目标。后期通过零部件性能试验、子系统性能试验和热管理系统性能试验，对各级目标进行管控和验收。

如图 1-7、图 1-8 所示分别为整车热管理性能目标、子系统及零部件热管理性能目标示例，前者主要包括各系统介质温度和座舱内环境温度，后者主要包括各子系统零部件介质温度和设计要求。

整车热管理性能目标

领域		指标项目		单位	目标值
冷却	发动机水温	高速行驶		℃	<110（空调不降负荷）
		高速爬坡		℃	<110（空调不降负荷）
		40km/h_10%爬坡		℃	<110（空调不降负荷）
		60km/h_10%爬坡		℃	<110（空调切断可恢复）
		城市工况		℃	<110（空调不降负荷）
	变速器冷却油温	高速行驶		℃	<75
		高速爬坡		℃	<80
		40km/h_10%爬坡		℃	<80
		60km/h_10%爬坡		℃	<80
		城市工况		℃	<75
	控制器冷却水温				
	电池组冷却水温				
热管理性能	空调降温	头部平均温度	车速60km/h，内循环20min，chiller不工作	℃	<24
			车速40km/h，外循环20min，chiller不工作	℃	<28
			车速60km/h，外循环20min，chiller不工作	℃	<28
			怠速，内循环20min，chiller不工作	℃	<27
		前后排头部最大温差		℃	<6
	空调采暖	前排脚部平均温度	车速40km/h，外循环20min	℃	>22
			车速60km/h，外循环20min	℃	>31
			怠速，外循环20min	℃	>30
		中排脚部平均温度	车速40km/h，外循环20min	℃	>16
			车速60km/h，外循环20min	℃	>24
			怠速，外循环20min	℃	>19
		后排脚部平均温度	车速40km/h，外循环20min	℃	>4
			车速60km/h，外循环20min	℃	>8
			怠速，外循环20min	℃	>14
	空调除霜	所需时间	前风窗A区除霜面积100%	min	≤20
			前风窗A'区除霜面积100%	min	≤25
			前风窗B区除霜面积100%	min	≤40
	空调除雾	所需时间	前风窗A区除雾面积100%所需时间	min	≤20

图 1-7　整车热管理性能目标示例

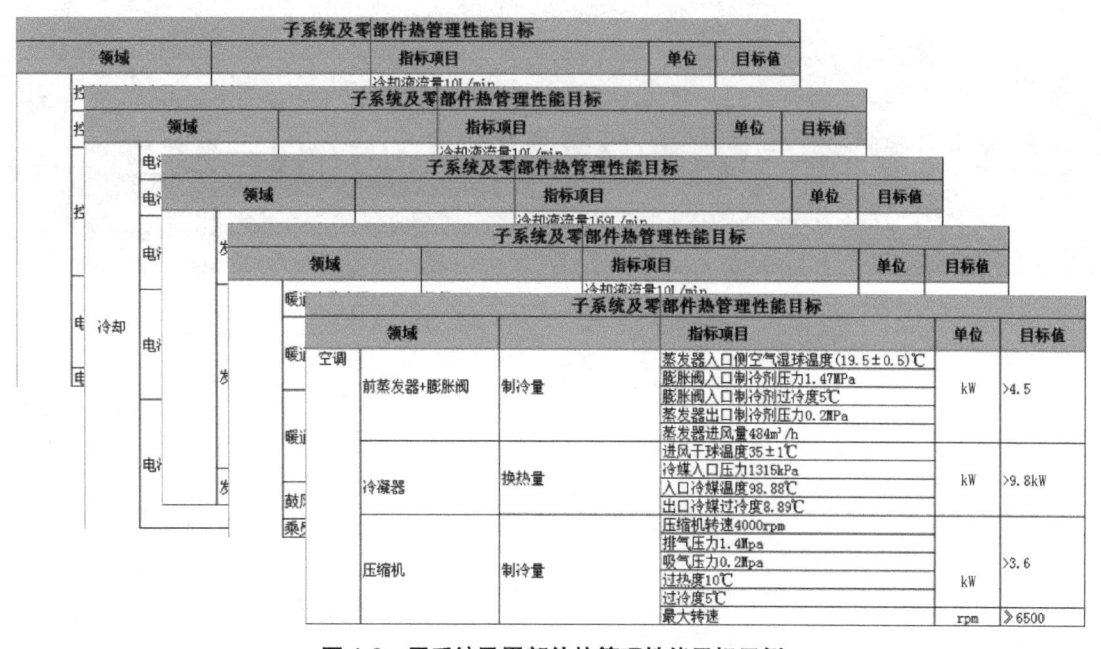

子系统及零部件热管理性能目标				
领域		指标项目	单位	目标值
空调	前蒸发器+膨胀阀	制冷量 蒸发器入口侧空气湿球温度(19.5±0.5)℃ 膨胀阀入口制冷剂压力1.47MPa 膨胀阀入口制冷剂过冷度5℃ 蒸发器出口制冷剂压力0.2MPa 蒸发器进风量484m³/h	kW	>4.5
	冷凝器	换热量 进风干球温度35±1℃ 冷媒入口压力1315kPa 入口冷媒温度98.88℃ 出口冷媒过冷度8.89℃	kW	>9.8kW
	压缩机	制冷量 压缩机转速4000rpm 排气压力1.4MPa 吸气压力0.2Mpa 过热度10℃ 过冷度5℃	kW	>3.6
		最大转速	rpm	≥6500

图 1-8 子系统及零部件热管理性能目标示例

第 2 章　动力系统热管理

导读：本章讲述了汽车动力系统的热管理系统设计与仿真分析相关内容，主要介绍锂离子动力电池热分析及热特性模型、动力电池水冷系统建模与仿真；发动机热管理系统关键性能指标、发动机产热原理及热特性模型、发动机热管理系统建模与仿真。通过本章的学习，读者将深入了解锂离子动力电池和发动机热特性模型，以及相应热管理系统的构造和建模与仿真分析方法，为动力系统热管理研究开发提供有力支撑。

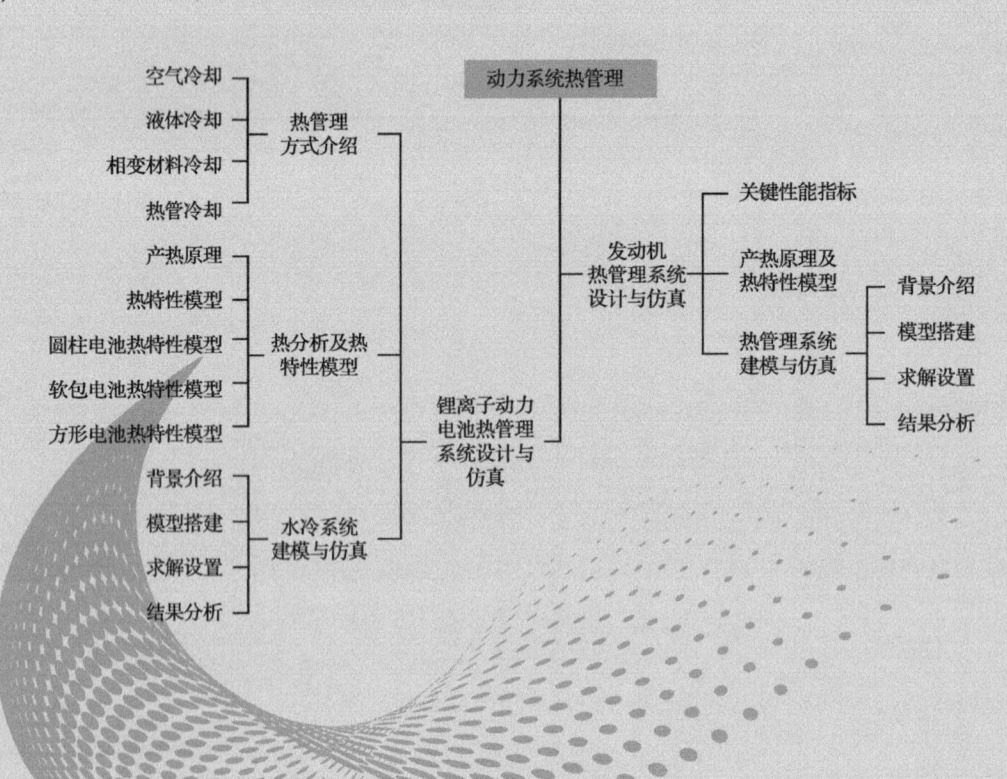

```
                                        动力系统热管理
                                              │
                ┌─────────────────────────────┴─────────────────────┐
          锂离子动力电池热管理系统设计与仿真              发动机热管理系统设计与仿真
                │                                              │
    ┌───────────┼───────────┐                        ┌─────────┼─────────┐
 热管理       热分析及     水冷系统                  关键        产热原理     热管理系统
 方式介绍     热特性模型   建模与仿真                性能指标    及热特性模型  建模与仿真
    │             │           │                                   │            │
 ┌──┴──┐      ┌───┴───┐    ┌──┴──┐                            (略)         ┌──┴──┐
 空气冷却    产热原理     背景介绍                                            背景介绍
 液体冷却    热特性模型   模型搭建                                            模型搭建
 相变材料冷却 圆柱电池热特性模型 求解设置                                     求解设置
 热管冷却    软包电池热特性模型 结果分析                                      结果分析
             方形电池热特性模型
```

2.1 锂离子动力电池热管理系统设计与仿真

2.1.1 锂离子动力电池热管理方式介绍

锂离子动力电池性能受所处的环境状态、自身温度变化影响。当环境温度过低时，电池放电不充分，纯电动汽车会难以起动，续航里程变短，电池寿命降低，无法满足整车性能要求。当环境温度过高时，如果散热不充分，那么电池由于充放电产生的大量热量会在电池内部集聚，在电池内部有剐蹭、摩擦等情况下，很容易发生电池被挤压变形、穿刺的情况，电池内部出现短路，引起电池的燃烧，进而造成爆炸等，给整车安全行驶造成一定威胁。

基于上述问题，人们对电池热管理系统（分为冷却系统和加热系统，这里特指冷却系统）做了大量的研究。电池热管理系统有三个基本目标：①限制电池的温度，使其不超过允许的最高温度；②降低电池单体间的温度差异；③保持电池运行在可获得最佳性能和最长寿命的温度区间。纯电动汽车的电池性能对温度相当敏感，因此只有采取不同的电池热管理方式，应对不同的整车环境、电池安装位置，才能控制和调节电池工作温度至理想的范围，实现电池性能的最优化。电池热管理主要有以下五种方式。

1. 空气冷却

空气冷却成本最低、结构最为简单。在空气冷却（风冷）系统中，空气在风扇的作用下，以一定的速度和路径流过电池或模组表面，从而将电池及其他元件产生的热量带走。空气冷却的控温能力与诸多因素密切相关，通常需要设计参数协同优化来实现对电池温度的控制，例如通过控制入口风速及温度、改善风道结构和电池排列方式等对电池温度及单体温差进行有效调控[1-9]。风冷系统具有系统结构简单、安全性高等优点，被应用于早期的纯电动及混合动力车型，如丰田 PRIUS、起亚 Soul、荣威 MARVEL X 等。然而，大型或具有高倍率充放电需求的锂离子动力电池的热传导过程持续时间较长，空气冷却难以满足较大热负荷的散热需求。尤其是在高温环境下，空气冷却热管理技术换热效率较低，且一致性不好，会对电池可靠性造成一定影响[10]。

2. 液体冷却

空气的导热系数和比热容都相对较低，空气冷却在一些情况下无法满足预期的效果，导致电池会有较高的温度梯度[6]，无法满足高倍率充放电的应用场景[7-8]。液体冷却具有较高的换热系数，是实现强化传热的一种有效手段。液体冷却方式分为两种：主动式和被动式。在主动式液冷系统中，电池热量通过液液交换形式被送出；在被动式液冷系统中，液体与外界空气进行热量交换，将电池热量送出，液体可以直接与电池接触或者通过流道与电池接触。当为直接接触时，应保证液体不和电池发生反应，不腐蚀电池。当液体在流道中时，应保证电池单体与电池单体之间不会通过液体连通，确保绝缘。通常在模组底部或电池单体之间布置具有特定流道结构的液冷板，通过液体循环带走电池热量。显然，被动流道式液冷系统的传热能力和均温效果与液冷板结构密切相关，通过在流道内布置涡流发生器、优化流道设计、采用多孔介质流道等方式均可改善液冷系统的散热能力和均温性[11-19]，也可使用制冷剂、液态金属等作为换热介质实现强化散热[20-24]。液体冷却是当前工程应用中最普遍的方式，特斯拉 Model 3、雪佛兰 Volt、比亚迪宋 DM、宝马 i8 等均采用液冷系统。

液冷系统的特点：①液体的导热系数较高，与电池壁面之间的换热系数高，散热量大，冷却速度快，冷却效果好；②液冷系统体积小，结构紧凑，符合纯电动汽车空间紧凑性的要求；③由于冷却介质为液体，所以存在泄漏的可能性。

3. 相变材料冷却

相变材料冷却主要利用相变材料（Phase Change Material，PCM）在吸收和放出热量时温度变化很小的潜热特性。电池单体或者模组可以直接浸入相变材料中，也可以通过夹套的方式与相变材料接触。目前来说，相变材料主要分为三大类，包括有机相变材料、无机相变材料和共晶物[25]。相变材料在相变过程中的温度变化很小，因此相变材料冷却在维持电池的均温性方面要比空气冷却和液体冷却有优势。目前常用的相变材料为石蜡，为了提高材料传热性能，会在石蜡中添加一些其他的导热材料如石墨烯等。

4. 热管冷却

热管是利用管内介质相变进行吸热、放热的高效换热元件，其在电池热管理中的应用主要是散热。目前，热管已经在汽车电池[26-27]、LEDs[28-29]、硬盘驱动[30]、其他电子产品[31-33]等设备散热上得到应用。热管冷却在很大程度上能够弥补其他冷却方式的不足[34]，安全性有很好的保障，也满足轻量化的要求，热管的应用潜力正随着热管理系统性能要求的提高而逐渐变大。

5. 多种冷却方式的组合

很多电池热管理系统不再单一地使用某种冷却方式，而是几种冷却方式的组合，以便更加有效地散热。表 2-1 所示为各种热管理方式的优缺点。利用多种方式的组合，可以避免单一方式的缺点，同时利用多种方式的优势，使电池热管理系统的性能得到更好的提升。

表 2-1 各种热管理方式的优缺点[35]

热管理方式	优点	缺点
空气冷却	结构简单 质量相对较小 成本低	换热系数低 冷却效果不佳 难以保证电池温度场均匀分布

续表

热管理方式	优点	缺点
液体冷却	换热系数高 冷却效果好	结构复杂 质量较大 维修保养不方便 存在漏液的可能
相变材料冷却	结构简单 可同时用于散热和加热 可减小整个电池系统体积 无运动部件 不消耗电池额外能量	换热系数较低 成本较高 不适合大尺寸的动力电池
热管冷却	结构灵活多样 换热系数高、等温性能优良 使用寿命长 本身不消耗电能 可同时用于散热和加热	需合理布置结构 配合散热片使用效果更佳 初期投资费用高

本节将在电池热特性建模的基础上,介绍风冷系统、液冷系统等主流电池热管理系统的建模及设计方法。

2.1.2　锂离子动力电池热分析及热特性模型

锂离子动力电池为纯电动汽车提供能量,是纯电动汽车的核心系统,其性能的优劣直接影响整车的性能。锂离子动力电池是一种具有复杂产热与传热过程的电化学动力源,电池充放电过程的电化学反应都是在特定的温度范围内发生的,温度直接影响电池的电化学系统运行、充放电效率、功率、容量、可靠性、安全性和寿命等性能。电池热分析建模是电池热管理研究的基础和前提。

1. 锂离子动力电池产热原理及模型

1) 锂离子动力电池产热原理

1985 年,Bernardi 等基于热力学第一定律提出了锂离子电池热平衡方程[36]。该方程考虑了电池的焓变、相变、不可逆热,以及热容对电池充放电过程热量的影响,揭示了电池产热的电化学机理及电池内部热量的来源。电池产热原理的基本表达式如下:

$$q_t - IV = \sum_l \left(I_l T^2 \frac{d \dfrac{U_{l,\text{avg}}}{T}}{dT} \right) - \sum_j \frac{d}{dt} \left[\int_{v_j} \sum_i c_{i,j} RT^2 \frac{\partial}{\partial T} \ln \left(\frac{\gamma_{i,j}}{\gamma_{i,j}^{\text{avg}}} \right) dv_j \right] -$$

$$\sum_{j, j \neq m} \sum_i \left[(\Delta H_{i, j \to m}^\circ) - RT^2 \frac{\partial}{\partial T} \ln \left(\frac{\gamma_{i,m}^{\text{avg}}}{\gamma_{i,j}^{\text{avg}}} \right) \right] \frac{dn_{i,j}}{dt} +$$

$$\frac{dT}{dt}\left[\sum_j\sum_i n_{i,j}^o C_{p_{i,j}}^{avg} + \sum_l \frac{\int_0^t I_l dt}{n_l F}\Delta C_{p_l} + \sum_{j,j\neq m}\sum_i (C_{p_{i,j}}^{avg}-C_{p_{i,m}}^{avg})(n_{i,j}-n_{i,j}^o)\right] \quad (2\text{-}1)$$

式中,q_t 为电池与周围环境的热交换率,I 为总电流,V 为电池端电压,I_l 为局部电极 l 反应引起的电流,T 为电池温度,$U_{l,avg}$ 为局部电极反应 l 贡献的平均开路电位,v_j 为 j 相内物质的体积,m 为发生电极反应的电解液相,$C_{p_{i,j}}^{avg}$ 为电池中第 i 种物质在 j 相内的平均定压比热容,ΔC_{p_l} 为 $C_{p_{i,m}}^{avg}$ 与化学反应计量系数 $s_{i,l}$ 的加权和,t 为时间,ΔH 为焓变,R 为气体常数,$\gamma_{i,j}$ 为第 i 种物质在 j 相内的活度系数,$n_{i,j}$ 为第 i 种物质在 j 相内的物质的量,$c_{i,j}$ 为第 i 种物质在 j 相内的浓度,上标 "o" 表示标准参考状态。

尽管 Bernardi 等提出的产热方程与电化学反应直接相关,但该方程的形式比较复杂而且包含大量的不确定参数,为产热量的计算带来了极大的困难。因此 Thomas 和 Newman 对上述方程进行了简化,他们将电池内部的产热分为可逆热和不可逆热两部分,并将其直接与宏观电池电参数相联系[37]。这一简化所形成的电池产热方程如下所示:

$$q = I\left(V - U + T\frac{dU}{dT}\right) + C_p \frac{dT}{dt} \quad (2\text{-}2)$$

式中,U 为开路电压(OCV),C_p 为比热容。

2)锂离子动力电池产热模型

式(2-2)是目前通用的电池产热方程,广泛应用于电池的研究及设计中。在工程实际应用时,电池产热模型主要有三种。

第一种产热模型基于电池内阻。该产热模型将电池不可逆热中的($V-U$)项与欧姆内阻和极化内阻联系起来,将其表达为内阻的形式,以简化建模和计算。尽管该产热模型不考虑电池内部产热率的分布,但其简单的建模方法及较高的建模精度深受电池热管理系统相关工程师的喜爱。在相关研究方面,Wang 等将电池的内阻假设为常数,并根据欧姆定律建立了电池的产热模型[38]。Rizk 等假设电池不可逆热部分由恒定电阻引起[39]。这样将可逆热简化为恒定电阻函数或将可逆热与不可逆热都处理为恒定电阻函数均会导致建模误差,这是因为电池内阻受电池温度、SOC(荷电状态)、电池大小、老化程度等多方面因素的影响。杨勇[40]将电池内阻与 SOC 和自身温度联系起来,建立了电池内阻的预测模型,进而形成了相关的电池产热模型和热特性模型;通过对比实验结果,证明了电池产热模型中考虑电池温度及 SOC 对电池内阻影响的重要性与必要性。

第二种产热模型为电化学–热耦合模型。该产热模型由电池电化学模型和热模型组成。电化学模型通过仿真发生在内部固相、液相间的电化学反应过程和固相、液相的锂离子传质过程,计算电池的液相电压、固相电压及工作电压,再根据 Thomas 和 Newman 提出的电池产热理论计算电池的产热。该产热模型尽管结构复杂,且很多参数不易获得,但它却能够揭示电池内部电化学反应及电荷输运特性对电池产热的影响。对于该产热模型的研究和使用，李博蓝建立了18650电池的电化学-热耦合模型[41]；黄伟建立了方块电池的电化学-热耦合模型[42]。电化学-热耦合产热模型在电化学参数准确测量的前提下，能够准确地预测电池在中、低电流倍率下的电、热特性，但在高电流倍率下误差较大。此外，虽然该产热模型从电化学反应机理上计算电池的产热，能准确预测电池各阶段的产热情况，但精确测量建模所需的参数需要大量复杂的实验，建立该产热模型的成本较高。

第三种产热模型为电-热耦合模型。该产热模型可细分为基于集总参数法的电-热耦合产热模型和电池电流分布式电-热耦合产热模型。对于前者，该产热模型直接套用Thomas和Newman提出的简化模型，但对于模型中电池端电压的计算则需要建立相关电池等效电路模型。后者的电模型根据电流守恒计算出电流密度分布、电压分布，而热模型则对Thomas和Newman提出的简化模型进行离散化处理，并与电模型相耦合计算产热率的分布。基于集总参数法的电-热耦合产热模型在电池状态估计、电池系统建模中被广泛使用，而其使用者主要是电池系统电气工程师。电池电流分布式电-热耦合产热模型由Kwon等[43]提出，经过Kim等[44]的发展已经成功应用于软包电池的产热分布及温度分布预测。电-热耦合产热模型的建模难度高于基于电池内阻的产热模型，但其在提供热力学参数的同时，还能提供电池电化学参数，可进一步拓展人们对温度对电池电气性能影响的理解和认识。

2. 基于内阻的锂离子动力电池热特性模型

1）锂离子动力电池热特性模型

锂离子动力电池热特性模型包括产热模型、电池内部的传热模型，以及电池间和电池与外界的传热模型，其主要用途为求解电池的温度。由于主要介绍电池自身的热建模和热特性，所以所涉及的电池热特性模型包括电池产热模型和电池内部的传热模型。

电池热特性模型按空间维度分类，可分为基于集总参数法的热特性模型和基于温度分布的热特性模型。前者将电池温度简化为单一温度，计算所得温度为电池平均温度。由于计算量小，所以该模型将主要用于电池系统级建模及其控制。后者通过求解三维导热方程计算电池的温度分布。尽管求解三维偏微分方程的计算量大，但却能获得电池温度的空间分布信息，有利于电池热管理系统的结构设计。对于基于集总参数法的热特性模型，除式（2-1）所示的产热模型外，传热模型的表达式如式（2-3）所示：

$$\rho V_{\text{cell}} C_p \frac{\partial T}{\partial t} = q - hA(T - T_{\text{am}}) \tag{2-3}$$

式中，h为对流换热系数，A为电池的传热面积，T_{am}为周围环境温度，ρ为电池密度，q为电池产热量，V_{cell}为电池的体积。对于基于温度分布的热特性模型，电池内部温度分布由三维导热方程式（2-4）求解：

$$\rho V_{\text{cell}} C_p \frac{\partial T}{\partial t} = \frac{\partial}{\partial x}\left(k_x \frac{\partial T}{\partial x}\right) + \frac{\partial}{\partial y}\left(k_y \frac{\partial T}{\partial y}\right) + \frac{\partial}{\partial z}\left(k_z \frac{\partial T}{\partial z}\right) + q \quad (2\text{-}4)$$

式中，k 为导热系数。

2）基于电池内阻的产热模型

产热模型作为锂离子动力电池的热特性模型核心，其建立过程至关重要。1985，Bernardi 等基于电池内阻和熵增反应，并假设电池内部热源稳定且均匀产热，将极化热与反应热处理成不可逆的反应热，提出了一种锂离子电池产热速率估算模型[36]：

$$q = \Delta G + T\Delta S + W_{\text{el}} \quad (2\text{-}5)$$

式中，S 为熵，G 为吉布斯自由能，W_{el} 为电功。G 和 W_{el} 可分别由式（2-6）和式（2-7）获得：

$$\Delta G = -nFU \quad (2\text{-}6)$$

$$W_{\text{el}} = nFV \quad (2\text{-}7)$$

式中，n 为电子数；F 为法拉第常数，其值为 96484.5C/mol；V 为电池端电压；U 为开路电压。电池的总产热量 q 可表示为[37]

$$q = I(V - U) + IT\frac{dU}{dT} \quad (2\text{-}8)$$

式中，dU/dT 为开路电压温度系数（熵系数），是电化学相关物理量；$I(V-U)$ 和 $IT \cdot dU/dT$ 分别为电池焦耳热和反应热。式（2-8）也是 Thomas 和 Newman 提出的简化模型[37]。在式（2-8）中，产热分为两部分，分别为不可逆热和可逆热。如果电压的下降用电流流过电池时的电阻表示，那么它的第一部分可以用另一种形式代替，即 I^2R，其中 R 表示电池的总电阻。而由式（2-8）的形式推导为内阻表示的形式，需要结合电池电位在正负极上的定义，其中过电位定义为[45]

$$\eta_j = \varPhi_{1,j} - \varPhi_{2,j} - U_j \quad (2\text{-}9)$$

式中，$\varPhi_{1,j}$ 为固相电位，$\varPhi_{2,j}$ 为溶液相电位，U_j 为开路电位（OCP），j 代表正极（p）或负极（n）。在这项工作中，电池的欧姆内阻主要代表溶液电阻，正负极之间的电位降表示为[5]

$$\varPhi_{2,p} - \varPhi_{2,n} = IR_o \quad (2\text{-}10)$$

式中，R_o 为欧姆内阻。工作电压等于正负电位之间的固相电位差[46]：

$$V = \varPhi_{1,p} - \varPhi_{1,n} \quad (2\text{-}11)$$

OCV 可以定义为

$$U = U_p - U_n \quad (2\text{-}12)$$

式中，U_p 和 U_n 分别为正极和负极的 OCP。综合式（2-9）~式（2-12），不可逆热可以描述为

$$q_{\text{ir}} = I(IR_o + \eta_p - \eta_n) \quad (2\text{-}13)$$

式（2-13）描述了电池的内阻可以分为两部分：欧姆内阻和由过电位定义的电阻，即极化内阻 R_p。极化内阻只有在电池工作时才能观察到。将极化内阻的定义代入式（2-13）可得[47]

$$q_{ir} = I^2(R_p + R_o) \tag{2-14}$$

将式（2-14）代入式（2-8）中，可得到基于内阻的电池产热模型：

$$q = I^2(R_p + R_o) + IT\frac{dU}{dT} \tag{2-15}$$

3. 圆柱电池热分析建模

1）产热模型

由式（2-15）可知，要建立锂离子电池的产热模型，需要对电池内阻及熵系数进行相关建模。考虑到电池内阻受电池温度、SOC 影响较大，因此需要通过实验对电池在不同温度、不同 SOC 下的内阻进行测试，在此基础上建立电池内阻与 SOC、电池温度的模型。对于熵系数，由于电池的 OCV 仅与 SOC 相关，因此需要在对不同电池温度、不同 SOC 下的电池 OCV 进行测试后计算得到。

电池内阻的测试方法主要有直流法和交流法。交流测试可获得电池的阻抗谱，而直流测试可直接获得电池的欧姆内阻和极化内阻。欧姆内阻、极化内阻及总内阻分别可由以下公式进行计算。

欧姆内阻：
$$R_o = (U_1 - U_2)/I \tag{2-16}$$

极化内阻：
$$R_p = (U_2 - U_3)/I \tag{2-17}$$

总内阻：
$$R = R_o + R_p \tag{2-18}$$

式中，U_1 为 HPPC 实验方法[48]下加载脉冲电流前的开路电压，U_2 为加载脉冲电流导致的电压阶跃下降后的开路电压，U_3 为结束加载脉冲电流时的开路电压，I 为所加载的脉冲电流值。

对于欧姆内阻，采用四阶多项式响应面模型拟合，其表达式如下：

$$R_o(\text{SOC}, T) = \sum_{j=0}^{4}\sum_{i=0}^{4} p_{ij} \text{SOC}^i T^j \tag{2-19}$$

式中，p_{ij} 为响应面模型系数。

对于极化内阻，采用五阶多项式响应面模型拟合，其表达式如下：

$$R_p(\text{SOC}, T) = \sum_{j=0}^{5}\sum_{i=0}^{5} q_{ij} \text{SOC}^i T^j \tag{2-20}$$

式中，q_{ij} 为响应面模型系数。

对于熵系数，采用四阶多项式建立近似模型，其表达式如下：

$$\frac{dU}{dT}(\text{SOC}) = \sum_{i=0}^{4} a_i \text{SOC}^i \tag{2-21}$$

式中，a_i 为多项式系数。

将式（2-19）~式（2-21）代入式（2-15）中，可得到基于内阻的圆柱电池产热模型，其表达式如式（2-22）所示：

$$q = I^2[R_o(SOC,T) + R_p(SOC,T)] + IT\frac{dU}{dT}(SOC) \tag{2-22}$$

尽管极化内阻与电池放电倍率有一定相关性，但在电池低倍率放电时，一般不考虑电池极化内阻随放电倍率的变化关系，当电池放电倍率超过3C时，放电倍率对电池极化内阻的影响不可忽视[49]。

2）传热模型

由于圆柱电池的圆柱外形，在三维传热模型建立时，推荐采用柱坐标系。传热模型如式（2-23）所示：

$$\rho V_{cell} C_p \frac{\partial T}{\partial t} = \frac{1}{r}\frac{\partial}{\partial r}\left(k_r r \frac{\partial T}{\partial r}\right) + \frac{1}{r^2}\frac{\partial}{\partial \varphi}\left(k_\varphi \frac{\partial T}{\partial \varphi}\right) + \frac{\partial}{\partial z}\left(k_z \frac{\partial T}{\partial z}\right) + \\ I^2[R_o(SOC,T) + R_p(SOC,T)] + IT\frac{dU}{dT}(SOC) \tag{2-23}$$

对于该式的热边界条件，一般采用三类边界条件进行建模。在求解电池热特性模型时，还需要对电池密度、导热系数等物性参数进行建模。

3）电池物性参数

计算电池内部温度分布，需精确获取电池的平均密度 ρ、电池加权平均比热容 C_p、电池的径向导热系数 k_r、周向导热系数 k_φ 和轴向导热系数 k_z。对于电池密度，可先通过电池结构形状计算出体积 V，通过电子秤测量质量 m 求得：

$$\rho = \frac{m}{V} \tag{2-24}$$

电池内部材料繁多，工程上一般采用加权平均法计算电池等效比热容，其计算公式如式（2-25）所示：

$$C_p = \frac{1}{m}\sum_i C_i m_i \tag{2-25}$$

式中，C_i、m_i 分别为第 i 种电池材料的比热容、质量。

该方法中各种材料的质量难以精确获取，C_p 可通过绝热条件下的电池等效比热容实验方法进行测量[50]。

圆柱电池为卷绕结构，对于其不同方向上导热系数的计算，工程上常采用各层结构导热系数的加权和。在径向上，圆柱电池由多个导热系数相同的层结构组成，这些层结构在轴向和周向上相互平行，如图2-1所示。因此引用串联电阻法可以计算出径向导热系数，用并联电阻法计算轴向导热系数和周向导热系数，计算表达式如式（2-26）与式（2-27）所示：

$$k_r = \frac{\sum L_i}{\sum \dfrac{L_i}{k_{i,r}}} \tag{2-26}$$

$$k_z = k_\varphi = \frac{\sum L_i k_{i,a}}{\sum L_i} \tag{2-27}$$

式中，L_i 为第 i 个层结构的厚度，$k_{i,r}$ 为第 i 个层结构沿径向的导热系数，$k_{i,a}$ 为第 i 个层结构沿周向或轴向的导热系数。

用于计算电池轴向、周向及径向导热系数的层结构为正极、负极、铝箔、铜箔、隔膜、卷轴、PVC 膜、电池外壳，所需参数为导热系数、厚度。结合式（2-26）和式（2-27）可求得圆柱电池的各向导热系数。

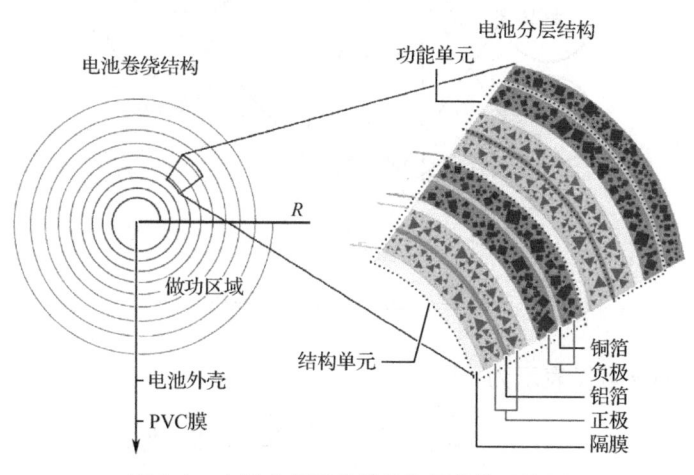

图 2-1 电池内部卷绕结构和层结构示意图

4. 软包电池热分析建模

采用基于内阻的锂离子电池热特性模型，对软包电池的三维热建模过程进行介绍。相对于圆柱电池，软包电池极耳在电池外部，且放电过程中会产生高温，因此需要对极耳部分进行单独建模。

1）产热模型

在软包电池中，产热模型分为电池体的产热模型和极耳的产热模型。对于电池体的产热模型，其与基于内阻的产热模型一致，而对于电池内阻的拟合，除了常用的多项式响应面模型，神经网络也是一种常用的建模算法。

神经网络拟合内阻也采用分别拟合的方法将欧姆内阻和极化内阻拟合成两个独立的神经网络。BP（前馈式）神经网络使用 sigmond 函数作为激活函数，线性函数作为输出函数，Levenberg-Marquardt 方法作为寻优算法，具有单层隐含层，隐含层含有 20 个神经元。其输入的变量有电池荷电状态（SOC）、电池温度及放电倍率，而输出的变量为欧姆内阻（或极化内阻）。

BP 神经网络的结构如图 2-2 所示。首先将通过实验得到的内阻值标准化，然后将其分为训练组、验证组和测试组三个部分，数据比例分别为 70%、15%、15%。大部分数据被划分在训练组用来对神经网络进行训练。训练程序根据输出和实验值的误差对神经网络中的各组权值和阈值进行调整。在此过程中，验证组数据被用来验证神经网络的泛化能力，确保拟合的泛化性。在拟合完成后，15% 的未参加拟合过程的测试组数据被用来衡量神经网络的拟合准确性。

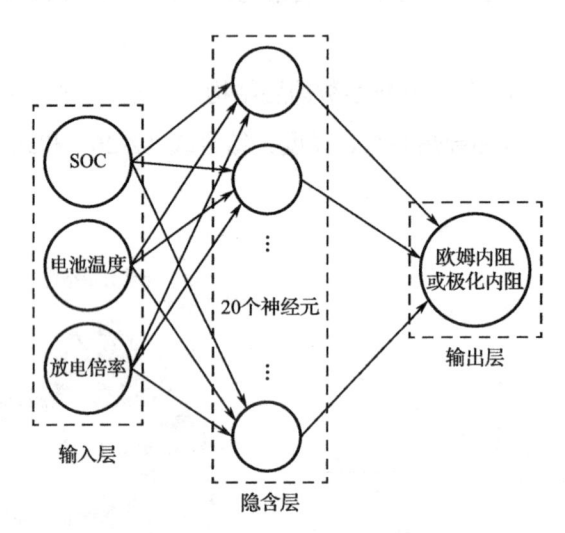

图 2-2 BP 神经网络的结构

隐含层的输入向量 z 可以表示为[27]

$$z_{20\times1} = W_{20\times3} \times [SOC, I, T]^T + b_{20\times1} \tag{2-28}$$

式中，W 是输入层和隐含层之间的权值矩阵，b 是隐含层的阈值向量。

隐含层的输出向量 a 可以表示为

$$a_{20\times1} = \sigma(z) \tag{2-29}$$

式中，σ 是激活函数 sigmond 函数，将向量 z 中的元素 z 转化为向量 a 中的元素 a，其表达式为

$$a = \frac{2}{1+e^{-2z}} - 1 \tag{2-30}$$

输出层的输入值 z'，可以表示为

$$z' = W'_{1\times20} \times a_{20\times1} + b' \tag{2-31}$$

式中，W' 是隐含层和输出层之间的权值矩阵，b' 是输出层的阈值常数。

神经网络的输出值 y 可以由下式计算：

$$y = \sigma(z') \tag{2-32}$$

将神经网络的欧姆内阻和极化内阻拟合结果分别描述为 $R_o(T, SOC, I)$ 和 $R_p(T, SOC, I)$，于是，结合式（2-15）和式（2-21），电池体的产热模型可以描述为

$$q = I^2[R_p(T,SOC,I) + R_o(T,SOC,I)] + IT\frac{dU}{dT}(SOC) \tag{2-33}$$

极耳的产热热源是极耳本身的内阻及极耳导线的接触内阻，一般采用的极耳建模方法是参数辨识方法。首先建立极耳部分的温升理论方程，然后调整需要辨识的未知系数使理论的温升尽可能贴近实验测得的温升。使二者结果最为贴合的参数结果就被认为是极耳的参数辨识结果，故极耳参数辨识方法可以被认为是一种参数优化方法。

因为金属极耳的热导率远远大于电池体的，故极耳上的导热很快，温度不一致性很小，所以可以忽略极耳上的温度不一致性。在极耳独立辨识方法中，极耳在恒定电流放电下的热平衡可以表示为

$$I^2(R_{c,j} + R_{t,j}) = m_j C_j \frac{dT_j}{dt} + h_t A_t \Delta T_j + q_j \tag{2-34}$$

式中，$R_{c,j}$ 为接触内阻，$R_{t,j}$ 为极耳内阻，m_j 为极耳的质量，C_j 为极耳的比热容，T_j 为极耳温度，h_t 为极耳的表面换热系数，A_t 为极耳的换热面积，q_j 为极耳和电池体的换热量。下角标 j 代表正极极耳（p）或负极极耳（n）。但极耳和电池体的换热量不方便准确测量。由于极耳在低电流时的温度和电池体的温度差异较小，且极耳在低电流下发热量也较小，故在低电流时忽略极耳和电池体之间的换热，式（2-34）在低电流下的形式可以简化为

$$I^2(R_{c,j} + R_{t,j}) = m_j C_j \frac{dT_j}{dt} + h_t A_t \Delta T_j \tag{2-35}$$

该等式中的温升可以表达为待确定系数 $(R_{c,j} + R_{t,j})$ 和 h_t 的函数：

$$\Delta T_j = -\frac{I^2(R_{c,j} + R_{t,j})}{h_t A_t} e^{-\frac{h_t A_t}{m_j C_j}t} + \frac{I^2(R_{c,j} + R_{t,j})}{h_t A_t} \tag{2-36}$$

定义 $R_{j,\text{total}} = R_{c,j} + R_{t,j}$，等式变形为

$$\Delta T_j = -\frac{I^2 R_{j,\text{total}}}{h_t A_t} e^{-\frac{h_t A_t}{m_j C_j}t} + \frac{I^2 R_{j,\text{total}}}{h_t A_t} \tag{2-37}$$

式（2-37）中的未知参数有总内阻和表面换热系数。为了确定这些参数，使用参数辨识方法对总内阻和表面换热系数进行优化，使式（2-37）计算的温度与实验中测量的极耳温度相贴合，使温度曲线贴合最好的 $R_{j,\text{total}}$ 和 h_t 的值被认为是参数辨识的最终结果。根据欧姆定律，极耳的产热模型可以表示为

$$q_j = \frac{I^2 R_{j,\text{total}}}{v_j} \tag{2-38}$$

式中，v_j 为 j 极极耳的体积。

2）传热模型

基于傅里叶导热定律，软包电池的传热模型可以描述为[51]

$$\rho C_p \frac{\partial T}{\partial t} = \frac{\partial}{\partial x}\left(k_x \frac{\partial T}{\partial x}\right) + \frac{\partial}{\partial y}\left(k_y \frac{\partial T}{\partial y}\right) + \frac{\partial}{\partial z}\left(k_z \frac{\partial T}{\partial z}\right) + (1-\alpha)q + \alpha q_j \tag{2-39}$$

式中，α 为产热切换系数，值为 0 或 1。当 α 为 0 时，上式计算电池体的温度分布；当 α 为 1 时，上式计算电池极耳的温度分布。

3）电池物性参数

由于软包电池的结构较为复杂，是由铝制外壳、电解质材料、集流体、隔膜等构成的，故导热系数、密度、比热容等参数不能直接得到。而这些物性参数的准确性又直接影响模型的验证和计算的精度。为了研究软包电池的物性参数，对软包电池进行了拆解，其内部结构如图 2-3 所示。

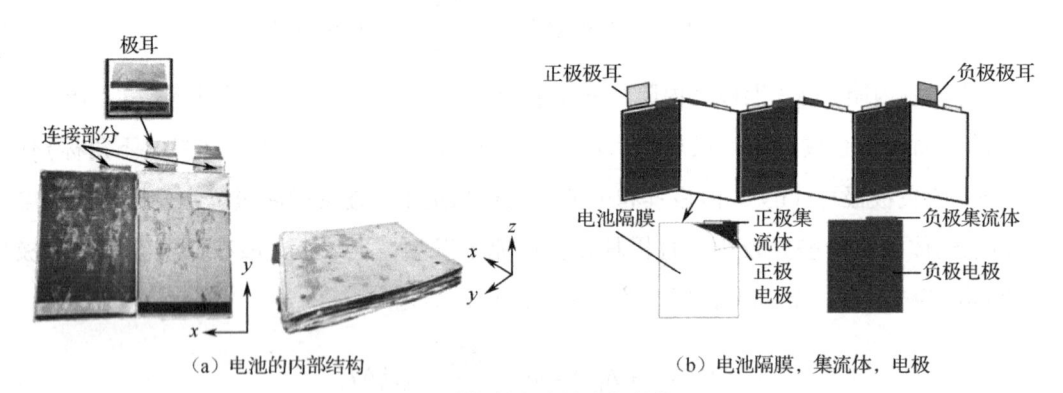

(a) 电池的内部结构   (b) 电池隔膜，集流体，电极

图 2-3 软包电池的内部结构

从拆解结果可以看出，软包电池内部是一种层状结构，电池正极、隔膜、负极交错排列，并被装在电池的铝制外壳中。这种层状结构有别于圆柱电池的卷绕式结构，对于这种结构，采用体积积分的方法计算电池体的比热容、密度、导热系数等参数。电池体的比热容可以表示为[28]

$$C_{p,b} = \frac{\sum m_l C_{p,l}}{m_b} = \frac{\sum v_l \rho_l C_{p,l}}{\sum v_l \rho_l} \tag{2-40}$$

式中，m_b 是电池体的质量；m_l、$C_{p,l}$、v_l、ρ_l 分别是第 l 层材料的质量、比热容、体积和密度。电池体的密度可以表示为[51]

$$\rho_b = \frac{\sum m_l}{\sum v_l} = \frac{\sum v_l \rho_l}{\sum v_l} \tag{2-41}$$

对于电池体的导热系数，一般假设电池体在 x、y 和 z 方向的导热系数分别为[28]

$$k_{b,x} = \frac{\sum L_l}{\sum \frac{L_l}{k_{l,x}}}, \quad k_{b,y} = \frac{\sum L_l}{\sum \frac{L_l}{k_{l,y}}}, \quad k_{b,z} = \frac{\sum L_l k_{l,z}}{\sum L_l} \tag{2-42}$$

式中，L_l 是第 l 层材料的厚度；$k_{l,x}$、$k_{l,y}$ 和 $k_{l,z}$ 分别是第 l 层材料在 x、y 和 z 方向的导热系数。

计算方形电池物性参数涉及的电池结构有电池正负极（包括电解液）、隔膜、正负极集流体、外壳、正负极极耳，所需的物性参数有密度、比热容、导热系数。

5. 方形电池热分析建模

采用基于内阻的锂离子动力电池热特性模型，对方形电池的三维热建模过程进行介绍。

1）产热模型

与圆柱电池和软包电池类似，方形电池的内阻模型依然通过放电内阻实验获得。

由相关实验可知，对于方形电池，在建立内阻模型时，不仅要考虑 SOC 和温度变化对电池内阻的影响，还应将电流变化因素加入内阻模型中。

由前述可知，仍然采用基于内阻的产热模型对方形电池进行热建模。对于其总内阻，同样采用多项式响应面模型对其进行拟合。为提高动态工况下热特性模型的预测精度，内阻拟合模型需要考虑 SOC、电池温度，以及电流对内阻的影响，故拟合结果如下：

$$R = \sum_{i=1}^{4} a_i T^i + \sum_{i=1}^{4} b_i \text{SOC}^i + \sum_{i=1}^{3} c_i I^i + dTI + eT\text{SOC} + f\text{SOC}I + g \tag{2-43}$$

式中，a_i、b_i、c_i、d、e、f、g 为响应面模型系数。

由于内阻随电池温度、电流和 SOC 的变化而变化，开路电压温度系数也与 SOC 相关，因此电池的产热速率是随着电池的工作状态时刻变化的。

电池在某固定 SOC 状态下，开路电压随着温度的升高可增可减，对应开路电压温度系数可正可负。同时，随着时间的推移，在某些工况下电池开路电压会有轻微的漂移，这与温度变化无关，归因于 SOC 变化后的电芯松弛现象[52]。

在计算开路电压温度系数时，应排除掉电芯松弛的影响。采用七阶多项式模型对开路电压温度系数随 SOC 的变化关系进行拟合，表达式如下：

$$\frac{dU}{dT} = \sum_{i=1}^{8} d_i \text{SOC}^{i-1} \tag{2-44}$$

式中，d_i 为多项式系数。

将式（2-43）、式（2-44）代入式（2-15）即可得基于内阻的方形电池产热模型。

2）传热模型

与圆柱电池和软包电池相同，方形电池内部的传热和温度分布也可以根据三维导热方程进行求解，相关的模型如式（2-45）所示[53]：

$$\rho V_{\text{cell}} C_p \frac{\partial T}{\partial t} = \frac{\partial}{\partial x}\left(k_x \frac{\partial T}{\partial x}\right) + \frac{\partial}{\partial y}\left(k_y \frac{\partial T}{\partial y}\right) + \frac{\partial}{\partial z}\left(k_z \frac{\partial T}{\partial z}\right) + q \tag{2-45}$$

3）电池物性参数

为求解式（2-45）所示的偏微分方程，需获得电池物性参数 ρ、C_p 和 k，确定电池单位体

积产热速率 q 和定解条件。方形电池物性参数的计算与软包电池的相同。

2.1.3 动力电池热管理系统建模与仿真

1. 背景介绍

电动汽车在正常行驶过程中，其动力电池温度必须控制在一定范围内。一般地讲，电动汽车行驶时，当动力电池温度高于设定温度时，动力电池热管理系统即启动。本案例选取动力电池水冷系统为讨论对象，研究当系统处于常开状态时，Chiller[①] 的冷却能力，即可以保持的冷却液出口温度水平。动力电池水冷系统架构如图 2-4 所示。

2. 模型搭建

根据动力电池水冷系统架构，在 AITherma 软件中搭建对应模型，结果如图 2-5 所示。

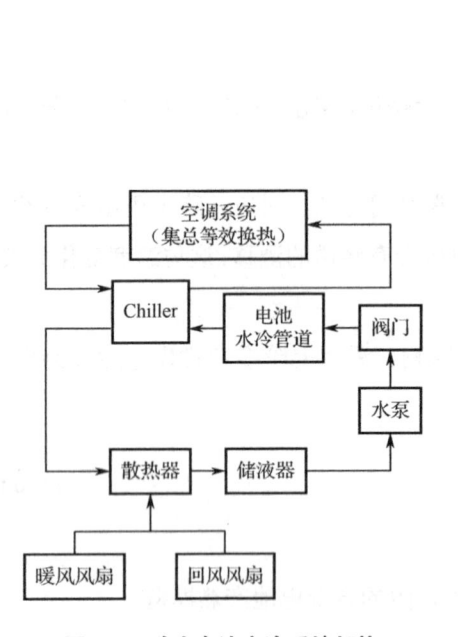

图 2-4　动力电池水冷系统架构 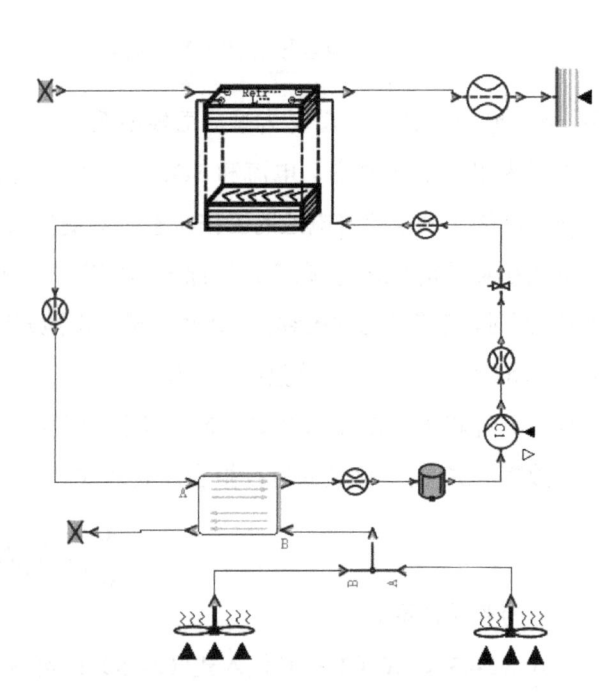　　　　图 2-5　动力电池水冷系统建模结果

其中，该系统搭建所需要的模型组件如表 2-2 所示。

---

① Chiller（换热器）是纯电动汽车上一种紧凑型的冷却装置，动力电池的冷却液流经 Chiller 中的蒸发器，蒸发器中的制冷剂通过热交换将冷却液的热量带走，从而降低冷却液温度。

表 2-2 模型组件列表

组件图标	组件名称	说明	详情
	massFlowRateEnthalpySource	设置入口工况	图 2-6
	Chiller	板式换热器	图 2-7
	straightPipeTwoPhase	两相流水冷管	图 2-8
	tank	设置出口工况	图 2-9
	counterFlowHeatExchanger	交叉流换热器	图 2-11
	volumeFlex	储液器	图 2-13
	centrifugalPump1D	水泵	图 2-14
	hydraulicOrifice	阀门	图 2-16
	straightPipe	单相流水冷管	图 2-10、图 2-12、图 2-15、图 2-17
	moistAirSource2	风扇	图 2-18
	moistAirSink	湿空气汇	略
	moistAirMixture	湿空气混合	略
	constantSignal	输入信号	略

注：straightPipeTwoPhase（两相流水冷管）位于 TwoPhaseFluid 组件库，在本模型中其与 Chiller 的制冷剂端口所在支路相连，即在空调回路中。straightPipe（单相流水冷管）位于 ThermalFluid 组件库，在本模型中其与 Chiller 的冷却液端口所在支路相连，即在电池冷却回路中。

相关组件参数设置如下。

（1）设置 massFlowRateEnthalpySource 组件参数中的质量流量 m_flow_par 为 0.0200129kg/s，

入口焓值 h0_par 为 477.391J/kg，如图 2-6 所示，完成入口工况设置。

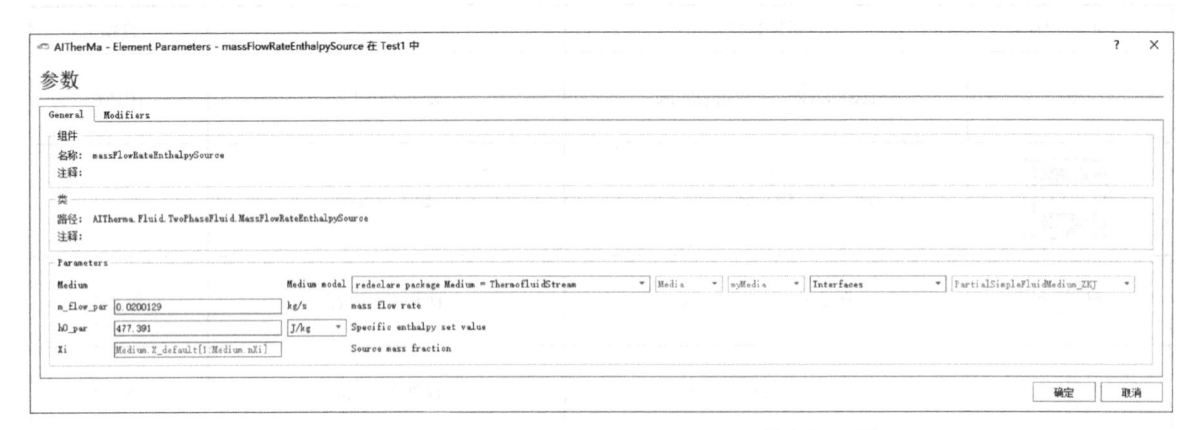

图 2-6　massFlowRateEnthalpySource 组件参数设置

（2）设置 Chiller 组件参数中的离散单元个数 nCells 为 3，其余参数采用默认值，如图 2-7 所示，完成板式换热器参数设置。

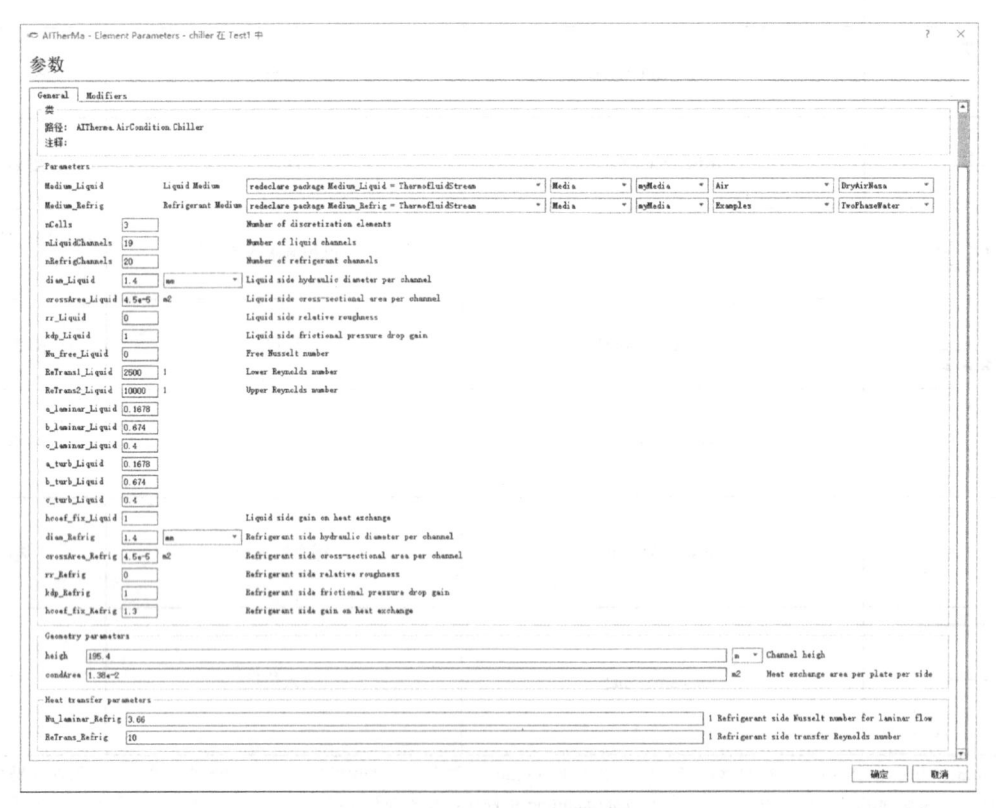

图 2-7　Chiller 组件参数设置

（3）设置 straightPipeTwoPhase 组件参数中的压降系数 kdp 为 1，管道长度 l 为 1m，管道截面面积 crossArea 为 7.854e-5m^2，其余参数采用默认值，如图 2-8 所示，完成两相流水冷管参数设置。

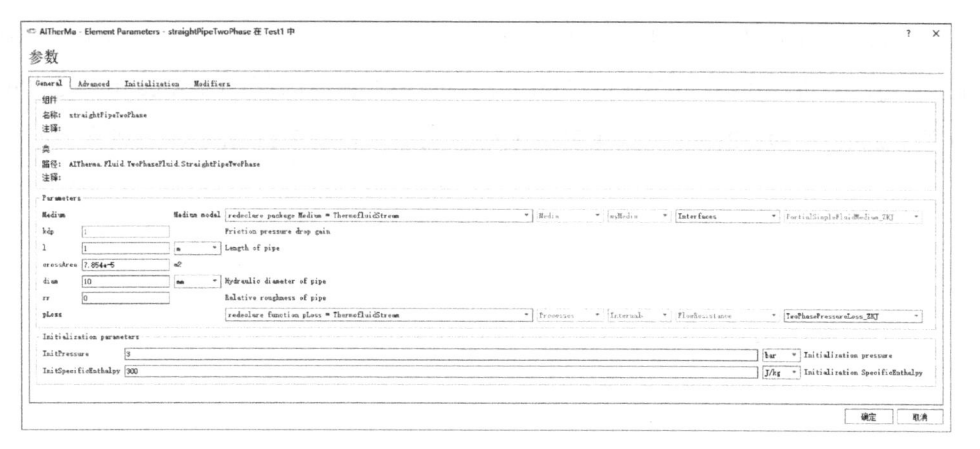

图 2-8　straightPipeTwoPhase 组件参数设置

（4）设置 tank 组件参数中的出口压力 p0_par 为 323000Pa，如图 2-9 所示，完成出口工况设置。

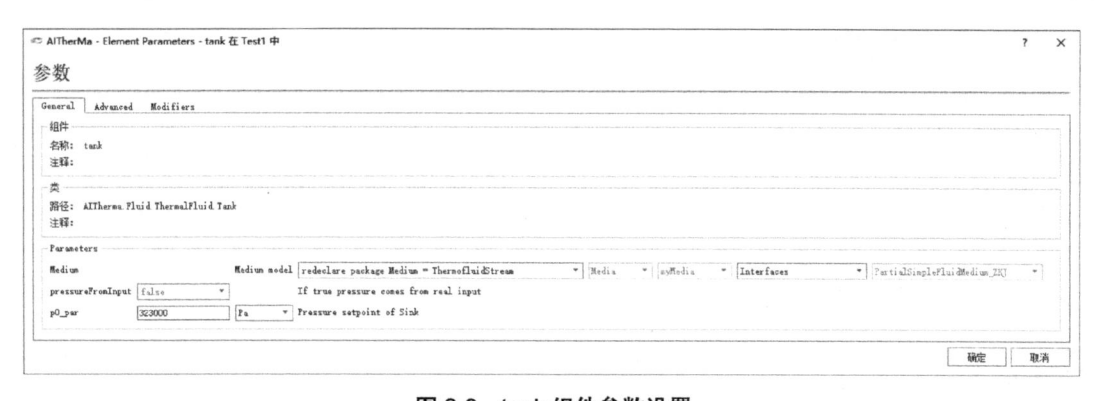

图 2-9　tank 组件参数设置

（5）设置与两个换热器相连的水冷管模型，即设置 straightPipe 组件参数中的管道半径 r 为 9mm，长度 l 为 1m，其余参数采用默认值，如图 2-10 所示。

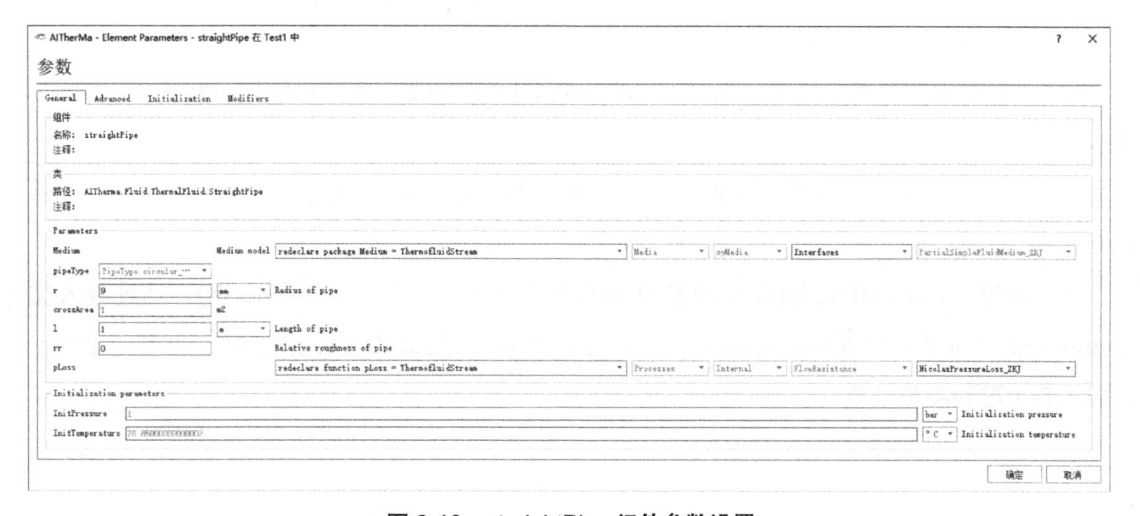

图 2-10　straightPipe 组件参数设置

（6）设置 counterFlowHeatExchanger 组件参数中的热流体侧的管道截面面积 crossArea_A 为 9.14e-4m^2，管道水力直径 diam_A 为 1.9242mm；冷流体侧的截面面积 crossArea_B 为 2.0961e-2m^2，管道水力直径 diam_B 为 1.21mm，其余参数采用默认值，如图 2-11 所示，完成交叉流换热器参数设置。

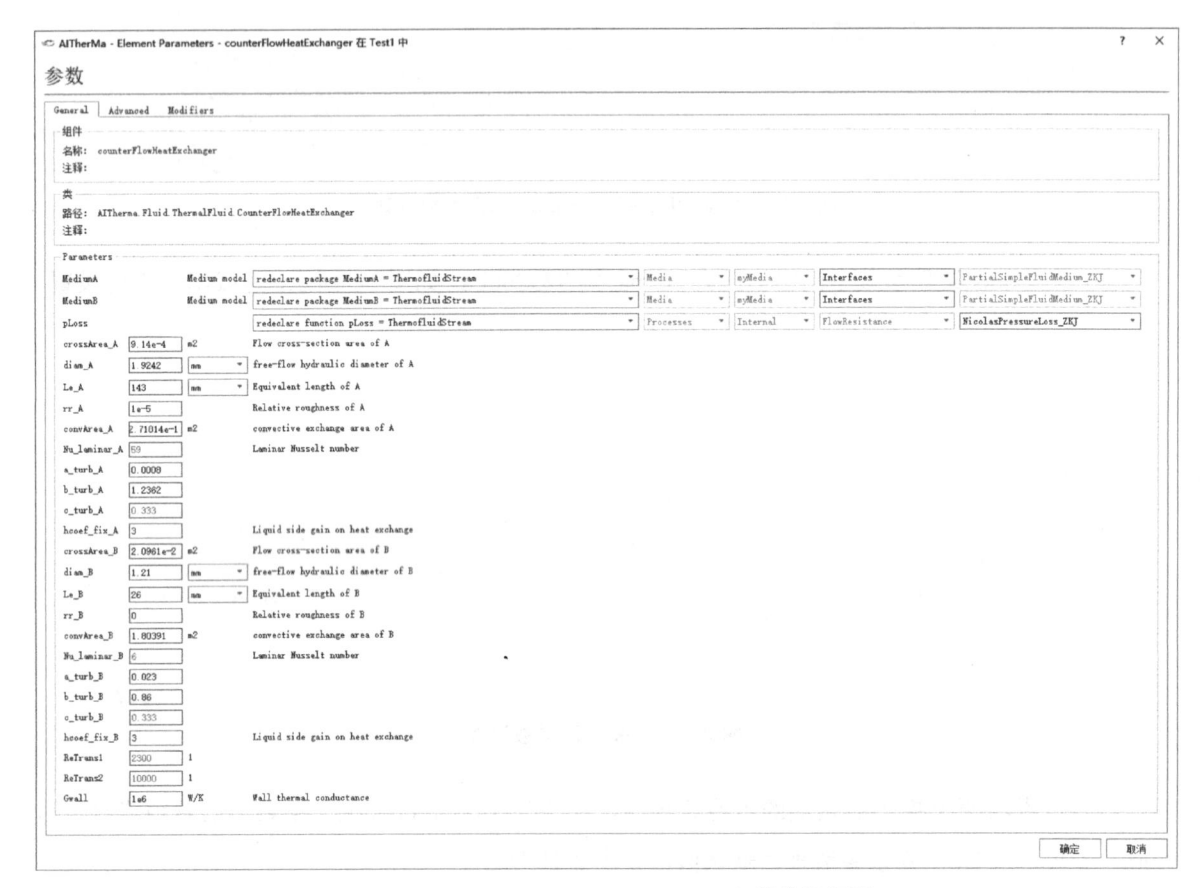

图 2-11　counterFlowHeatExchanger 组件参数设置

（7）设置与水泵和阀门相连的水冷管 straightPipe1 组件参数，各参数均采用默认值，如图 2-12 所示。

（8）设置 volumeFlex 组件参数，各参数均采用默认值，如图 2-13 所示，完成储液器参数设置。

（9）设置 centrifugalPump1D 组件参数中的 P-Q 曲线文件路径 fileName_PQ，通过导入文件"pump_dp.txt"实现；设置转速 omega_par 为 5000rev/min，其余参数采用默认值，如图 2-14 所示，完成水泵工况和参数设置。

图 2-12　straightPipe1 组件参数设置

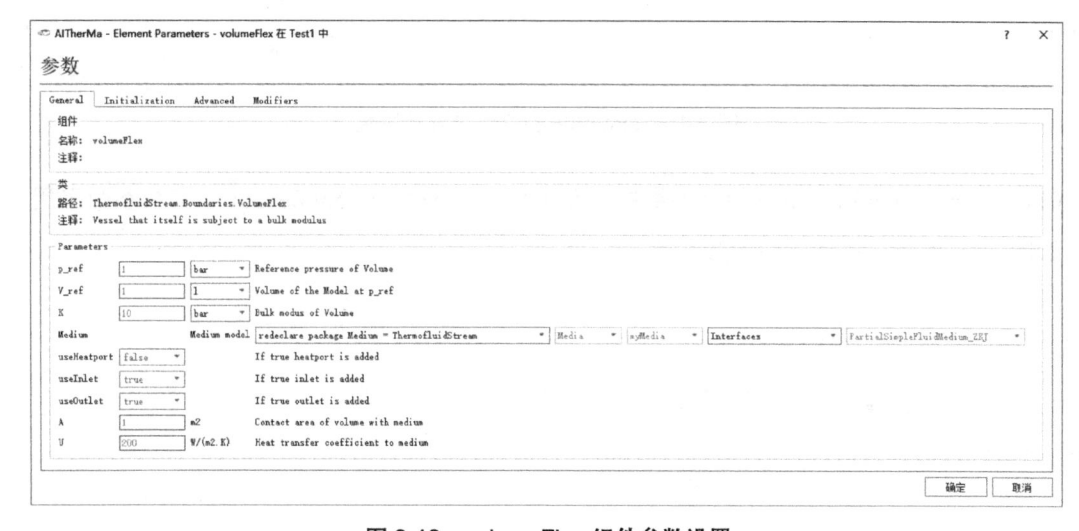

图 2-13　volumeFlex 组件参数设置

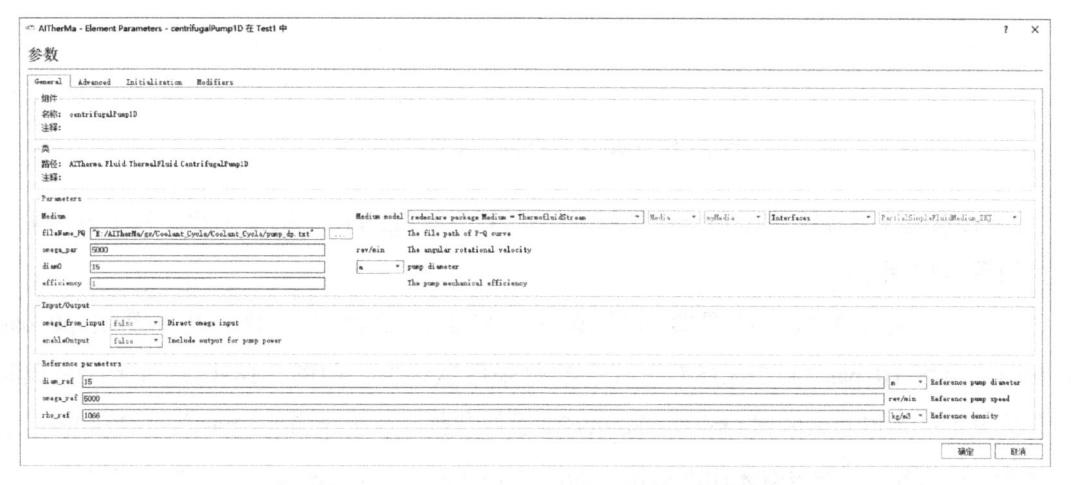

图 2-14　centrifugalPump1D 组件参数设置

（10）设置与阀门和 Chiller 相连的水冷管 straightPipe2 组件参数，各参数均采用默认值，如图 2-15 所示。

图 2-15　straightPipe2 组件参数设置

（11）设置 hydraulicOrifice 组件参数中的截面面积 area 为 $1.85398e-5m^2$，其余参数采用默认值，如图 2-16 所示，完成阀门参数设置。

图 2-16　hydraulicOrifice 组件参数设置

（12）设置与交叉流换热器和储液器相连的水冷管 straightPipe3 组件参数，各参数均采用默认值，如图 2-17 所示。

（13）设置风扇参数。设置暖风风扇 moistAirSource2 组件参数，其中压力 p0_par 为 101300Pa，温度 T0_par 为 -263.15℃，其余参数采用默认值，如图 2-18（a）所示，完成暖风风扇参数设置；设置回风风扇 moistAirSource21 组件参数，其中压力 p0_par 为 101300Pa，温度 T0_par 为 297.75K，其余参数采用默认值，如图 2-18（b）所示，完成回风风扇参数设置。

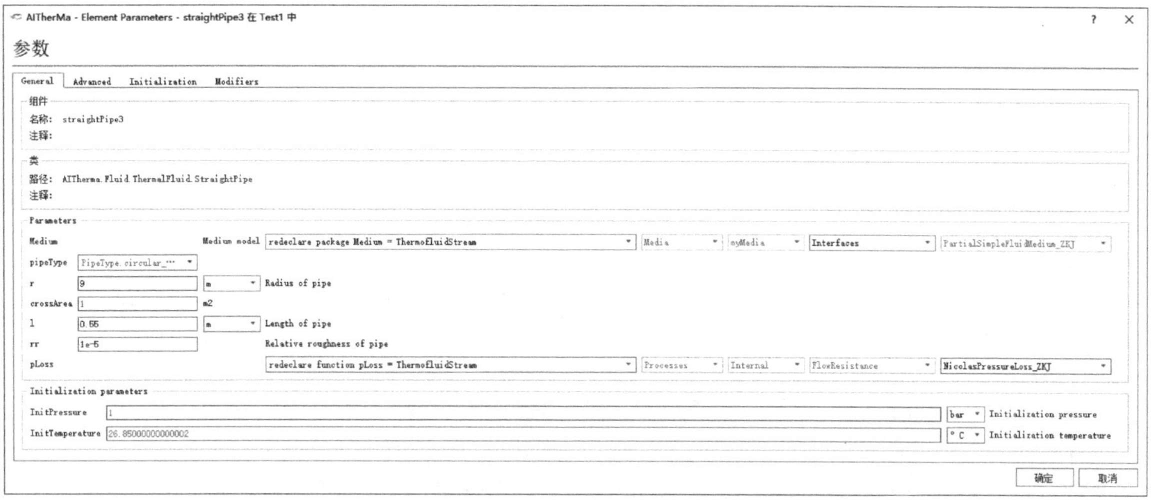

图 2-17　straightPipe3 组件参数设置

（a）暖风风扇moistAirSource2组件参数设置

图 2-18　风扇参数设置

(b）回风风扇moistAirSource21组件参数设置

图2-18　风扇参数设置（续）

3. 求解设置

选择主菜单下的"仿真配置"选项，在弹出的对话框中设置仿真结束时间为200秒，仿真间隔数量为500，选择较为稳定的dassl方法进行求解，仿真参数设置如图2-19所示。单击对话框中的"确定"按钮开始仿真计算。

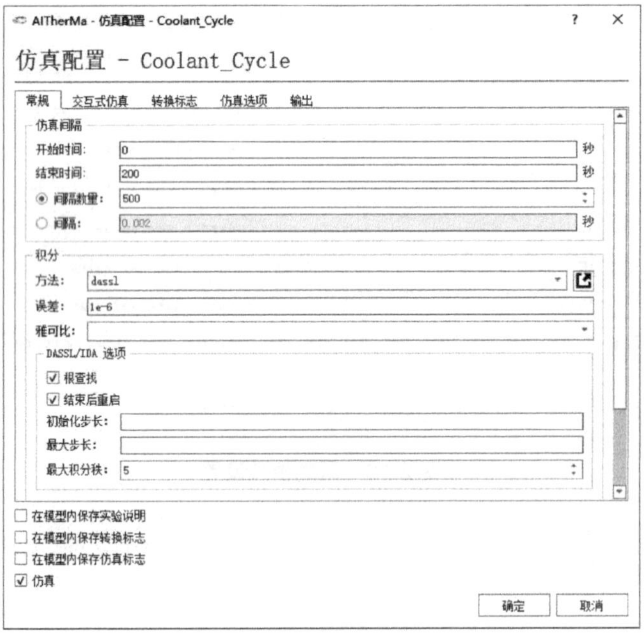

图2-19　仿真参数设置

消息浏览器会显示计算进度，计算完成后，可在界面右下角单击"绘图"按钮（见图 2-20），进入绘图模块。

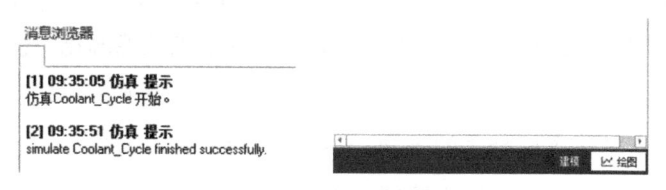

图 2-20　消息浏览器

4. 结果分析

在绘图模块右侧的变量选择器中勾选要查看的变量——水冷侧温度 chiller_S_ZKJ.Liquid_Side[2].T，即可在视口窗查看该变量随时间的变化曲线，如图 2-21 所示。可以看出，随着时间的推移，水冷侧的工质水与热侧的空气发生热交换，温度逐渐升高并最终达到热平衡态。

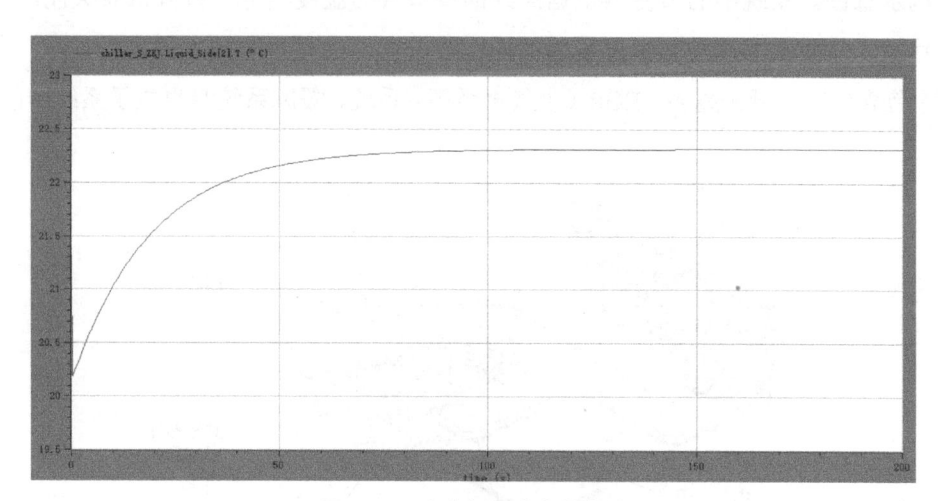

图 2-21　水冷侧温度变化曲线

2.2　发动机热管理系统设计与仿真

2.2.1　发动机热管理系统关键性能指标

通过热管理系统调节发动机热状态是传统燃油车主要的发动机热管理方式。最初发动机热管理系统的诞生是为了带走多余的发动机热量，保证发动机运行安全，但如今已不再以冷却发动机为唯一目标，而变为兼顾车辆运行需求、排放法规及用户使用需求的综合性系统，影响着发动机的动力性、经济性、排放性、可靠性及座舱的温度和噪声[54-55]。

发动机热管理系统的核心功能是散去发动机因燃烧和摩擦所产生的热量，降低燃烧室的温度。而燃烧室的温度取决于发动机运行工况，不同工况下的温度输出差别很大。发动机的适当冷却十分重要，若冷却效果不佳或冷却过度，则会引起发动机性能恶化、使用寿命缩短。因此，要确保发动机在任何负载条件下都能工作在许用温度范围内，既不能过热，又不能过冷。

发动机热管理系统根据冷却介质的不同，通常可以分为风冷式、水冷式和油冷式，现代汽车的发动机热管理系统绝大部分采用水冷式，而水冷式中的闭式强制循环冷却系统又是最重要的一种。所谓闭式强制循环冷却系统，就是通过水泵让冷却液的压力升高，从而推动冷却液在由发动机缸体和缸盖中的水套等组成的封闭循环通路中流动[56]。

为了满足日益增长的发动机热管理需求，其热管理系统的结构变得越发复杂，如分体式冷却、多回路冷却及多级冷却等，但是仍然依托于经典的热管理系统结构，主要构成为风扇及散热器、水泵、发动机、节温器、膨胀水箱等。图 2-22 及图 2-23 所示分别为经典的发动机热管理系统实物图及结构示意图。系统中的节温器依据流经的冷却液的温度高低，打开或者关闭冷却液流向散热器的路径，从而实现对发动机温度的调控。随着发动机和整车技术的日新月异，发动机热管理系统中包含的部件越来越多，EGR（废气再循环）系统、暖风系统等也成了系统中的一分子。

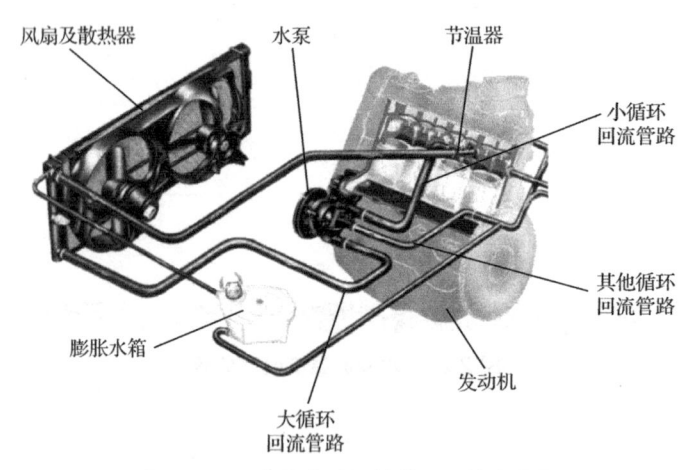

图 2-22 经典的发动机热管理系统实物图

发动机冷却液流向示意图如图 2-24 所示，当冷却液流经水泵后，压力升高，再经由分水管流入发动机缸体水套中。当冷却液在水套中流动时，首先会吸收发动机缸体中的热量，向上流动至缸盖水套中并吸收缸盖中的热量；然后高温冷却液流出发动机经过节温器，再经由进水管流到散热器中，在流过散热器芯时把热量散发到空气中；最后冷却液经散热器又被抽回水泵，供下次冷却周期使用，如此不断循环。当风扇运转或者汽车开动时，散热器周围的空气流速加快，冷却液的冷却速度也相应加快，且通过风扇的空气也会对发动机起到一定的冷却作用。发动机热管理系统中还包含暖风系统，从发动机中流出的一部分高温冷却液会直接流向暖风机，暖风

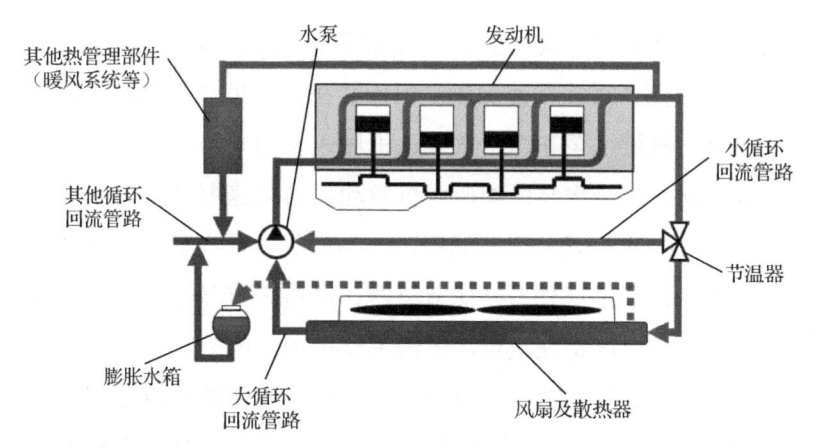

图 2-23 经典的发动机热管理系统结构示意图

机芯附近的空气会吸收冷却液的热量,这些热空气一部分会送向除霜器,另一部分会送向座舱。而从暖风机中流出的冷却液又会经过出水管流向水泵。还有一种发动机热管理系统的结构与上述系统的相似,但是内部冷却液的流动方向却相反,即温度较低的冷却液先流到缸盖水套中,接着再向下流动到发动机缸体水套中用于冷却,这种热管理系统由于对燃烧室的冷却比较充分因此多用于压缩比较高的发动机,可以有效地提高发动机的输出功率,我们把这种发动机热管理系统称为逆流式热管理系统。

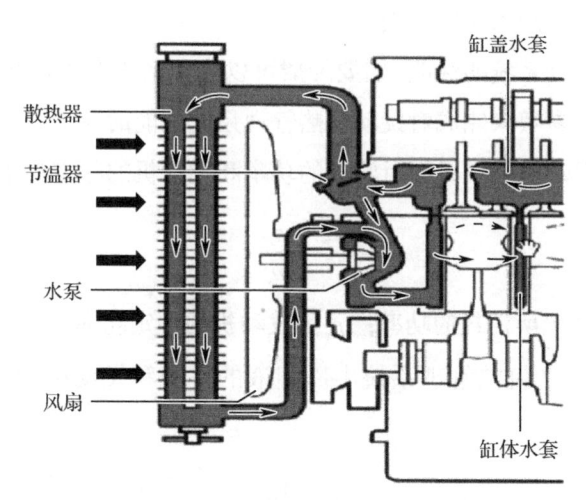

图 2-24 发动机冷却液流向示意图

在发动机热管理系统中,风扇的作用是增加通过散热器的冷却风流量,促进冷却液的散热。风扇分为离合器风扇、电子风扇及液压驱动风扇。离合器风扇又分为硅油离合器风扇和电磁离合器风扇,由冷却液温度决定其启停,缺点是离合器结合之后,风扇由发动机曲轴驱动,其转速与曲轴转速成固定比例,无法灵活调节且安装位置受限[57]。电子风扇不受发动机转速限制,能够灵活调节和独立布置,但受蓄电池放电功率约束,只能用于小型乘用车[58]。液压驱动风扇兼顾了离合器风扇高功率和电子风扇灵活调节的优势,但其结构复杂且成本较高,主要用于重型商用车辆[59]。水泵的作用是对冷却液加压,保证其在发动机与散热器间的循环流动。根据驱动方式不同,水泵可分为机械水泵和电子水泵。机械水泵由发动机曲轴(或凸轮轴)驱动,其转速与发动机转速成正比。电子水泵由调速电机驱动,其转速由发动机电子控制单元根据发动机工况进行连续调节[60]。节温器是一个三通阀,其作用是根据冷却液温度分配热管理系统大循环及小循环的冷却液流量。节温器分为蜡式节温器、电蜡式节温器和电子节温器。蜡式节温器的阀门开度由其内部石蜡的温度特性决定,无法主动控制。电蜡式节温器在蜡式节温器内嵌入了电阻加热器,实现了主动控制,缺点是由于石蜡热惯性而使控制精度较低。电子节温器的开度通过由伺服电机控制,能够实现快速且精确的开度调节[61]。此外,膨胀水箱的作用是储存多余的冷却液,避免冷却液温升膨胀导致的系统压力升高。

发动机冷却液一般由一定比例的水和防冻液组成,其中的水不能使用人们日常用的硬水而要选择软水,因为硬水中的矿物质会沉积在冷却水套中形成水垢,造成导热系数下降而出现发动机冷却不足的问题。而防冻液的加入能够降低冷却液的冰点并提高沸点,这样在冬季行车时,冷冻液就不会出现由于气温过低而结冰的现象。如用50%的乙二醇和50%的水混合制成的冷却液,冰点会下降到-35℃左右,而沸点也会上升到103℃左右。此外,为了不让发动机的水套和散热器的内表面出现锈蚀的情况,不少冷却液中会添加防锈剂;而为了防止冷却液中出现泡沫影响散热,泡沫抑制剂也被加入了冷却液中。

为了评价发动机热管理系统的性能,需要形成可以体现系统冷却效果好坏的量化指标。目前,人们一般用以下四个评价参数来完成对发动机热管理系统性能的评价。

(1)功率系数:由发动机驱动风扇所消耗的功率和发动机的额定功率的比值计算得到,即

$$\zeta = \frac{p_c}{p_r} \tag{2-46}$$

式中,p_c 为发动机驱动风扇所消耗的功率;p_r 为发动机的额定功率。

(2)体积系数:由发动机热管理系统中冷却液的体积和发动机的额定功率的比值计算得到,即

$$\zeta_v = \frac{v_w}{p_r} \tag{2-47}$$

式中,v_w 为冷却液的体积;p_r 为发动机的额定功率。

(3)有效阻力系数:由散热器空气侧的阻力和冷却风道中的总阻力的比值计算得到,即

$$\zeta_x = \frac{\Delta P_a}{\Delta P} \tag{2-48}$$

式中,ΔP_a 为散热器空气侧的阻力;ΔP 为冷却风道中的总阻力。

(4)沸腾环境温度:冷却液沸腾时的外界环境温度。

2.2.2 发动机产热原理及热特性模型

发动机热特性模型主要用于计算发动机热管理系统热负荷,以及缸体、冷却液、箱体等的温度。通过发动机转矩、转速、参数计算发动机有效功率和平均有效压力,以发动机万有特性曲线 MAP 图为基本数据信息,利用插值法确定发动机单位功率燃油消耗量及发动机水套散热系数,从而求解发动机内燃烧产热量和发动机热管理系统热负荷,具体计算流程如图 2-25 所示。

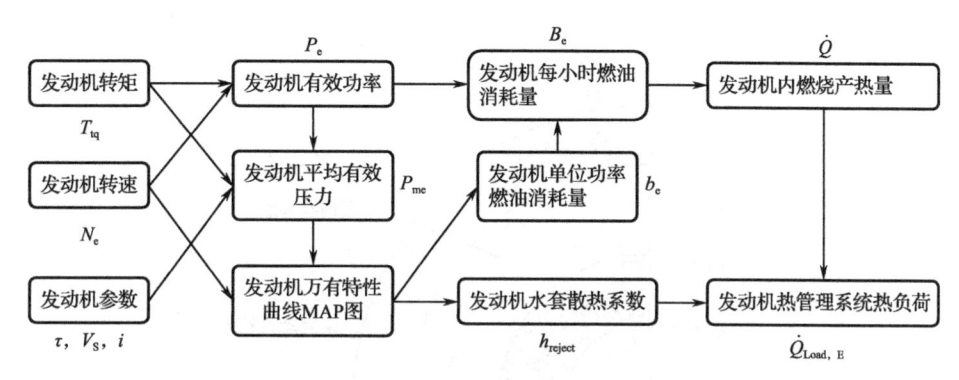

图 2-25 发动机热系统热负荷计算流程

发动机有效功率和平均有效压力的计算如式(2-49)和式(2-50)所示:

$$P_e = \frac{T_{tq} N_e}{9550} \tag{2-49}$$

式中,P_e 为发动机有效功率(kW),T_{tq} 为发动机转矩(N·m),N_e 为发动机转速(r/min)。

$$P_{me} = \frac{30 P_e \tau}{V_s N_e i} \tag{2-50}$$

式中,P_{me} 为发动机平均有效压力(MPa),τ 为发动机冲程数,V_s 为发动机排量(L),i 为发动机气缸个数。

通过发动机万有特性曲线 MAP 图插值确定发动机单位功率燃油消耗量 b_e,从而计算发动机每小时燃油消耗量 B_e:

$$B_e = \frac{P_e b_e}{1000} \tag{2-51}$$

式中,b_e 为发动机单位功率燃油消耗量 [g/(kW·h)],B_e 为发动机每小时燃油消耗量(kg/h)。

通过发动机每小时燃油消耗量确定发动机内燃烧产热量 $\dot{Q}$,发动机热管理系统热负荷 $\dot{Q}_{Load,E}$ 则由 $\dot{Q}$ 与发动机水套散热系数 h_{reject} 计算:

$$\dot{Q} = \frac{B_e H_u}{3600} \tag{2-52}$$

$$\dot{Q}_{Load,E} = \dot{Q} h_{reject} \tag{2-53}$$

式中，$\dot{Q}$ 为发动机内燃烧产热量（kW）；H_u 为燃油热值，采用低位发热量 43960（kJ/kg）；$\dot{Q}_{Load,E}$ 为发动机热管理系统热负荷（kW）；h_{reject} 为发动机水套散热系数（%）。

根据缸体、水套内冷却液、发动机箱体之间的热量传递过程，建立各部件能量平衡方程[62]。发动机内各部件间的热量传递过程如图 2-26 所示，其中忽略缸体和发动机箱体的温度梯度分布，即以温度平均值计算；认为水套内进出口冷却液之间的温度分布满足线性规律，即由进出口冷却液温度平均值表示水套内冷却液温度。

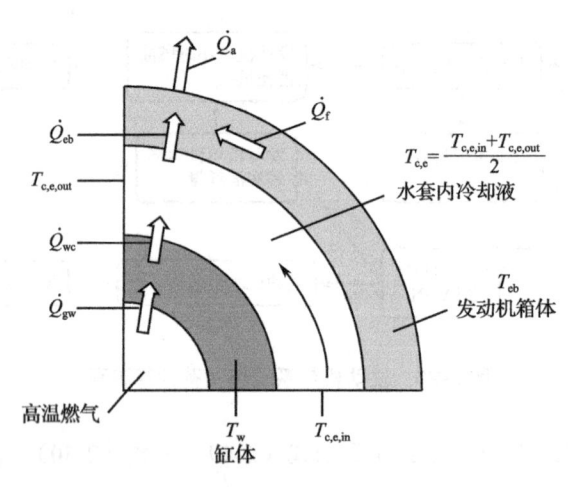

图 2-26 发动机内各部件间的热量传递过程

缸体能量平衡方程：

$$\dot{Q}_{gw} - \dot{Q}_{wc} = m_1 c_1 \frac{dT_w}{dt} \quad (2\text{-}54)$$

水套内冷却液能量平衡方程：

$$\dot{Q}_{wc} + \dot{m}_c c_c (T_{c,e,in} - T_{c,e,out}) - \dot{Q}_{eb} = m_{c,e} c_c \frac{dT_{c,e}}{dt} \quad (2\text{-}55)$$

发动机箱体能量平衡方程：

$$\dot{Q}_{eb} + \dot{Q}_f - \dot{Q}_a = m_{eb} c_{eb} \frac{dT_{eb}}{dt} \quad (2\text{-}56)$$

式中，$\dot{Q}_{gw}$ 为高温燃气与缸体之间的换热量，可近似认为 $\dot{Q}_{gw} = \dot{Q}_{Load,E}$（W）；$\dot{Q}_{wc}$ 为缸体与冷却液之间的换热量（W）；$\dot{Q}_{eb}$ 为冷却液与发动机箱体之间的换热量（W）；$\dot{Q}_a$ 为发动机箱体与外界环境之间的换热量（W）；$\dot{Q}_f$ 为由于部件机械运动产生的摩擦热量（W）；T_w 为缸体平均温度（℃）；$T_{c,e,in}$ 为水套内进口冷却液温度（℃）；$T_{c,e,out}$ 为水套内出口冷却液温度（℃）；$T_{c,e}$ 为水套内冷却液温度（℃），$T_{c,e} = (T_{c,e,in} + T_{c,e,out})/2$；$T_{eb}$ 为发动机箱体平均温度（℃）；c_1 为缸体比热容 [J/(kg·℃)]；c_c 为冷却液比热容 [J/(kg·℃)]；c_{eb} 为发动机箱体比热容 [J/(kg·℃)]；

$\dot{m}_c$ 为水套内冷却液质量流量（kg/s）；m_1 为缸体质量（kg）；m_{eb} 为发动机箱体质量（kg）；$m_{c,e}$ 为水套内冷却液质量（kg）。

$\dot{Q}_{wc}$、$\dot{Q}_{eb}$ 应用 Dittus-Boelter 提出的经典管内液体对流传热方程计算[63]：

$$\dot{Q}_{wc} = h_{wc} A_1 (T_w - T_{c,e}) \tag{2-57}$$

$$\dot{Q}_{eb} = h_{eb} A_{eb} (T_{c,e} - T_{eb}) \tag{2-58}$$

$$h_{wc} = 0.023 Re_{wc}^{0.8} Pr_{wc}^{0.4} \left(\frac{\lambda_c}{D_{wc}}\right) \tag{2-59}$$

$$h_{eb} = 0.023 Re_{eb}^{0.8} Pr_{eb}^{0.4} \left(\frac{\lambda_c}{D_{eb}}\right) \tag{2-60}$$

式中，h_{wc} 为冷却液与缸体之间的换热系数 [W/(m²·℃)]；h_{eb} 为冷却液与发动机箱体之间的换热系数 [W/(m²·℃)]；A_1 为缸体与冷却液之间的换热面积（m²）；A_{eb} 为发动机箱体与冷却液之间的换热面积（m²）；Re 为冷却液雷诺数；Pr 为冷却液普朗特数；λ_c 为冷却液导热系数 [W/(m²·℃)]；D_{wc} 为缸体当量水力直径（m）；D_{eb} 为发动机箱体当量水力直径（m）。

由于发动机箱体表面与环境空气之间的自然对流换热仅占到冷却液散热量的 1%～2%，因此在系统能量平衡方程中可以忽略 $\dot{Q}_a$。由于部件机械运动产生的摩擦热量 $\dot{Q}_f$，可通过式（2-61）计算，具体详细步骤可参考文献 [64]。

$$\dot{Q}_f = \text{FMEP} V_s \frac{2N_e}{i} \tag{2-61}$$

式中，FMEP 为摩擦平均有效压力（MPa）。

2.2.3 发动机热管理系统建模与仿真

1. 背景介绍

该案例展示了一个简单的发动机热管理系统，其组成包括发动机（包括其冷却水套）、水泵、节温器、散热器、暖风芯体，如图 2-27 所示。该系统可实现大小两个循环：当发动机水温低于某一设定值时，节温器主阀门关闭，系统形成小循环回路，冷却液从发动机冷却水套流出，经过节温器旁通阀、旁通管，最后由水泵送入缸体水套；当发动机水温高于另一设定值时，节温器主阀门打开，系统形成大循环回路，冷却液从发动机冷却水套流出，经过节温器主阀门进入散热器进行散热，最后由水泵送入缸体水套。大小循环中冷却液均通过暖风芯体，向座舱内提供暖气和除霜除雾。

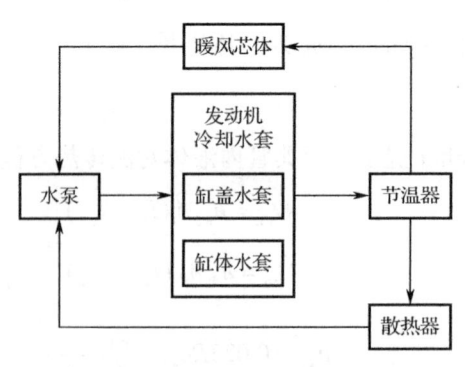

图 2-27 发动机热管理系统结构图

2. 模型搭建

系统模型图如图 2-28 所示，模型组件如表 2-3 所示。

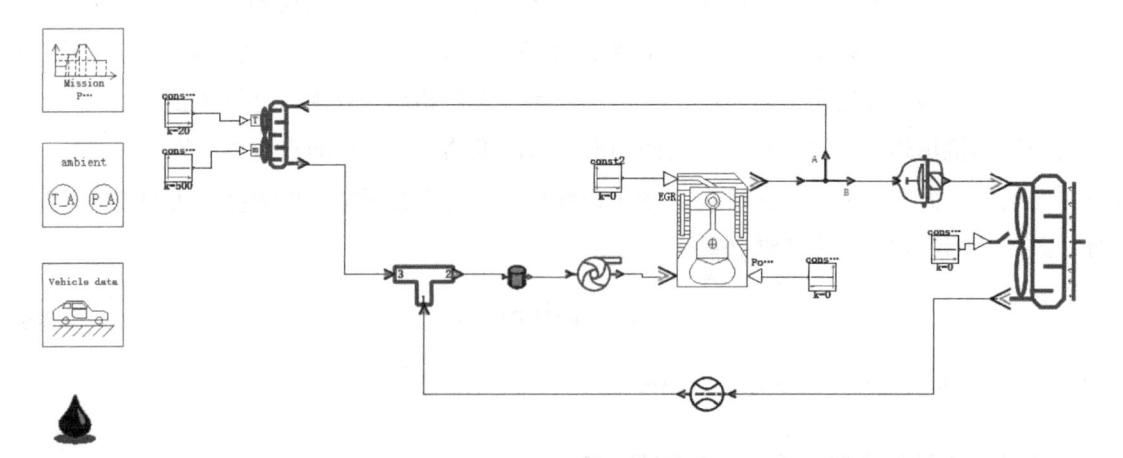

图 2-28 发动机热管理系统模型图

表 2-3 模型组件列表

组件图标	组件名称	说明	详情
	missionProfile	定义包括车速、变速箱速比和道路坡度等的任务工况	图 2-29
	ambientConditions	定义环境温度和压力	图 2-30
	vehicleData	定义发动机的转速和功率等车辆数据	图 2-31

续表

组件图标	组件名称	说明	详情
	heaterComponent	暖风芯体	图 2-32
	tJunction	T 形接头	图 2-33
	volumeFlex	水箱容器	图 2-34
	centrifugalPump	发动机水泵	图 2-35
	engineEGR	发动机	图 2-36
	thermostat	节温器	图 2-37
	radiatorSimple	散热器（带风扇）	图 2-38
	straightPipe	管道	图 2-39
	splitterT2	流动分叉支路	略
	constantSignal	输入信号	略
	dropOfCommons	定义冷却液工质的基础属性	略

相关组件参数设置如下。

（1）设置 missionProfile 组件参数中的车速、变速箱速比、道路坡度，导入对应 txt 文件 "CarVelocity_1D.txt" "GearboxRatio_1D.txt" "RoadInclinationPercentage_1D.txt"，完成任务工况设置。具体参数设置如图 2-29 所示。

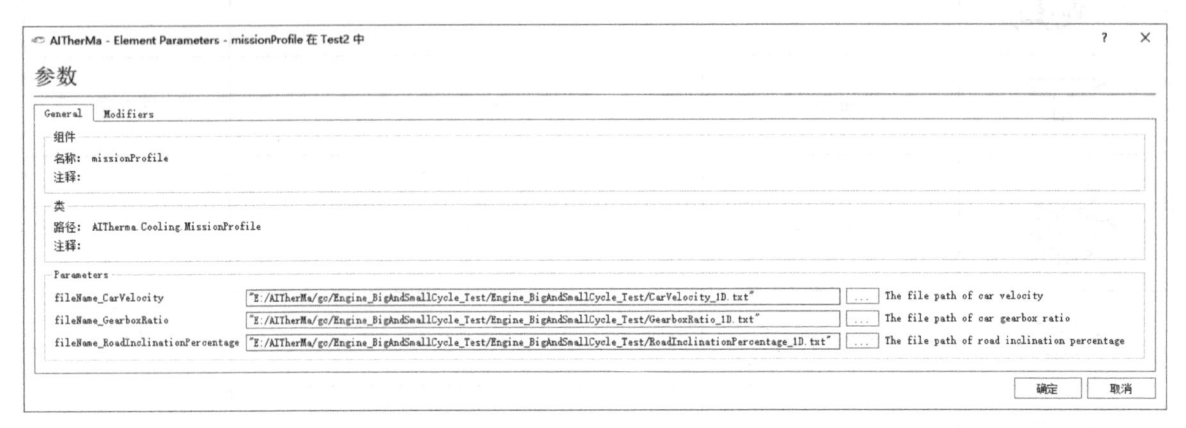

图 2-29 missionProfile 组件参数设置

（2）设置 ambientConditions 组件参数中的环境温度和压力，导入对应 txt 文件 "AmbientTemperature_1D.txt" "AmbientPressuree_1D.txt"，完成环境条件设置。具体参数设置如图 2-30 所示。

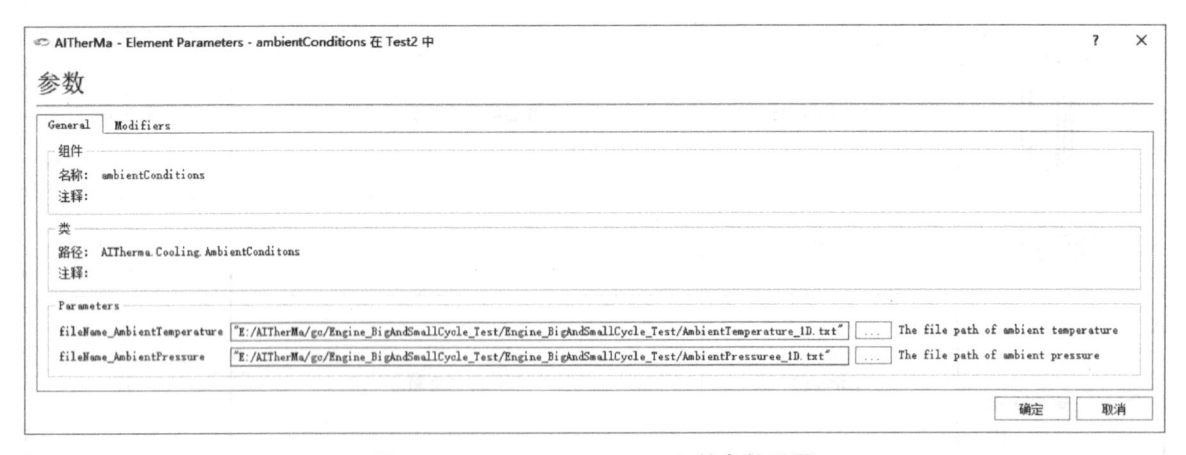

图 2-30 ambientConditions 组件参数设置

（3）设置 vehicleData 组件参数中的发动机怠速转速 Nidle 为 900rad/s，参考发动机转速 Nref 为 1000rad/s，带空调的附加发动机转速 Nadd 为 50rad/s，最大发动机转速 NMax 为 9000rad/s，传输效率 teff 为 0.926，喷气冷凝尾迹 scx 为 0.6m^2，轮胎压力 Ptire 为 1.9bar，重力加速度 gr 为 9.8，车辆总质量 Car_mass 为 1280kg；设置在参考发动机转速下的车速和轴产生的最大功率，导入对应 txt 文件 "Vref_1D.txt" "MaxPshaft_1D.txt"，完成车辆数据设置。具体参数设置如图 2-31 所示。

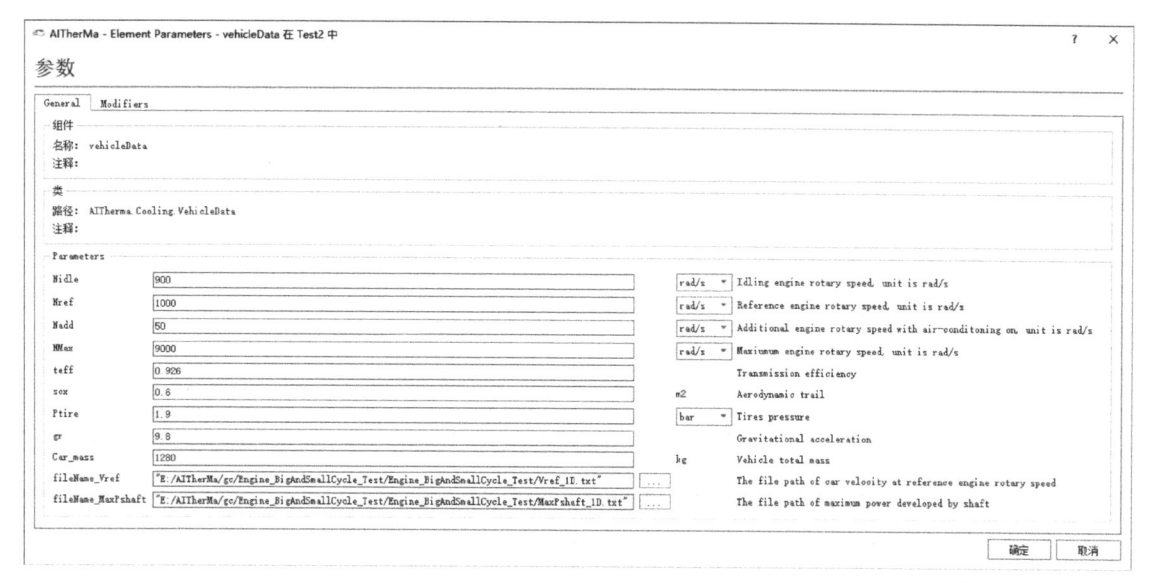

图 2-31　vehicleData 组件参数设置

（4）设置 heaterComponent 组件参数中的等效横截面积 area_equivalent 为 $3e-4m^2$，最大流量系数 Cq_max 为 1，临界流量 Lamda_cri 为 2000，实验温差 dTexp 为 70；设置换热量，导入对应 txt 文件 "hcheat_2D.txt"，完成暖风芯体参数设置。具体参数设置如图 2-32 所示。

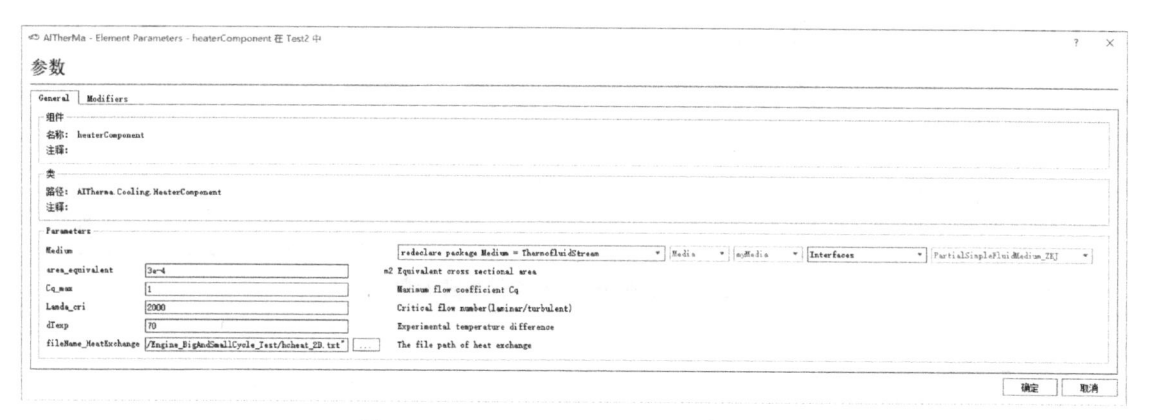

图 2-32　heaterComponent 组件参数设置

（5）设置 tJunction 组件中端口 1 的直径 diam1 为 10mm，端口 2 和端口 3 的直径 diam23 为 10mm，其余参数采用默认值，完成 T 形接头参数设置。具体参数设置如图 2-33 所示。

（6）设置 volumeFlex 组件参数，各参数均采用默认值，完成储液器参数设置。具体参数设置如图 2-34 所示。

（7）设置 centrifugalPump 组件参数中的水泵直径 diam0 为 10mm，转速比 Ratio 为 1.33，水泵参考直径 diam_ref 为 10mm，参考密度 rho_ref 为 $1049g/cm^3$，导入本节水泵 P-Q 特性曲线文件 "DP_1D.txt"，其余参数采用默认值，完成发动机水泵参数设置。具体参数设置如图 2-35 所示。

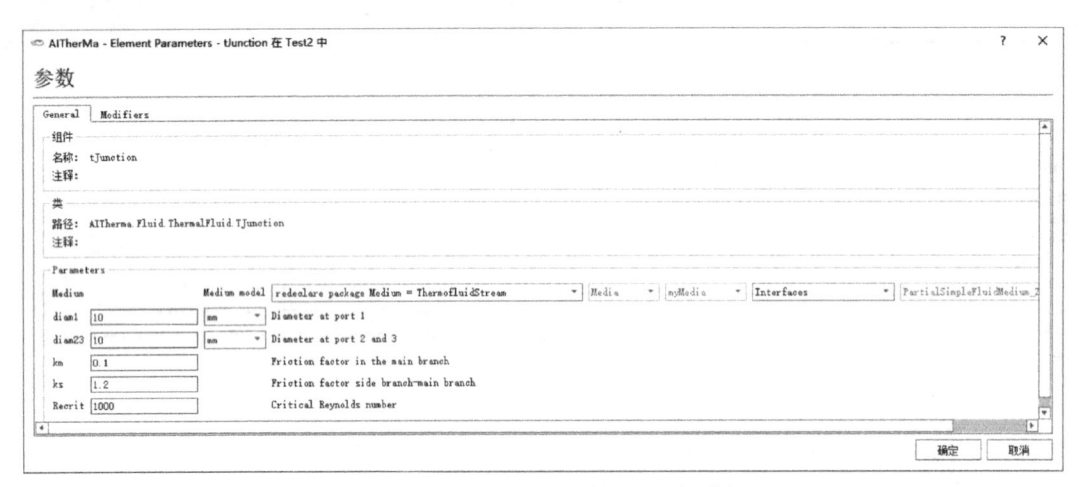

图 2-33　tJunction 组件参数设置

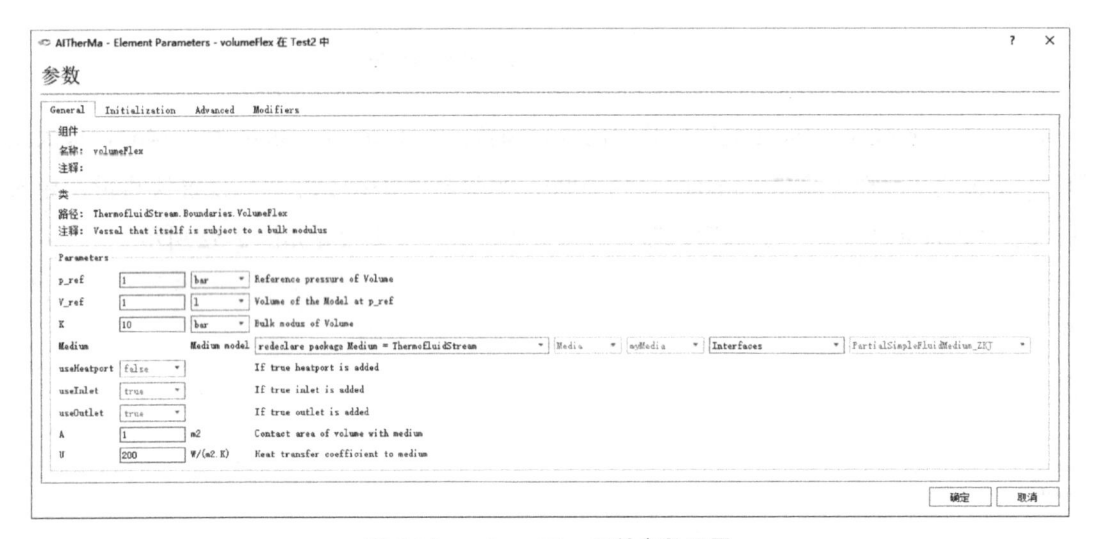

图 2-34　volumeFlex 组件参数设置

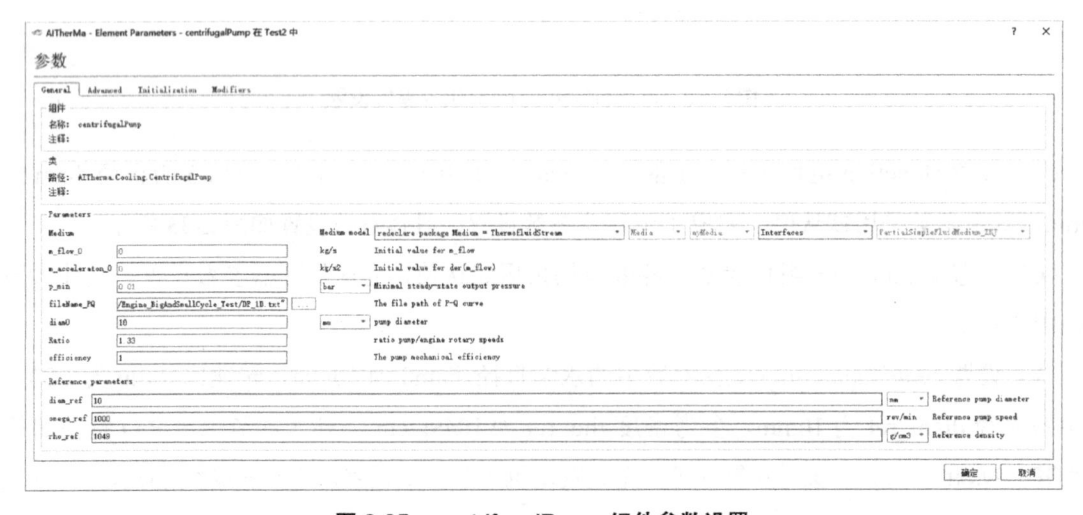

图 2-35　centrifugalPump 组件参数设置

（8）设置 engineEGR 组件参数中的等效面积 area_equ 为 $2.22e-4m^2$，最大流量系数 Cq_max 为 1，临界流量 Lamda_cri 为 2000；设置发动机整体换热量与 EGR（排气再循环系统）开启时增加的换热量相较发动机整体换热量的百分比，导入对应 txt 文件"peng2_2D.txt""peregr_1D.txt"，完成发动机参数设置。具体参数设置如图 2-36 所示。

图 2-36　engineEGR 组件参数设置

（9）设置 thermostat 组件参数中的临界流量 Lamda_cri 为 2000，初始温度 Temperature_Init 为 87℃，最终温度 Temperature_Final 为 100℃，蜡的热容 mcp 为 3，对流换热系数 hs 为 0.4，其余参数采用默认值，完成节温器工况设置。具体参数设置如图 2-37 所示。

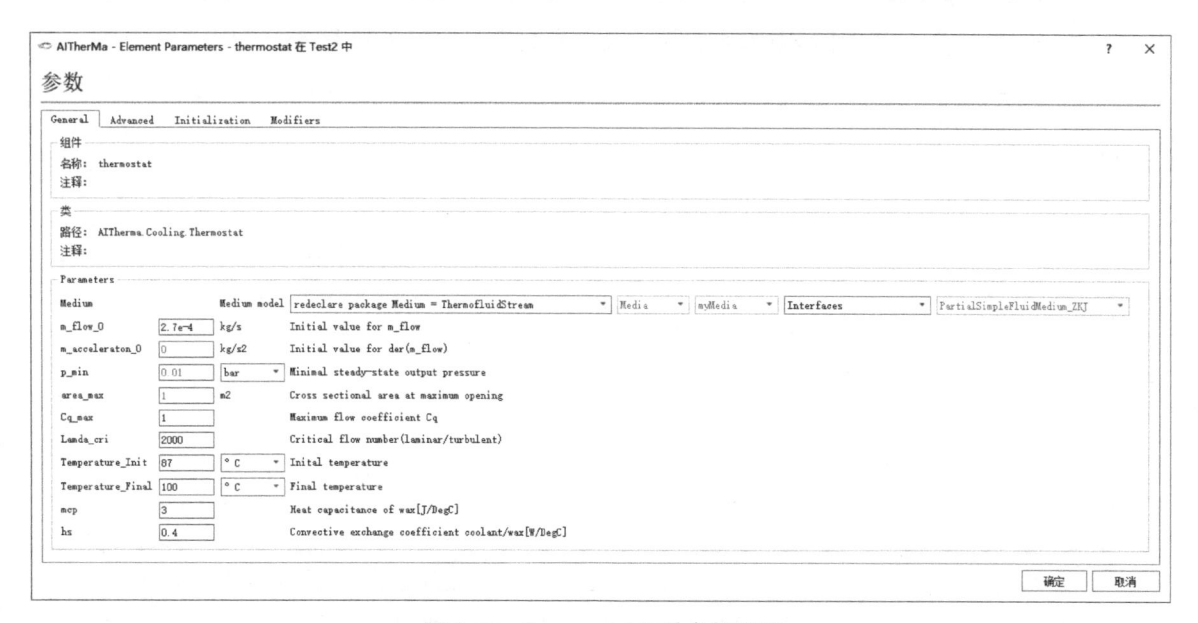

图 2-37　thermostat 组件参数设置

（10）设置 radiatorSimple 组件参数中的等效横截面积 area_equivalent 为 $1.68e-4m^2$，临界流量 Lamda_cri 为 23784，散热器长度 RL 为 0.574m，散热器高度 RH 为 0.415m，实验温差 dTexp

为 70，散热器风扇入口空气流速 V_airrad 为 2.5m/s，散热器风扇入口空气温度 T_airrad 为 20℃，并导入本节 txt 文件"prad_2D.txt"和"vfan_1D.txt"以设置散热器风扇带来的热交换量和流速增益，其余参数采用默认值，完成散热器及其风扇的参数和工况设置。具体参数设置如图 2-38 所示。

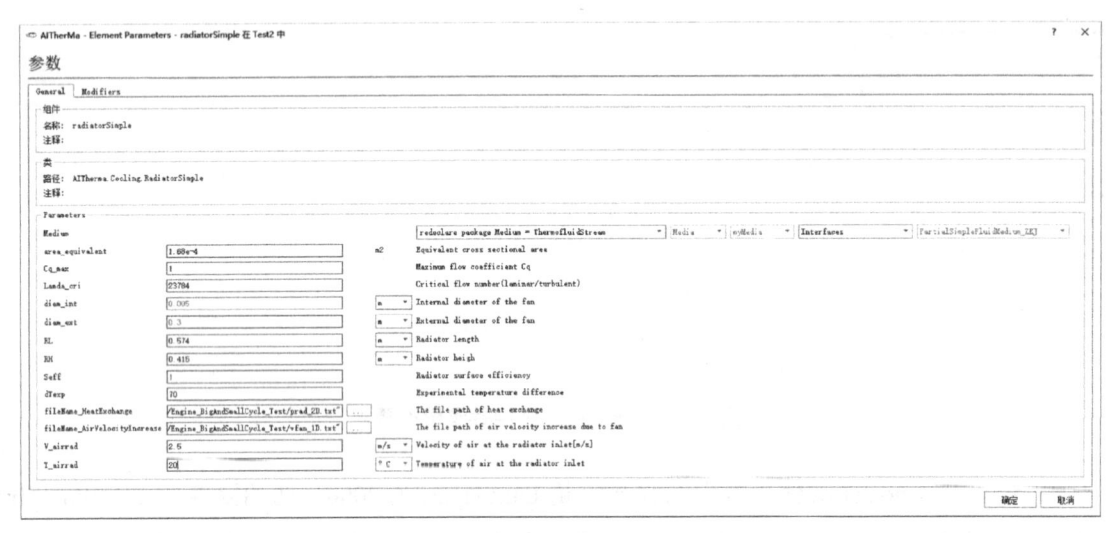

图 2-38　radiatorSimple 组件参数设置

（11）设置 straightPipe 组件参数中的管半径 r 为 12.5m，管长度 l 为 0.1m，管相对粗糙度 rr 为 0，其余参数采用默认值，完成水冷管参数设置。具体参数设置如图 2-39 所示。

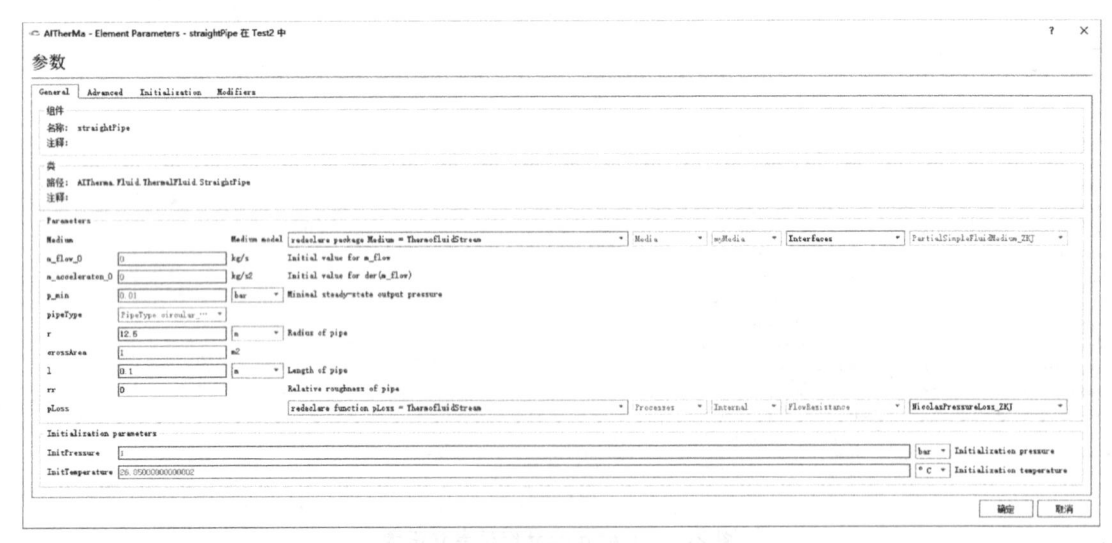

图 2-39　straightPipe 组件参数设置

3. 求解设置

选择主菜单下的"仿真配置"选项，在弹出的对话框中设置仿真结束时间为 200 秒，仿真间隔数量为 500，选择较为稳定的 dassl 方法进行求解，仿真参数设置如图 2-40 所示。单击对话框中的"确定"按钮开始仿真计算。

图 2-40 仿真参数设置

4. 结果分析

该案例研究了在给定发动机工作点（车速为 45km/h，变速箱速比为 3，道路坡度为 6%）情况下发动机热管理系统的行为。发动机热管理系统的目标是将冷却液温度调节到一个合适的值（大约为 90℃）。发动机出口处的冷却液温度和节温器开度如图 2-41 所示。

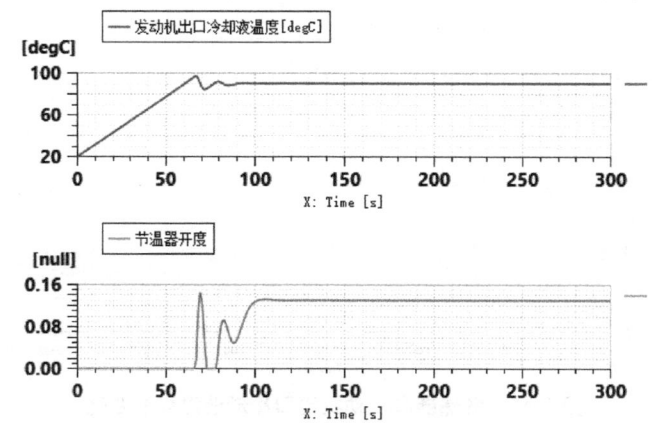

图 2-41 发动机出口处的冷却液温度和节温器开度

从时间 0s 到 65s，节温器关闭，因为它的开启温度在节温器模型中设置为了 87℃。在 65s 时刻，石蜡温度等于节温器开启温度，节温器开始打开，冷却液开始流入由水泵、发动机水套、节温器和散热器构成的大循环回路。从时间 65s 到 110s，可以观察到温度振荡，这是由于节温器连续关闭和打开试图使冷却液温度达到平衡。最终温度的振荡被抑制，冷却液达到稳态温度 90℃。相应地，可以查看发动机、暖风芯体和散热器中冷却液体积流量随时间的变化情况，如图 2-42 所示。

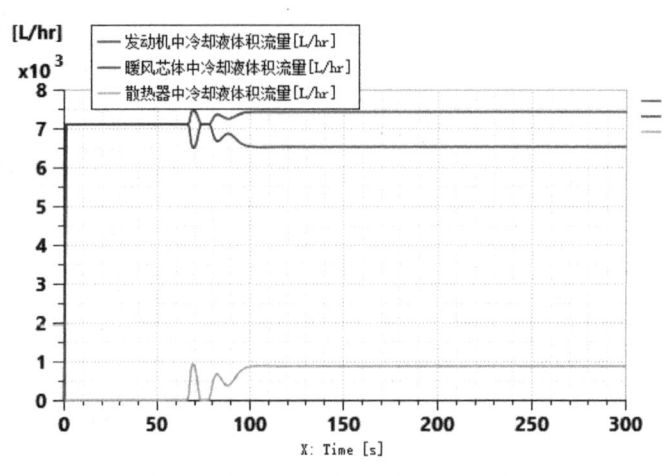

图 2-42 不同部件中的冷却液体积流量

此外，可以查看散热器和发动机出口冷却液温度的变化，如图 2-43 所示，可以看出散热器出口冷却液温度达到了几乎不需要散热器风扇运行的稳态值 75.7℃。

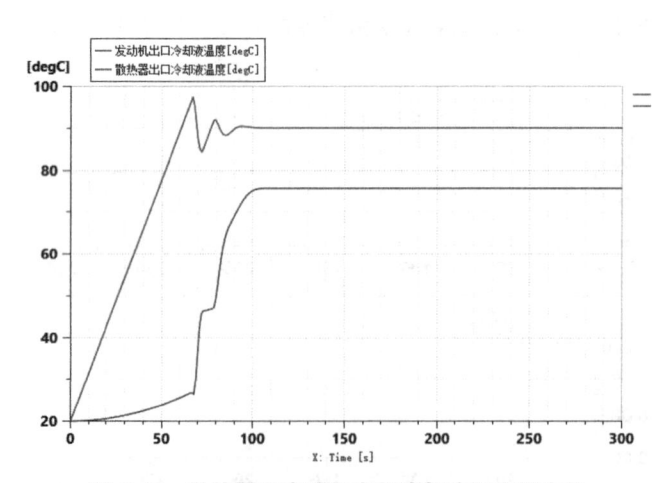

图 2-43 散热器和发动机出口冷却液温度的变化

参考文献

[1] PARK H. A design of air flow configuration for cooling lithium ion battery in hybrid electric vehicles[J]. Journal of Power Sources, 2013, 239: 30-36.

[2] LIU Z M, WANG Y X, ZHANG J, et al. Shortcut computation for the thermal management of a large air-cooled battery pack[J]. Applied Thermal Engineering, 2014, 66(1/2): 445-452.

[3] HONG S H, ZHANG X Q, CHEN K, et al. Design of flow configuration for parallel air-cooled battery thermal management system with secondary vent[J]. International Journal of Heat and Mass Transfer, 2018, 116: 1204-1212.

[4] CHEN K, SONG M X, WEI W, et al. Structure optimization of parallel air-cooled battery thermal management system with U-type flow for cooling efficiency improvement[J]. Energy, 2018, 145: 603-613.

[5] HE F, LI X S, MA L. Combined experimental and numerical study of thermal management of battery module consisting of multiple Li-ion cells[J]. International Journal of Heat and Mass Transfer, 2014, 72(9): 622-629.

[6] YANG N X, ZHANG X W, LI G J, et al. Assessment of the forced air-cooling performance for cylindrical lithium-ion battery packs: A comparative analysis between aligned and staggered cell arrangements[J]. Applied Thermal Engineering, 2015, 80: 55-65.

[7] CHEN K, WU W X, YUAN F, et al. Cooling efficiency improvement of air-cooled battery thermal management system through designing the flow pattern[J]. Energy, 2019, 167: 781-790.

[8] MAHAMUD R, PARK C. Reciprocating air flow for Li-ion battery thermal management to improve temperature uniformity[J]. Journal of Power Sources, 2011, 196(13): 5685-5696.

[9] CHEN K, SONG M X, WEI W, et al. Design of the structure of battery pack in parallel air-cooled battery thermal management system for cooling efficiency improvement[J]. International Journal of Heat and Mass Transfer, 2019, 132: 309-321.

[10] SABBAH R, KIZILEL R, SELMAN J R, et al. Active (air-cooled) vs. passive (phase change material) thermal management of high-power lithium-ion packs: Limitation of temperature rise and uniformity of temperature distribution[J]. Journal of Power Sources, 2008, 182(2): 630-638.

[11] HUO Y T, RAO Z H, LIU X J, et al. Investigation of power battery thermal management by using mini-channel cold plate[J]. Energy Conversion and Management, 2015, 89: 387-395.

[12] JARRETT A, KIM I Y. Design optimization of electric vehicle battery cooling plates for thermal performance [J]. Journal of Power Sources, 2011, 196(23): 10359-10368.

[13] QIAN Z, LI Y M, RAO Z H. Thermal performance of lithium-ion battery thermal management system by using mini-channel cooling[J]. Energy Conversion and Management, 2016, 126: 622-631.

[14] BASU S M, HARIHARAN K S, KOLAKE S M, et al. Coupled electrochemical thermal modelling of a novel Li-ion battery pack thermal management system[J]. Applied Energy, 2016, 181:1-13.

[15] MONDAL B, LOPEZ C F, VERMA A, et al. Vortex generators for active thermal management in lithium-ion battery systems[J]. International Journal of Heat and Mass Transfer, 2018, 124: 800-815.

[16] JIN L W, LEE P S, KONG X X, et al. Ultra-thin minichannel LCP for EV battery thermal management[J]. Applied Energy, 2014, 113(1): 1786-1794.

[17] ZHANG T S, GAO Q, GU Y L, et al. Studies on thermal management of lithium-ion battery using non-metallic heat exchanger[J]. Applied Thermal Engineering, 2021, 182: 116095.

[18] XU X M, HE R. Review on the heat dissipation performance of battery pack with different structures and operation conditions [J]. Renewable and Sustainable Energy Reviews, 2014, 29: 301-315.

[19] SAW L H, YE Y H, YEW M C, et al. Computational fluid dynamics simulation on open cell aluminium foams for Li-ion battery cooling system[J]. Applied Energy, 2017, 204: 1489-1499.

[20] YANG X H, TAN S C, LIU J. Thermal management of Li-ion battery with liquid metal[J]. Energy Conversion and Management, 2016, 117: 577-585.

[21] WU F C, RAO Z H. The lattice Boltzmann investigation of natural convection for nanofluid based battery thermal management [J]. Applied Thermal Engineering, 2017, 115: 659-669.

[22] REN Y H, YU Z Q, SONG G J. Thermal management of a Li-ion battery pack employing water evaporation[J]. Journal of Power Sources, 2017, 360: 166-171.

[23] SHEN M, GAO Q. Structure design and effect analysis on refrigerant cooling enhancement of battery thermal management system for electric vehicles[J]. Journal of Energy Storage, 2020, 32: 101940.

[24] LIU Y B, GAO Q, WANG G H, et al. Experimental study on active control of refrigerant emergency spray cooling of thermal abnormal power battery[J]. Applied Thermal Engineering, 2021, 182: 116172.

[25] 李中志. 基于改进 BP 神经网络的水位流量关系拟合 [J]. 中国农村水利水电，2008(10): 30-32,35.

[26] 赵成壁，陈怡然，陈宾康. 用 BP 神经网络拟合船舶型线 [J]. 交通与计算机，1995, 13(4): 14-17.

[27] LI J C, ZHAO D L, GE B F, et al. A link prediction method for heterogeneous networks based on BP neural network[J]. Physica A: Statistical Mechanics and Its Applications, 2018, 198(4):1-17.

[28] YANG N X, ZHANG X W, LI G J. State of charge estimation for pulse discharge of a LiFePO$_4$ battery by a revised Ah counting[J]. Electrochimica Acta, 2015, 151(1): 63-71.

[29] TAHERI P, YAZDANPOUR M, BAHRAMI M. Transient three-dimensional thermal model for batteries with thin electrodes[J]. Journal of Power Sources, 2013, 243(12): 280-289.

[30] TAO W Q. Numerical Heat Transfer[M]. Xi'an: Xi'an Jiaotong University Press, 2001.

[31] 朱浩,王文清,鄂加强,等.基于电化学热耦合模型锂电池热管理系统优化 [J]. 电源技术，2018,42(4):497-499,542.

[32] 李书国,艾亮,贾明,等.基于电化学热耦合模型的锂离子动力电池极化特性 [J]. 中国有色金属学报，2018,28(1):142-149.

[33] 汤依伟.基于电化学－热耦合模型的锂离子动力电池放电行为研究 [D]. 长沙：中南大学 ,2013.

[34] 廖连生.磷酸铁锂电池放电过程的电化学－热全耦合模型数值模拟研究 [D]. 南昌：华东交通大学，2018.

[35] 田华,王伟光,舒歌群,等.基于多尺度、电化学－热耦合模型的锂离子电池生热特性分析 [J]. 天津大学学报（自然科学与工程技术版），2016,49(7):734-741.

[36] BERNARDI D, PAWLIKOWSKI E, NEWMAN J. A general energy balance for battery systems[J]. Journal of the Electrochemical Society, 1985, 132(1):5-12.

[37] THOMAS K E, NEWMAN J. Thermal modeling of porous insertion electrodes[J]. Journal of the Electrochemical Society, 2003, 150(2): A176.

[38] WANG C, ZHANG G Q, MENG L, et al. Liquid cooling based on thermal silica plate for battery thermal management system[J]. International Journal of Energy Research, 2017,41(15):2468-2479.

[39] RIZK R, LOUAHLIA H, GUALOUS H, et al. Experimental analysis and transient thermal modelling of a high-capacity prismatic lithium-ion battery[J]. International Communications in Heat and Mass Transfer, 2018, 94(5):115-125.

[40] 杨勇.18650 锂离子电池产热模型及运用研究 [D]. 重庆：重庆大学，2018.

[41] 李博蓝.基于电化学－热耦合模型的锂离子电池特性分析及结构设计 [D]. 武汉：武汉理工大学，2017.

[42] 黄伟.基于电化学－热耦合模型的三元软包锂离子电池热分析 [D]. 南昌：南昌大学，2019.

[43] KWON K H, SHIN C B, KANG T H, et al. A two-dimensional modeling of a lithium-polymer battery[J]. Journal of Power Sources, 2006, 163(1):151-157.

[44] KIM U S, SHIN C B, KIM C S. Modeling for the scale-up of a lithium-ion polymer battery[J]. Journal of Power Sources, 2009, 189(1):841-846.

[45] GUO M, SIKHA G, WHITE R E. Single-particle model for a lithium-ion cell: Thermal behavior [J]. Journal of the Electrochemical Society, 2011, 158(2): A122-A132.

[46] WANG Y J, WU J, ZHANG C B, et al. Internal resistance effects to thermal field of a cylindrical lithium-ion battery[C]//Proceedings of the 15th IEEE-China Conference on System Simulation Technology and Its Applications, Fuzhou, 2014.

[47] WANG Z P, MA J, ZHANG L. Finite element thermal model and simulation for a cylindrical Li-ion battery[J]. IEEE Access, 2017, 5:15372-15379.

[48] PNGV Battery Test Manual [R]. Idaho Operations Office: U.S. Department of Energy, 2001.

[49] 卢艳华. 车用三元锂离子动力电池内阻特性分析 [J]. 电源技术, 2017,41(5):702-704.

[50] 李新静，张佳瑢，魏引利，等. 锂离子动力电池的温升特性分析 [J]. 材料科学与工程学报, 2014, 32(6):908-912.

[51] XIE Y, LI W, HU X S, et al. Novel mesoscale electrothermal modeling for lithium-ion batteries[J]. IEEE Transactions on Power Electronics, 2020,35(3): 1-20.

[52] 翟文波，史晓妍，朱蕾. 锂离子电池开路电压温度系数的测试与分析 [J]. 电源技术, 2013, 37(11): 1954-1955,1968.

[53] 梁波. 锂离子电池安全性能研究 [M]. 长沙：中南大学出版社，2014.

[54] 姚仲鹏，王新国. 车辆冷却传热 [M]. 北京：北京理工大学出版社，2001.

[55] CHANFREAU M, GESSIER B, FARKH A, et al. The need for an electrical water valve in a thermal management intelligent system (THEMISTM)[C]//SAE Technical Paper, 2003.

[56] 杨小松. 汽车冷却系统匹配性探讨 [J]. 汽车研究与开发，1999(2):26-28.

[57] 王永钦. 汽车冷却风扇驱动机构总成：CN2752453Y[P]. 2006-01-18.

[58] CLEMENTE R. Electric fan assembly for over-the-road trucks: US4875521[P].1989-10-24.

[59] 万福君，张铁柱，张洪信. 发动机冷却风扇温控液力驱动系统 [J]. 汽车工程，1999, 21(2): 93-96.

[60] ALLEN D J, LASECKI M P. Thermal management evolution and controlled coolant flow[C]//SAE Technical Paper, 2001.

[61] WAGNER J R, SRINIVASAN V, DAWSON D M, et al. Smart thermostat and coolant pump control for engine thermal management systems[C]//SAE Technical Paper, 2003.

[62] CARESANA F, BILANCIA M, BARTOLINI C M. Numerical method for assessing the potential of smart engine thermal management: Application to a medium-upper segment passenger car[J]. Applied Thermal Engineering, 2011, 31(16): 3559-3568.

[63] KREITH F. Principles of heat transfer [M]. Scranton: International Textbook Company, 1962.

[64] GUZZELLA L, ONDER C H. Introduction to modeling and control of internal combustion engine systems [M]. Berlin: Springer Science & Business Media, 2010.

第 3 章 电驱动系统热管理

导读：本章讲述了电驱动系统的热管理系统建模与仿真分析相关内容，主要介绍电机和电控热管理系统关键性能指标、电机和电控产热原理及热特性模型和典型工程案例。通过本章的学习，读者将深入了解电机和电控热管理系统的工作原理和建模与仿真分析方法；通过工程案例，读者可以了解实际的电机和电控热管理系统建模与仿真分析流程，为电驱动系统热管理研究开发提供有力支撑。

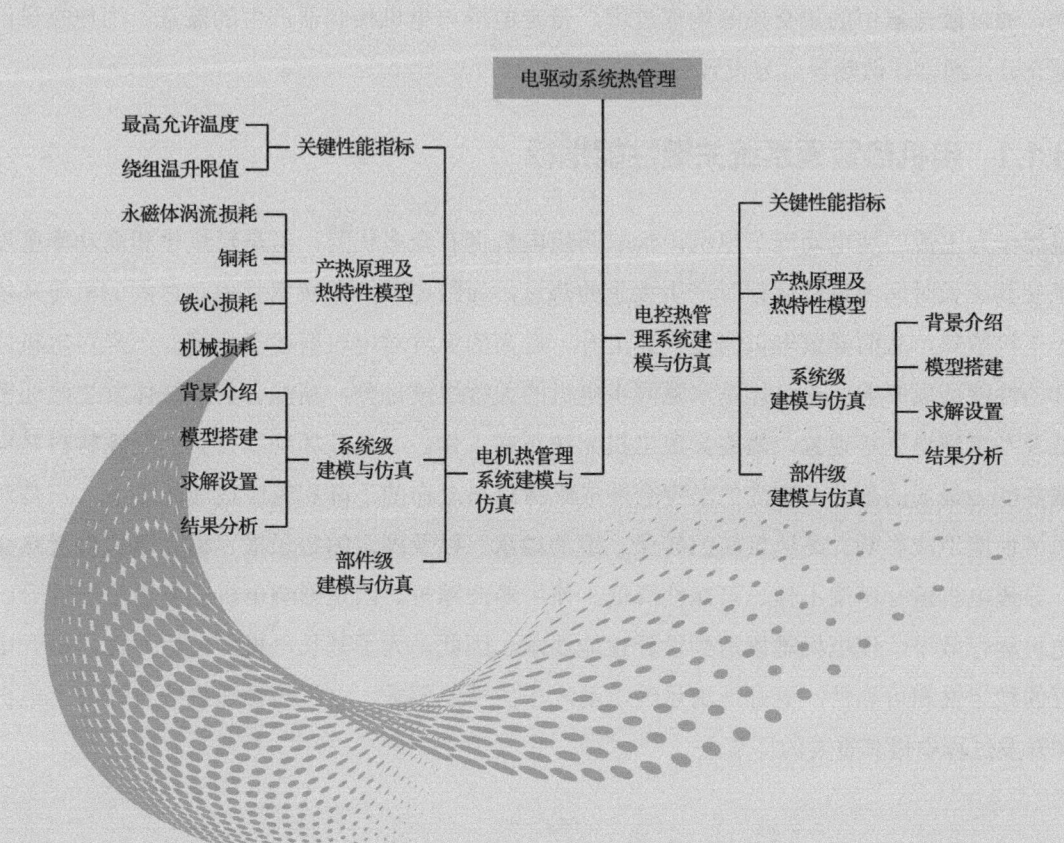

3.1 电机热管理系统建模与仿真

纯电动汽车电机在驱动与回收能量的工作过程中，电机铁心、绕组都会产生损耗，这些损耗以热量的形式向外散发，因此需要有效的冷却介质及冷却方式来带走热量，保证电机在一个稳定的热平衡状态下安全、可靠地运行，电机热管理系统设计的质量将直接影响电机的运行状态和使用寿命。图 3-1 所示为电机热管理系统原理图。

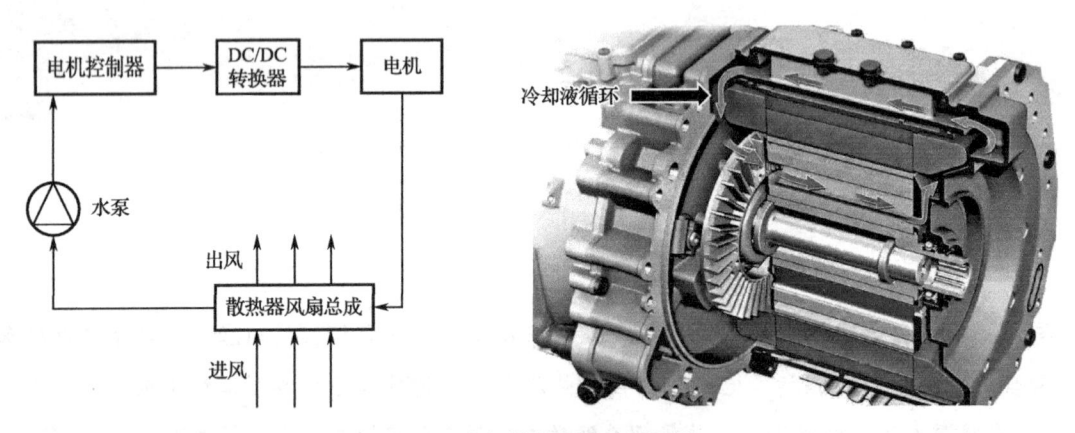

图 3-1 电机热管理系统原理图

纯电动汽车电机与电机控制器的热管理系统主要依靠冷却水泵带动冷却液在冷却管道中循环流动，通过散热器中的热交换等物理过程，带走电机与电机控制器产生的热量。为使热量散发得更充分，通常在散热器后方设置风扇。

3.1.1 电机热管理系统关键性能指标

虽然作为主流的纯电动汽车电机，永磁同步电机拥有众多优势，但是轻量化和高功率密度的要求使其在长时间或过载运行时产生大量的热量，而纯电动汽车狭窄且相对封闭的机舱环境不利于电机散热，从而导致电机温度快速上升。过高的温度对电机有诸多危害：一是对电机内永磁体的性能造成影响。永磁体是永磁同步电机的关键组成部分，高温会使永磁体发生磁通密度降低及不可逆退磁等现象，最终导致电机无法正常工作。二是破坏绝缘材料。绝缘材料是电机中耐热能力最弱的部分，过高的温度会造成绝缘材料寿命的下降和绝缘性能的衰减。三是对电机机械性能造成影响。高速旋转的转子、滚动轴承，以及固定的定子槽、机壳等构件受热会变形，导致电机运行精度不佳、可靠性降低、使用寿命缩短。四是影响电机功率密度的提升、降低电机运行效率，使电机难以达到设计性能要求。因此，为了延长电机的使用寿命，提升电机运行的稳定性和可靠性，更好地满足纯电动汽车的性能要求，电机热管理系统设计成了电机设计和开发过程中极其重要的环节之一[1]。

电机起动后，其温度自常温（电机各部分温度与环境温度相同）不断升高，当其温度高出环境温度后，一方面继续产生热量缓慢升温，另一方面开始向周围散发热量。当电机处于热量平衡状态、温度不再升高时，电机温度与环境温度之差称为电机温升。

电机允许温升是指电机温度与周围环境温度相比允许升高的限值，因为其是由电机绕组绝缘材料的耐热等级决定的，不同的绝缘材料耐热等级有不同的允许温升，所以电机允许温升也称为绕组温升限值。表3-1所示为绕组温升限值与绝缘材料耐热等级对应关系[2]。

表3-1 绕组温升限值与绝缘材料耐热等级对应关系

绝缘材料耐热等级	B	F	H	N
最高允许温度 /℃	130	155	180	200
绕组温升限值 /K	80	105	125	145

表中，最高允许温度是电机绕组绝缘材料最高能够承受的温度。电机在此温度下长期运行时，绝缘材料的物理、机械、化学和电气性能不发生显著恶性变化，如果超过此温度，则绝缘材料的性能发生质变，或快速老化。因此，最高允许温度是根据绝缘材料经济使用寿命确定的，其是指电机在预期设计寿命内运行时，绕组绝缘材料中最热点的温度。根据经验，B级绝缘材料在130℃的情况下寿命可达10年，但在实际情况中环境温度和温升均不会长期达到设计值，因此一般寿命在15～20年。

电机的最高允许温度确定了，绕组温升限值就取决于冷却介质的温度，表中数值对应的冷却介质及温度为40℃的空气。在此环境温度下，绕组温升限值：B级绝缘材料的为80K，F级绝缘材料的为105K。

电机运行时，输出功率越大，电流和损耗越大，温度也越高，但最高温度不得超过绝缘材料的最高允许温度。因此，电机允许的长期最大输出功率（即电机的容量或额定功率）受绝缘材料的最高允许温度限制。电机铭牌上所标明的额定功率就是指在标准的环境温度（我国规定为40℃）和规定的工作方式下，其温度不超过绝缘材料的最高允许温度时的最大输出功率。

在电机运行过程中，电机绕组和铁心各部分的温升不是完全相等的，这主要是由工艺因素和通风条件决定的。为了避免由这些因素引起的温升差异造成电机永久性的损伤，一般在测量中都留有5℃的余量。再就是要考虑测量误差，比较准确的温度测量方法是电阻法，它要求在电机停运后快速准确地测出绕组的电阻值，然后换算成温度。用这种方法也要留有5℃的余量。此外还有测温元件埋入法，这种测量方法的误差小一点，但是埋入测温元件的位置不一定就是最热点的位置，所以一般也要留有5℃的余量。

3.1.2 电机产热原理及热特性模型

热源是电机温度场研究的重要对象,热源与高密度永磁电机各部分的损耗有关。从能量守恒定律来看,高密度永磁电机的热量主要来源于电能、机械能的损耗。具体而言,高密度永磁电机的热量主要来源于永磁体涡流损耗、铜耗、铁心损耗和电机运转过程中的机械损耗。高密度永磁电机的热量来源具体分析如下[3-4]。

1. 永磁体涡流损耗计算

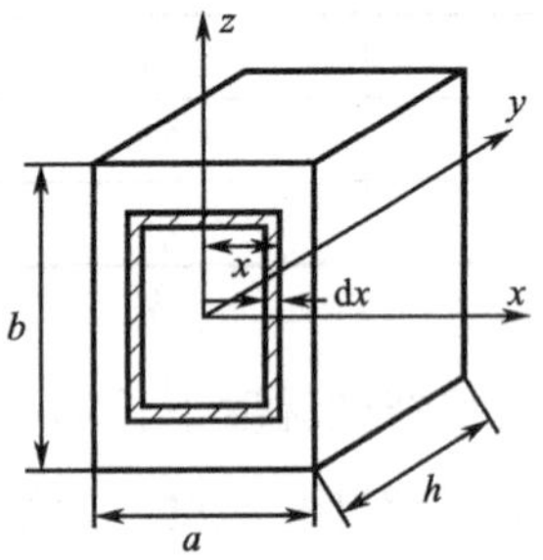

永磁体尽管有较低的电导率,但是仍然会产生一定的涡流损耗。由于其位置居中,处在电机内侧,散热效果十分不佳,因此涡流损耗产生的热量会影响其稳定性,还可能导致退磁,影响其性能,故而一定要减少永磁体涡流损耗。

在如图 3-2 所示的永磁体中,a 为长度、b 为宽度、h 为厚度。外加的交变磁场随时间呈正弦变化,当交变磁通沿 y 轴穿过永磁体时,其引起 x 轴坐标为 x 的某个回路(见图 3-2 所示阴影线)中的涡流损耗为

图 3-2 永磁体尺寸及涡流路径

$$\mathrm{d}P_x = \frac{E_x^2}{R_x} \tag{3-1}$$

式中,R_x 为回路电阻(Ω),E_x 为回路中的感应电压(V),两者表达式如下:

$$R_x = \rho \frac{4\frac{x}{a}b}{h\mathrm{d}x} + \rho \frac{4x}{h\frac{b}{a}\mathrm{d}x} \tag{3-2}$$

$$= \frac{4\rho}{h} \frac{a^2 + b^2}{ab} \frac{x}{\mathrm{d}x}$$

$$E_x = \pi\sqrt{2}f\phi_{xm} = 4\sqrt{2}\pi f B_m \frac{b}{2} x^2 \tag{3-3}$$

式中,ρ 为永磁体的电阻率(Ω·m),f 为交变磁场频率(Hz),B_m 为正弦磁通密度幅值(T)。

整体永磁体内部的涡流损耗为

$$P_e = \int_0^{a/2} \mathrm{d}P_x = \frac{h\pi^2(fB_m)^2}{8\rho} \frac{a^3b^3}{(a^2+b^2)} \tag{3-4}$$

式(3-4)除以永磁体体积,得到单位体积永磁体的涡流损耗:

$$P_{\mathrm{de}} = \frac{P_e}{abh} = \frac{\pi^2 a^2 b^2}{8\rho(a^2+b^2)}(fB_m)^2 \tag{3-5}$$

由式(3-5)可以看出,外加磁场的频率越高,永磁体涡流损耗越大;幅值越大,永磁体涡流损耗也越大。同时,永磁体涡流损耗也与永磁体形状有一定关系,当减小永磁体的长度、宽度后,

其涡流损耗显著下降。

2. 铜耗计算

永磁电机的铜耗是指电流通过绕组使其发热所产生的损耗，由焦耳-楞次定律可知，绕组电流的平方及电阻值与损耗成正比。假设电机相数是 m，则电机的铜耗可表示为

$$P_{Cu} = mI^2R \tag{3-6}$$

式中，I 为绕组中的电流（A），R 为换算到基准工作温度下的每相绕组电阻值（Ω）。

对于车用永磁电机，其由逆变器供电，电流的波形非正弦波形，故考虑电流波形影响引进一个损耗增加系数 k，则铜耗计算表达式为

$$P_{Cu} = kmI^2R \tag{3-7}$$

损耗增加系数 k 的数值取决于电流的波形，通常为 1.1～1.4。

因为车用永磁电机可能运行在各种工况下，环境温度也随之变化，所以电机绕组常常受到温度波动的影响，其电阻值与温度变化的关系如下：

$$R = R_a[1 + \alpha_a(T - T_a)] \tag{3-8}$$

式中，T_a 为初始环境温度（℃），R_a 为温度为 T_a 时绕组的电阻值（Ω），α_a 为温度为 T_a 时绕组的电阻温度系数（℃$^{-1}$），R 为温度为 T 时绕组的电阻值（Ω）。

式（3-8）中的 R_a 按式（3-9）计算：

$$R_a = \rho \frac{L}{\pi a \left[N\left(\dfrac{d}{2}\right)\right]^2} \tag{3-9}$$

式中，ρ 为绕组导线的电阻率（Ω·m），a 为绕组横截面的形状因子，L 为导线的总长度（m），N 为导线的匝数，d 为导线的直径（m）。

图 3-3 所示为永磁电机铜阻值由于温升随时间变化的示例曲线。

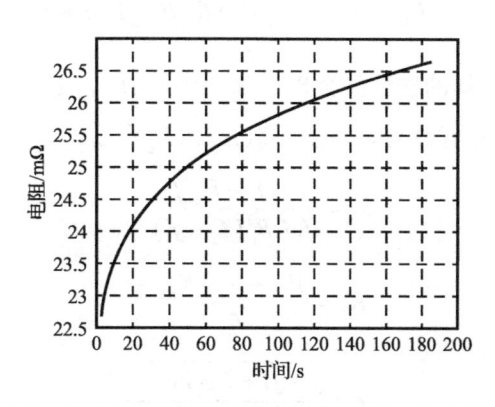

图 3-3 永磁电机铜阻值由于温升随时间变化的示例曲线

3. 铁心损耗计算

永磁电机铁心中的磁场变化规律比较复杂，与电机的结构设计、控制策略及转速密切相关，而且高密度永磁电机磁路高度饱和，逆变器提供的电压含有高次谐波，更增加了铁心损耗计算的难度。

根据 Bertotti 铁心损耗分离理论，铁心损耗主要由三部分组成，即磁滞损耗、涡流损耗及附加损耗，表达式如下：

$$P_{Fe} = P_e + P_h + P_{ex} \tag{3-10}$$

式中，P_{Fe} 为单位质量的铁心损耗（W/kg），P_h、P_e 和 P_{ex} 分别为单位质量的磁滞损耗、涡流损耗和附加损耗（W/kg）。

式（3-10）还可细化为式（3-11）：

$$P_{Fe} = K_h f B^\alpha + K_e f^2 B^2 + K_{ex} (fB)^{\frac{3}{2}} \tag{3-11}$$

式中，f 为磁通变化频率（Hz）；B 为正弦磁通密度幅值（T）；α 为可变系数，理论和实践证明 α 的取值范围为 1.6~2.2；K_h、K_e、K_{ex} 分别为磁滞损耗系数、涡流损耗系数、附加损耗系数。

由于 P_{ex} 很小，可以忽略不计，因此铁心损耗又可简化为

$$P_{Fe} = K_h f B^\alpha + K_e f^2 B^2 \tag{3-12}$$

为便于分析计算，对式（3-12）进行如下简化。

由于 α 取值在 2 附近，所以令 $\alpha = 2 + \beta$，则

$$B^\alpha = B^2 \times B^\beta \tag{3-13}$$

对 B^β 在 $\beta = 0$ 点进行级数展开，取前三项就可得到足够的精度，即

$$B^\beta \approx 1 + \beta \ln B + \beta^2 \frac{1}{2} \ln^2 B \tag{3-14}$$

将式（3-13）、式（3-14）代入式（3-12）可得

$$P_{Fe} = fB^2 K_h + fB^2 \left(1 + \frac{1}{2}\beta \ln B\right)\beta K_h \ln B + f^2 B^2 K_e \tag{3-15}$$

利用三组已知铁心硅钢材料的磁性能数据：B_1、f_1、P_{Fe1}，B_2、f_2、P_{Fe2}，B_3、f_3、P_{Fe3}，并选择 $B_3 = 1$ 且 $B_1 = B_2 \neq 1$，这样就可以解出一组 K_h、K_e 和 α：

$$K_e = \frac{P_{Fe2} f_1 - P_{Fe1} f_2}{f_1 f_2 B_1^2 (f_2 - f_1)} \tag{3-16}$$

$$K_h = \frac{P_{Fe3} - f_3^2 \cdot K_e}{f_3} \tag{3-17}$$

$$\alpha = 2 + \frac{\sqrt{1 + 2\beta' \ln B_1} - 1}{\ln B_1} \tag{3-18}$$

式中，$\beta' = \dfrac{P_{\text{Fe1}} - f_1 B_1^2 K_h - f_1^2 B_1^2 K_e}{f_1 B_1^2 K_h \ln B_1}$。

4. 机械损耗计算

机械损耗分为轴承摩擦损耗、风阻损耗。

1）轴承摩擦损耗计算

滑动轴承的摩擦损耗和轴颈的圆周速度、工作表面的加工质量、轴颈直径和长度比，以及所用润滑油的黏度、品质等因素有关。高速电机中的滑动轴承摩擦损耗（单位为W）可用以下数值方法计算：

$$P_j = 2.3 l_j \frac{50}{\theta} \sqrt{\mu_{50} p_j d_j \left(1 + \frac{d_j}{l_j}\right)} v_j^{1.5} \times 10^{-10} \tag{3-19}$$

式中，p_j 为轴颈投影面上的压强（Pa）；d_j 为轴颈直径（m）；l_j 为轴颈长度（m）；θ 为工作温度（℃）；μ_{50} 为50℃时润滑油的黏度，取为 0.015～0.02 N·s/m²；v_j 为轴颈的圆周速度（m/s）。

滚动轴承的摩擦损耗（单位为W）可用以下数值方法计算：

$$P_j = 0.15 \frac{F}{d} v \times 10^{-5} \tag{3-20}$$

式中，F 为轴承载荷（N）；d 为滚珠中心位置的直径（m）；v 为滚珠中心的圆周速度（m/s）。

2）风阻损耗计算

旋转圆柱体的风阻损耗计算式如下：

$$P_{\text{wind}} = C_f \rho \pi \omega_m^3 R^4 L \tag{3-21}$$

式中，ρ 为气体密度（kg/m³）；ω_m 为电机机械角速度（rad/s）；R 为转子半径（m）；L 为转子长度（m）；C_f 为摩擦系数，其计算式如下：

$$C_f = \frac{0.0152}{Re_\delta^{0.24}} \left[1 + \left(\frac{8}{7}\right)^2 \left(\frac{4 Re_a}{Re_\delta}\right)^2\right]^{0.38} \tag{3-22}$$

轴向雷诺数为

$$Re_\delta = \frac{\rho \omega_m R \delta}{\mu} \tag{3-23}$$

径向雷诺数为

$$Re_a = \frac{\rho v_a 2\delta}{\mu} \tag{3-24}$$

式中，δ 为边界层厚度（m），μ 为气流的动力黏度（Pa·s），v_a 为气流的径向速度（m/s）。

实际工程应用中一般选用以下经验公式做机械损耗的粗略计算：

$$P_f = 17 n D^2 L \tag{3-25}$$

式中，n 为电机转速（r/min）；D 为电机转子外径（m）；L 为转子长度（m）。

3.1.3 典型电机热管理系统级建模与仿真

1. 背景介绍

电机是新能源汽车的动力源，其在工作过程中除了输出扭矩，还会产生焦耳热，这些热量要及时输送出来，否则电机会因为温度过高而损坏。发热功率较大的电机的热管理系统一般使用水冷方式进行散热。根据系统的工作原理构建电机热管理系统模型，其由电机产热模型、对流换热器模型、水泵模型和散热器模型等组成［见图 3-4（a）］。当对流换热器出口冷却液温度过高时，会开启散热器的风扇加强冷却，保证电机的安全。

2. 模型搭建

在 AITherma 中搭建电机热管理系统仿真模型如图 3-4（b）所示，模型组件如表 3-2 所示。

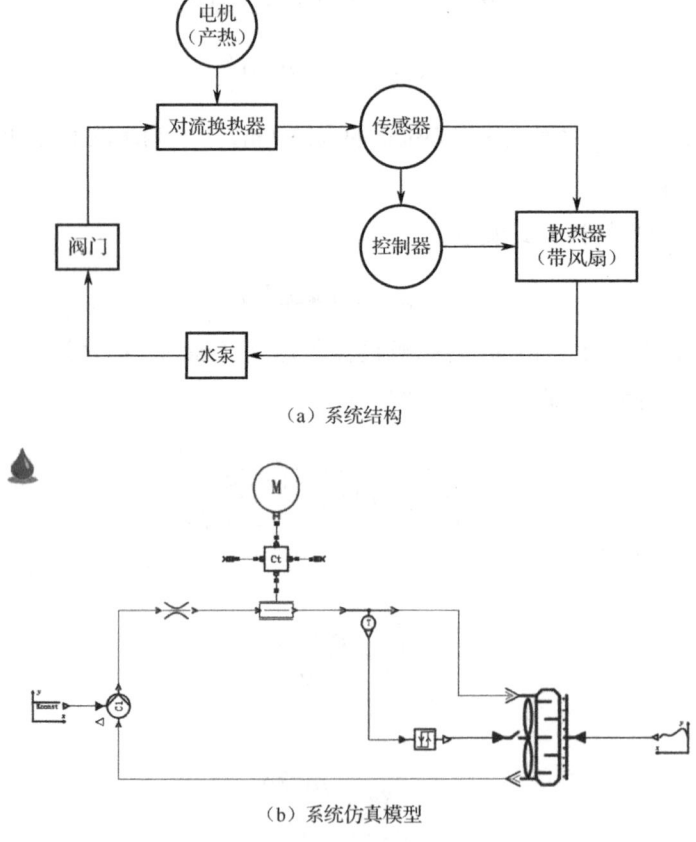

（a）系统结构

（b）系统仿真模型

图 3-4 电机热管理系统建模

表 3-2　模型组件列表

组件图标	组件名称	说明	详情
	dropOfCommons	定义冷却液工质的基础属性	图 3-5
	pumpC1D	离心泵 （作水泵用）	图 3-6
	hRORF	阀门	图 3-7
	thermalConvectionPipe	对流换热器	图 3-8
	temperatureSensor	温度传感器	略
	radiatorAndFan	散热器（带风扇）	图 3-9
	variableInput	时变量输入 （用于输入散热器风扇空气流速）	略
	constantInput	常量输入 （用于输入离心泵转速）	略
	thermalMass_4N	4节点质量块 （用于模拟电机本身热容量）	图 3-10
	eMoter	电机	图 3-11
	hysteresis	迟滞回环 （用于控制散热器风扇的开启与关闭）	图 3-12

相关组件参数设置如下。

(1) 设置 dropOfCommons 组件参数，如图 3-5 所示，完成冷却液工质的基础属性设置。

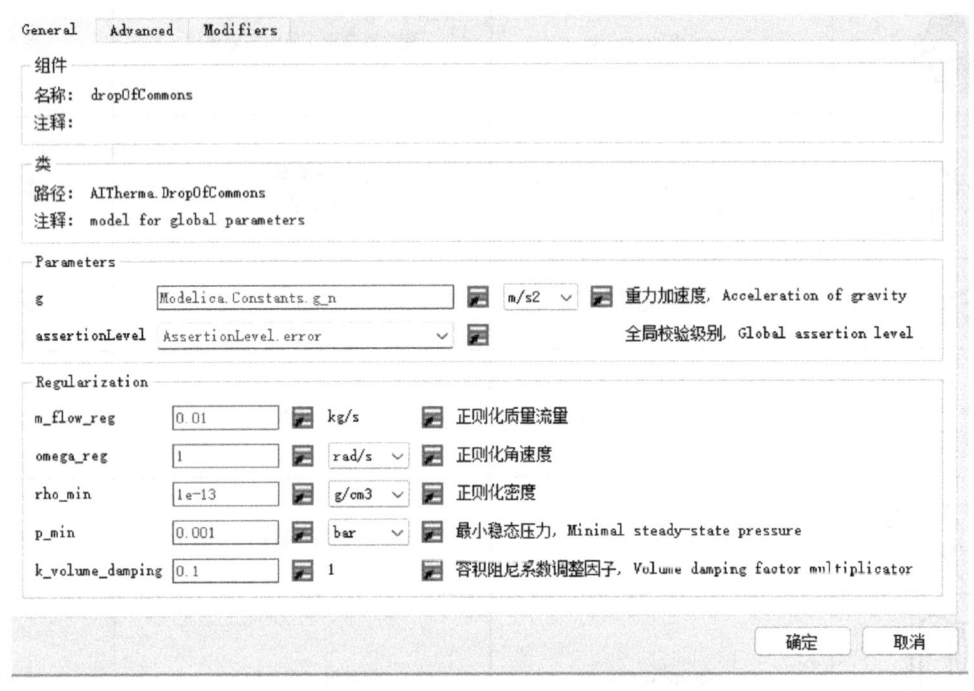

图 3-5 dropOfCommons 组件参数设置

(2) 设置 pumpC1D 组件参数，导入本节离心泵 P-Q 特性曲线文件 "pump1_1D.txt" 并设置其余参数，如图 3-6 所示，完成离心泵参数设置。

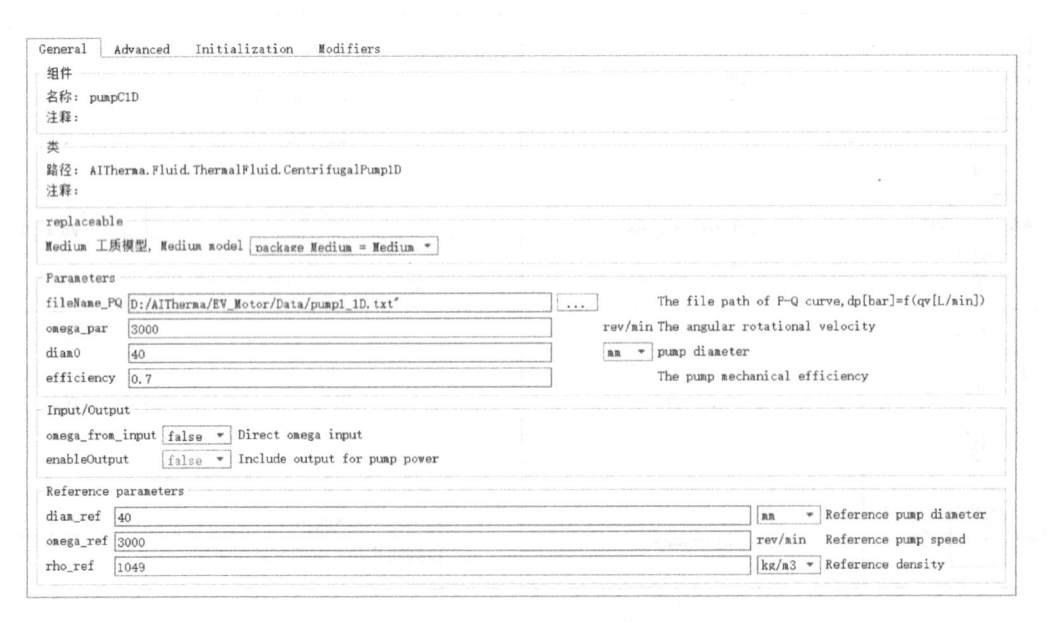

图 3-6 pumpC1D 组件参数设置

(3) 设置 hRORF 组件参数，如图 3-7 所示，完成阀门参数设置。

图 3-7　hRORF 组件参数设置

(4) 设置 thermalConvectionPipe 组件参数，如图 3-8 所示，完成对流换热器参数设置。

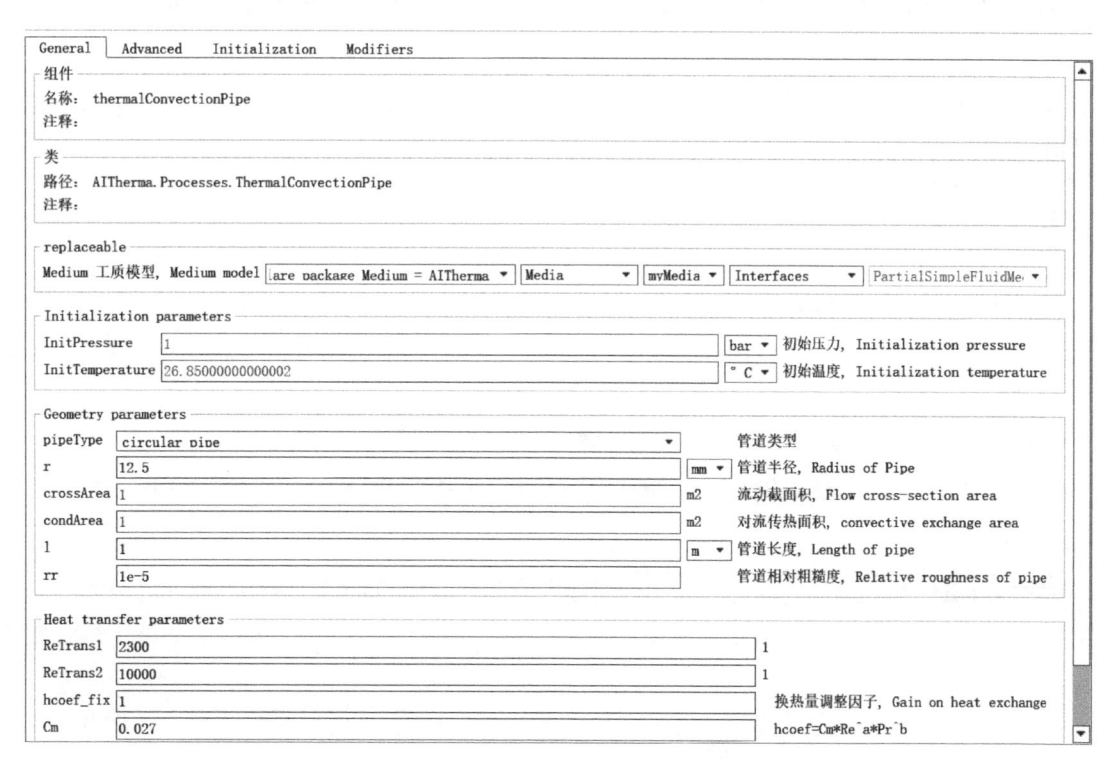

图 3-8　thermalConvectionPipe 组件参数设置

（5）设置 radiatorAndFan 组件参数，导入本节 txt 文件"rad_2D.txt""prad_1D.txt""rad_p_2D.txt"并设置其余参数，如图 3-9 所示，完成散热器参数设置。

图 3-9　radiatorAndFan 组件参数设置

（6）设置 thermalMass_4N 组件参数，如图 3-10 所示，以模拟电机本身热容量。

图 3-10　thermalMass_4N 组件参数设置

(7)设置 eMoter 组件参数,导入本节电机扭矩文件"max_torque.txt"及电机功率损失文件"losses.txt"并设置其余参数,如图 3-11 所示,完成电机产热模型的设置。

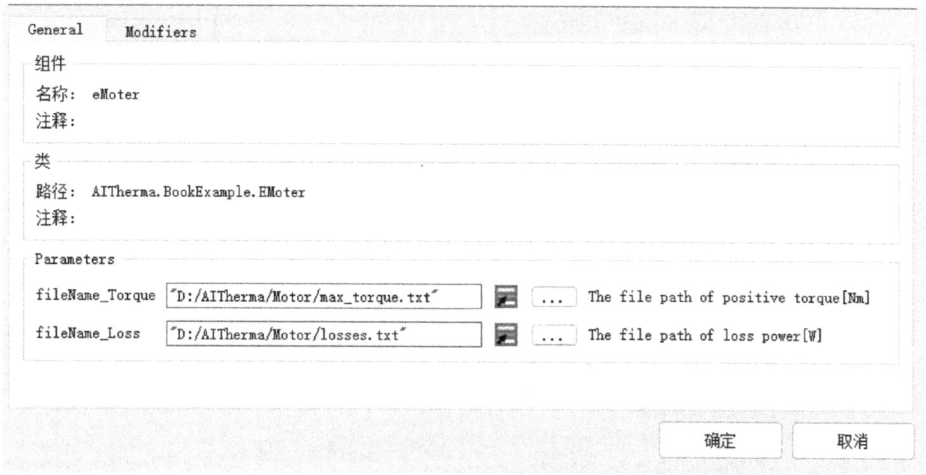

图 3-11 eMoter 组件参数设置

(8)设置 hysteresis 组件参数,如图 3-12 所示,完成散热器风扇的开关策略设置。

图 3-12 hysteresis 组件参数设置

其余组件的参数设置,可通过双击工程文件"EV_Motor.moprj"中的组件图标查看。

3. 求解设置

选择主菜单下的"仿真配置"选项,在弹出的对话框中设置结束时间和初始化方法,如图 3-13

所示，单击"确定"按钮开始仿真计算。

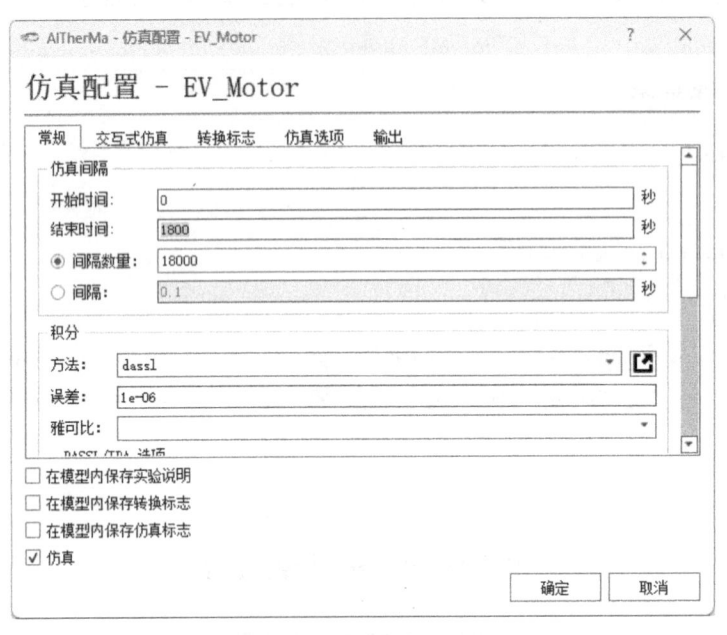

图 3-13 求解参数设置

4. 结果分析

基于所建立的电机热管理系统仿真模型，结合如图 3-14 所示的 WLTC 工况[①] 下的汽车行驶速度曲线，研究分析在环境温度为 20℃下电机热管理系统的温度变化。

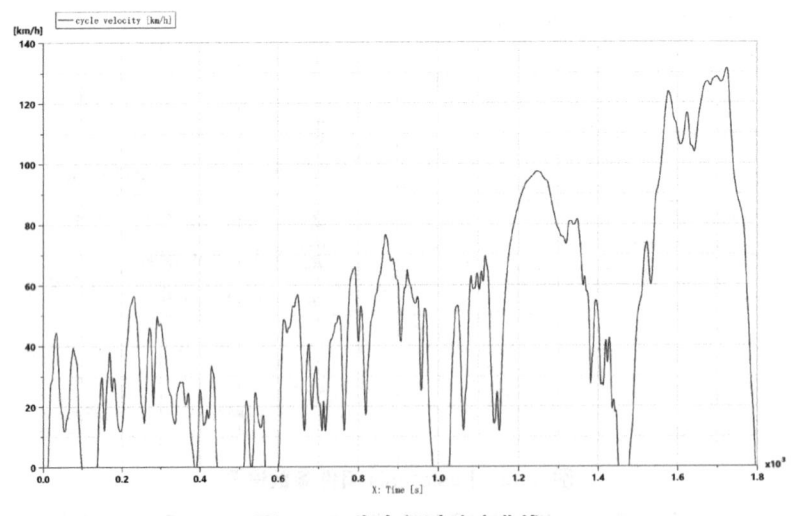

图 3-14 汽车行驶速度曲线

---

① WLTC（全球统一轻型车辆测试循环）工况主要由三个阶段组成：第一个阶段是低速城市路段行驶，第二个阶段是中速道路行驶，第三个阶段是高速公路行驶。

电机热损失功率与电机输出功率相关，而电机输出功率受整车需求功率影响，故车辆在不同的运行工况下电机热损失功率不同。在一个WLTC工况下，电机热损失功率的变化如图3-15所示。对比汽车行驶速度曲线和电机热损失功率曲线，两者呈现明显的相关一致性，电机热损失功率在0～11 kW内不等，在车速最高时，电机热损失功率也达到最大。

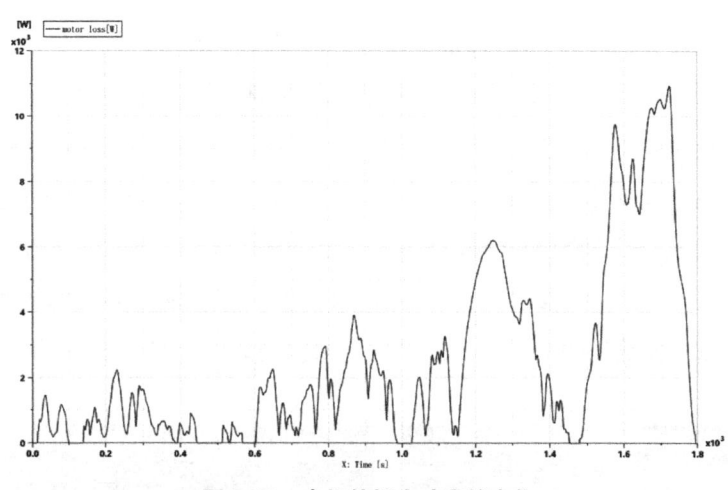

图3-15 电机热损失功率的变化

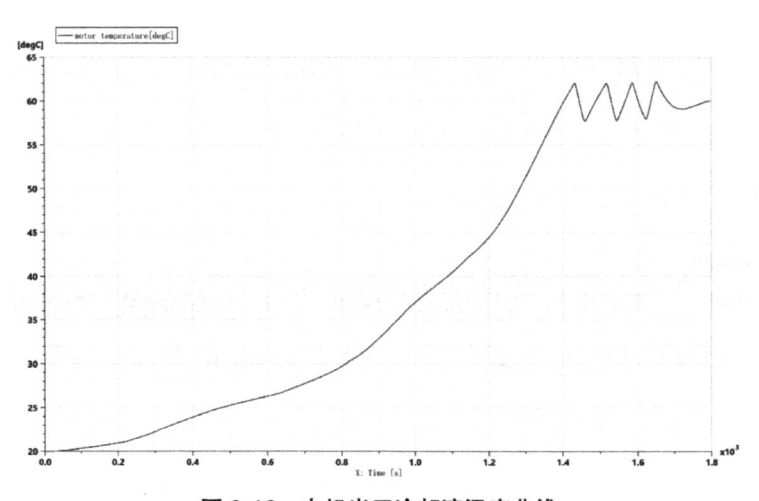

电机出口冷却液温度曲线如图3-16所示，汽车行驶初始阶段电机出口冷却液温度不断上升，当其达到62℃后不再升高，而是反复在58～62℃波动，满足电机热管理系统要求。这是由于WLTC工况下的车速变化较快，符合日常驾驶用车情境，但是各个速度区间平均车速相对较低，没有长时间持续高速行驶，因此电机出口冷却液温度没有出现剧烈变化的情况。在电机出口冷却液温度达到温度阈值62℃后，为了保证电机的散热效果，散热器风扇开启，强制增加空气对流，增加散热功率；在电机出口冷却液温度下降至58℃后，散热器风扇关闭，反复如此，电机出口冷却液温度维持在目标温度区间内，电机也工作在合理的温度区间。

图3-16 电机出口冷却液温度曲线

3.1.4 典型电机热管理部件级建模与仿真

1. 背景介绍

在电机运行过程中,其产生的热量是一个重要的考虑因素。随着电机功率的增加和工作效率的提高,散热问题变得尤为关键。水冷电机散热系统是一种高效而可靠的电机热管理系统,仿真分析该系统散热效果,可以更好地评估其性能,优化系统设计,提高散热效率。

水冷电机散热系统几何模型如图 3-17(a)所示。模型包括机壳、水冷管道、定子铁心和定子绕组。绕组、铁心、机壳之间紧密接触,不存在接触热阻,同时由于金属热阻很小,绕组、铁心、机壳之间温差很小,因此可将绕组、铁心压缩,只保留机壳和铁心之间的接触面作为热量的传递面,在接触面上赋予发热功率。简化后的系统几何模型如图 3-17(b)所示。

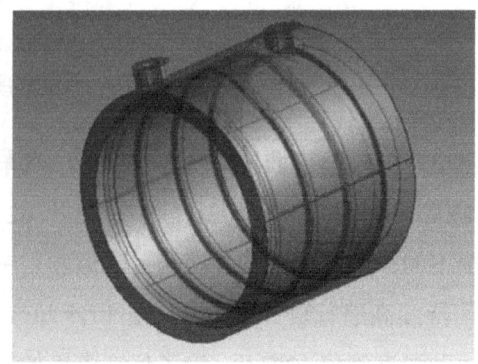

(a)简化前　　　　　　　　　　(b)简化后

图 3-17　水冷电机散热系统几何模型

2. 网格导入

在 QFLUX 软件中选择"Q"→"导入"→"网格"选项,将准备好的网格文件"dianji.cgns"导入软件以进行三维热流体分析,如图 3-18 所示。

3. 模型设置

1)时间模式设置

单击"计算设置"选项卡中的"时间模式"按钮,打开"时间模式"对话框,在"时间模式"下拉列表中选择"Steady"选项,并设置"迭代次数"为 1000,如图 3-19 所示。

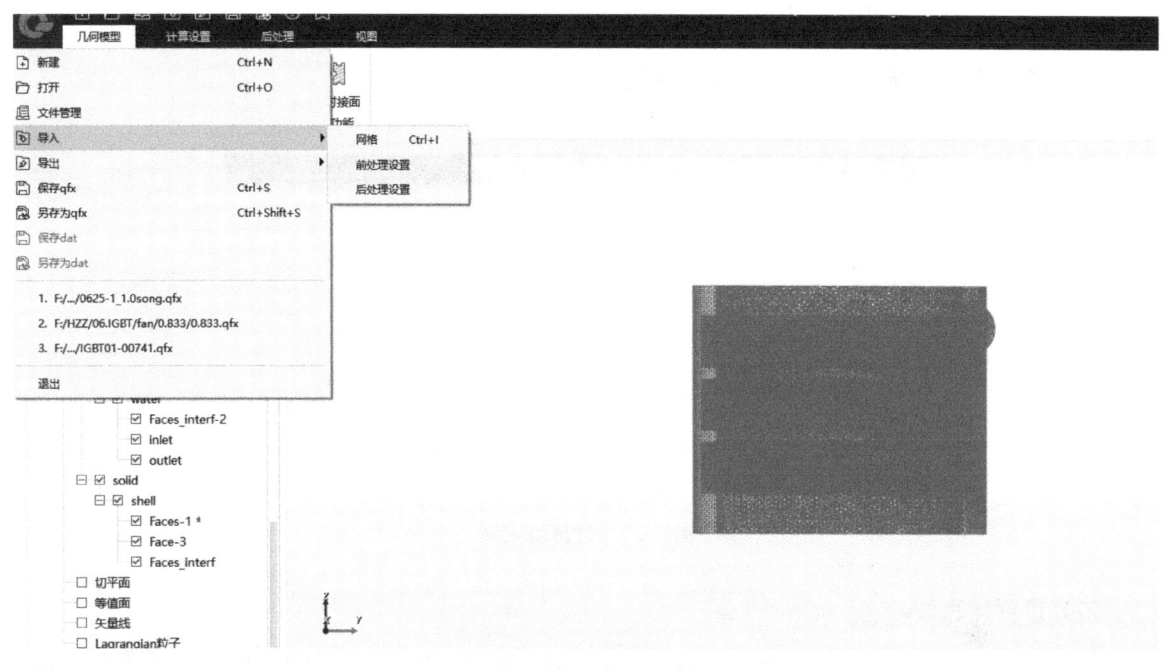

图 3-18 网格导入

图 3-19 时间模式设置

2）基本方程选择

单击"计算设置"选项卡中的"基本方程"按钮，打开"基本方程"对话框，勾选"激活能量方程"复选框，如图 3-20 所示。

3）计算域管理

（1）定义计算域。

单击"计算设置"选项卡中的"计算域管理"按钮，进

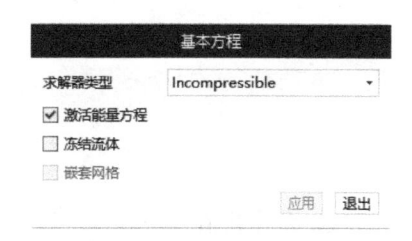

图 3-20 激活能量方程

入计算域管理模块。将代表机壳的网格块"shell"分配至"固体导热区",将代表冷却液的网格块"water"分配至"流体区",如图3-21所示。

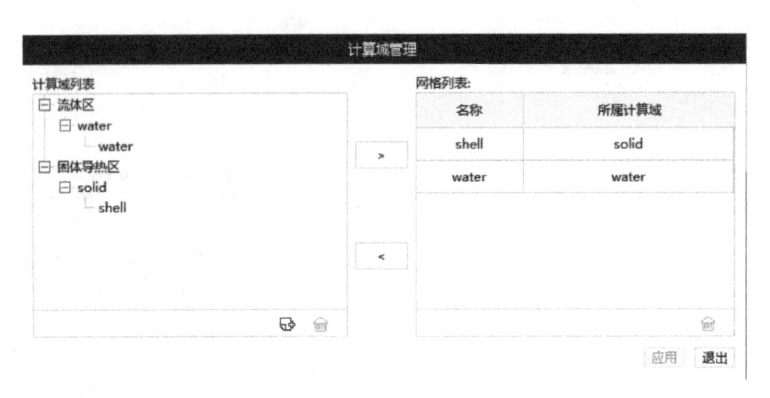

图 3-21　计算域定义

（2）设置计算域。

接下来,对"water"计算域和"solid"计算域进行设置,包括设置湍流模型、设置数值方法、设置材料、设置边界条件、设置监控器。

① 设置湍流模型。

单击"计算设置"选项卡中的"物理模型"按钮,在弹出的对话框中选择编辑"water"计算域,将湍流模型"k-ε 类型"设置为"Standard",应用"标准壁面函数"做近壁处理,如图3-22所示。

图 3-22　湍流模型设置

② 设置数值方法。

数值方法设置包括空间离散设置、松弛因子设置。单击"计算设置"选项卡中的"数值方法"按钮,在弹出的对话框中对两个计算域分别进行数值方法设置,如图3-23所示。

（a）"water"计算域 　　　　　　　　　（b）"solid"计算域

图 3-23　数值方法设置

③ 设置材料。

对"water"计算域，材料选择"Water-liquid"液态水；设置液态水的"密度"为998.2kg/m³、"定压比热"为4182J/（kg·K）、"热传导率"为0.6W/（m·K）、"粘性系数"为0.001003kg/（m·s），如图3-24所示。

对于"solid"计算域，材料选择"AL"铝；设置铝的"密度"为2719kg/m³、"定压比热"为871J/（kg·K）、"热传导率"为202.4W/（m·K），如图3-25所示。

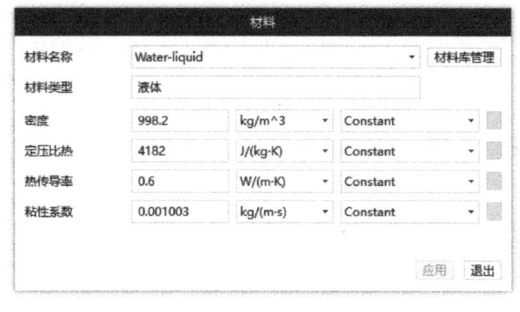

图 3-24　"water"计算域材料设置 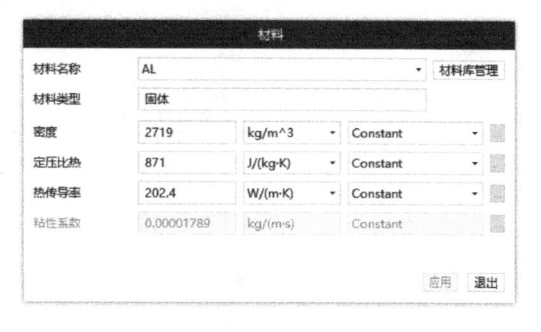　　　　　　　图 3-25　"solid"计算域材料设置

④ 设置边界条件。

对于"water"计算域，入口边界类型设置为"Velocity Inlet"速度入口，水的入口速度设置为1.25m/s，温度设置为300K；出口边界类型设置为"Pressure Outlet"压力出口，压力为0Pa。

在"solid"计算域中，热源面"Face-3"的边界类型设置为"Wall"，并设置热流为887600W/m²，如图3-26所示。水与机壳交界面的边界类型设置为"Interface"，其他壁面设置为绝热壁面（热通量为0），边界类型设置为"Wall"。

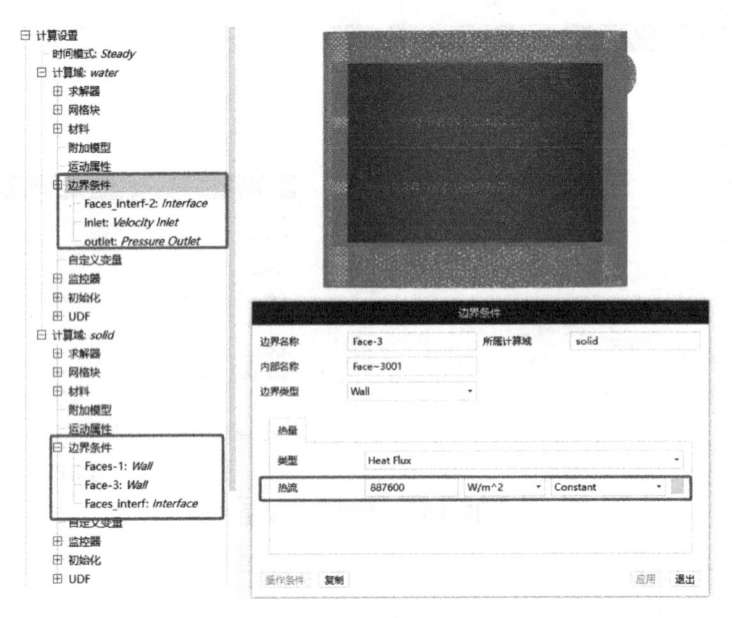

图 3-26 边界条件设置

⑤ 设置监控器。

本案例以出口水温为监控对象,右击"water"计算域下的"监控器"选项,在弹出的菜单中单击"添加监控器"按钮,在弹出的"监控器"对话框中设置监控对象,如图 3-27 所示。

图 3-27 监控器设置

4. 仿真求解

模型设置完成后,单击"Q"→"另存为"选项保存文件。单击"计算设置"选项卡中的"计算控制"按钮设置迭代步数、保存频率和并行核数,然后单击"开始计算"按钮开始计算。当出口水温监控曲线达到稳定后(见图 3-28),结束计算。

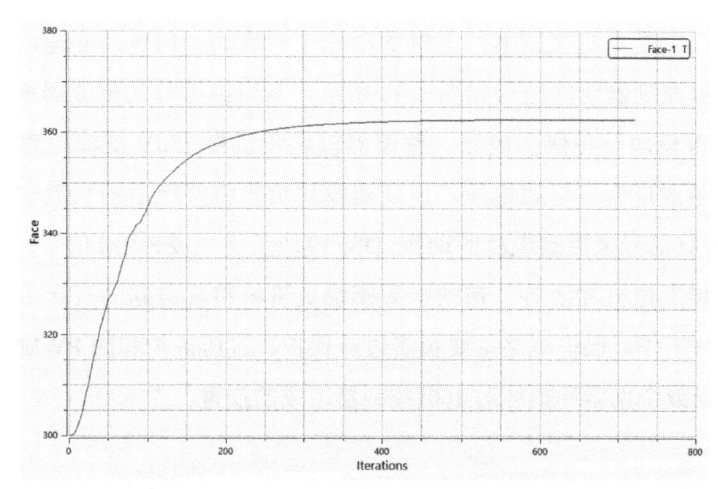

图 3-28 计算中的出口水温监控曲线

5. 后处理

计算完成后,对结果进行后处理。绘制温度分布云图是对仿真结果进行后处理的重要步骤。温度分布云图可以将仿真结果以直观的方式呈现出来,展现系统内部的温度分布情况及系统中温度较高或者温度梯度较大的区域。通过将仿真结果与设计要求进行对比,工程师可以验证设计的有效性和合理性,为散热系统设计提供优化设计的指导方向。在 QFLUX 中,首先选择需要分析的目标区域,如边界面、切平面或等值面等,然后将云图变量设置为"Temperature"即可在模型窗口显示温度分布云图。本案例的温度分布云图如图 3-29 所示。

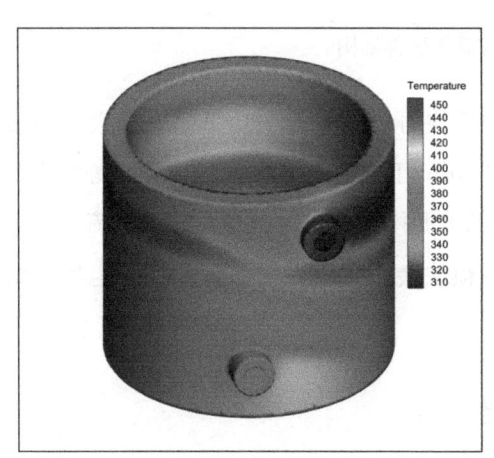

(a) 机壳表面温度分布云图　　(b) 冷却液温度分布云图

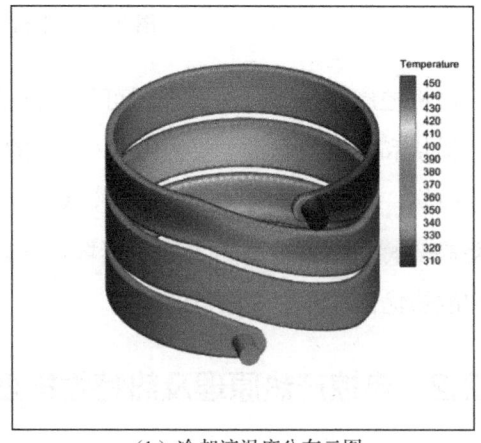

图 3-29 水冷电机散热系统温度分布云图

3.2 电控热管理系统建模与仿真

3.2.1 电控热管理系统关键性能指标

电控系统的核心就是电机控制器,电机的动作包括启动、匀速、变速、停转等均通过电机控制器来实现。电机控制器硬件结构如图 3-30 所示,其内部可分为整流器模块、逆变器模块、DSP 模块、辅助电源模块及各保护电路。整流器模块负责将 220V 交流电整流为直流电,用于辅助电源的输入及生成逆变器母线电压。逆变器模块负责将整流后的直流电变为交流电,协同 DSP 模块生成的 PWM 信号来控制电机的动作。DSP 模块负责生成 PWM 信号、处理电机反馈信号、执行控制算法、连接上位机界面等。辅助电源模块负责将整流得到的直流电转换为各芯片所需要的电压来驱动芯片工作。保护电路主要负责过流保护、过压保护和防 PWM 信号重叠保护等,可以避免因操作不当或个别器件损坏对电机控制器造成的损害。

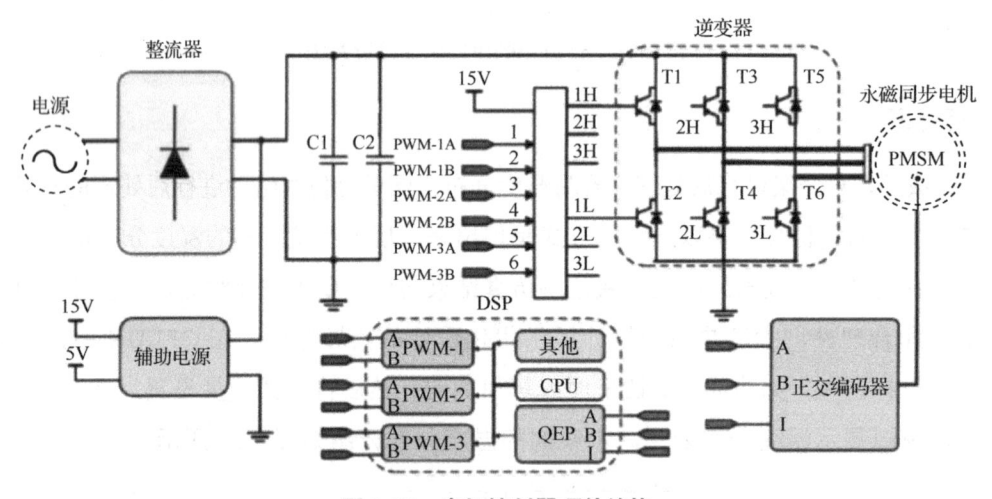

图 3-30 电机控制器硬件结构

由对电机控制器内部模块的介绍可知,这些模块可以划分为小功率模块和大功率模块。其中,DSP 模块和各保护电路主要使用 5V 以下的电压,工作时有电流小、功耗低等特点,可被归为小功率模块;而整流器模块、逆变器模块及辅助电源模块工作时有电压较高、流经电流较大、功率损耗高等特点,可被归为大功率模块,这些模块会产生较大的热量,在对电机控制器进行热分析和散热优化时需要着重考虑。

3.2.2 电控产热原理及热特性模型

为了更加方便地对电机控制器进行热分析,需要对如图 3-30 所示的复杂结构进行简化。电机控制器主要热源为开关器件，因此需要尽可能保留与开关器件相关的电路，并且在不影响电路整体功能的情况下删除 DSP 模块及某些保护电路等细节部分，方便展开对开关器件功率损耗数学模型的建立。最终采用由整流器、逆变器组成的简化拓扑结构进行热分析，电机控制器的简化拓扑结构如图 3-31 所示。

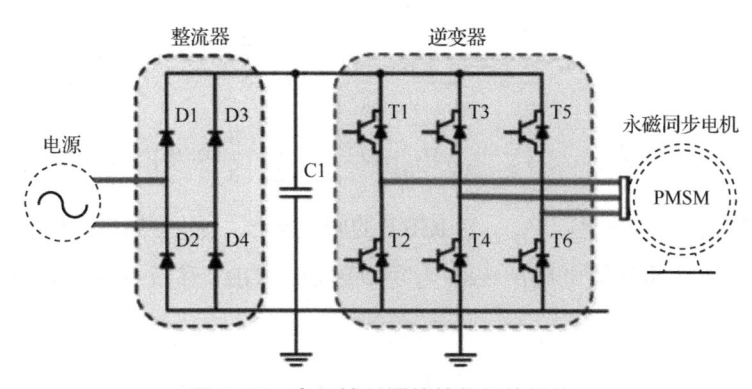

图 3-31 电机控制器的简化拓扑结构

逆变器作为开关器件的代表，通常由六个 IGBT 模块组成，每个 IGBT 模块都分为 IGBT 和反并联二极管，两者都周期性地处于开通或关断状态。在一个控制周期内，IGBT 和反并联二极管产生的功率损耗分为通态损耗和开关损耗，两者的功率损耗如式（3-26）和式（3-27）所示：

$$P_{T-Tr} = P_{DC-Tr} + P_{SW-Tr} \tag{3-26}$$

$$P_{T-Dio} = P_{DC-Dio} + P_{SW-Dio} \tag{3-27}$$

式中，P_{T-Tr}、P_{DC-Tr} 和 P_{SW-Tr} 分别为 IGBT 的总功耗、通态损耗和开关损耗，P_{T-Dio}、P_{DC-Dio} 和 P_{SW-Dio} 分别为反并联二极管的总功耗、通态损耗和开关损耗。IGBT 和反并联二极管的通态压降 V_T 和电流 I 可以近似为线性关系，表达式如下所示：

$$V_T = V_{T0} + Ir_T \tag{3-28}$$

式中，V_{T0} 为阈值电压，r_T 为通态内阻，I 为通态电流。在一个载波周期内，能量损耗的计算表达式如下所示：

$$E = V_T I D T_C \tag{3-29}$$

式中，D 为导通占空比，T_C 为载波周期。根据 SPWM 的控制方法，I 和 D 的计算表达式如下所示：

$$\begin{cases} I = I_m \sin(\omega t) \\ D = \dfrac{1 + M\sin(\omega t + \theta)}{2} \end{cases} \tag{3-30}$$

式中，I_m 为电流幅值，M 为调制比。根据能量守恒定律，式（3-29）可以转换为微分方程的形式，如下所示：

$$\begin{cases} \mathrm{d}t = \dfrac{T_\mathrm{C}}{2\pi}\mathrm{d}\omega t \\ P = \dfrac{1}{T_\mathrm{C}}\Sigma E \end{cases} \quad (3\text{-}31)$$

综上可得，IGBT 和反并联二极管的通态损耗如式（3-32）和式（3-33）所示：

$$P_{\mathrm{DC-Tr}} = \left(\dfrac{1}{8} + \dfrac{M}{3\pi}\right)r_{\mathrm{T-Tr}}I_\mathrm{m}^2 + \left(\dfrac{1}{2\pi} + \dfrac{\pi}{8}\cos\theta\right)V_{\mathrm{T0-Tr}}I_\mathrm{m} \quad (3\text{-}32)$$

$$P_{\mathrm{DC-Dio}} = \left(\dfrac{1}{8} - \dfrac{M}{3\pi}\right)r_{\mathrm{T-Dio}}I_\mathrm{m}^2 + \left(\dfrac{1}{2\pi} - \dfrac{\pi}{8}\cos\theta\right)V_{\mathrm{T0-Dio}}I_\mathrm{m} \quad (3\text{-}33)$$

式中，$r_{\mathrm{T-Tr}}$ 为 IGBT 的通态内阻，$V_{\mathrm{T0-Tr}}$ 为 IGBT 的阈值电压；$r_{\mathrm{T-Dio}}$ 为反并联二极管的通态内阻，$V_{\mathrm{T0-Dio}}$ 为反并联二极管的阈值电压；$\cos\theta$ 为功率因数。IGBT 和反并联二极管的开关损耗如式（3-34）和式（3-35）所示：

$$P_{\mathrm{SW-Tr}} = \dfrac{f_\mathrm{s}}{2\pi}(E_{\mathrm{on}} + E_{\mathrm{off}})(1+\cos\theta) \quad (3\text{-}34)$$

$$P_{\mathrm{SW-Dio}} = \dfrac{f_\mathrm{s}}{2\pi}E_{\mathrm{rr}}(1+\cos\theta) \quad (3\text{-}35)$$

式中，f_s 为开关频率，E_{on} 和 E_{off} 为 IGBT 的开通能量损耗和关断能量损耗，E_{rr} 为反并联二极管的开关能量损耗。因此，IGBT 模块的总功率损耗为

$$P_\mathrm{T} = P_{\mathrm{T-Tr}} + P_{\mathrm{T-Dio}} \quad (3\text{-}36)$$

IGBT 模块温升 ΔT 的表达式如下所示：

$$\Delta T = P_\mathrm{T}R_\mathrm{T} \quad (3\text{-}37)$$

式中，R_T 为 IGBT 模块的热阻。根据上述数学模型可知，影响开关器件热量变化的主要因素包括导通占空比 D、开关频率 f_s 及电流幅值 I_m。

3.2.3 典型电控热管理系统级建模与仿真

1. 背景介绍

电机控制器是新能源汽车的一个重要热源，其在工作过程中发出的热量如果不能及时输运出来，各电子元件会因为温度过高出现工作误差，甚至被烧毁。对于发热功率较大的电机控制器，一般使用水冷系统进行散热。电控热管理系统模型主要包括电控单元发热模型、对流换热器模型水泵模型、阀门模型和散热器模型，系统结构、组件的参数设置与电机热管理系统的类似。当对流换热器出口冷却液温度过高时，会开启散热器的风扇加强冷却，保证电机控制器的安全。

2. 模型搭建

电控热管理系统仿真模型如图 3-32 所示,模型组件如表 3-3 所示。

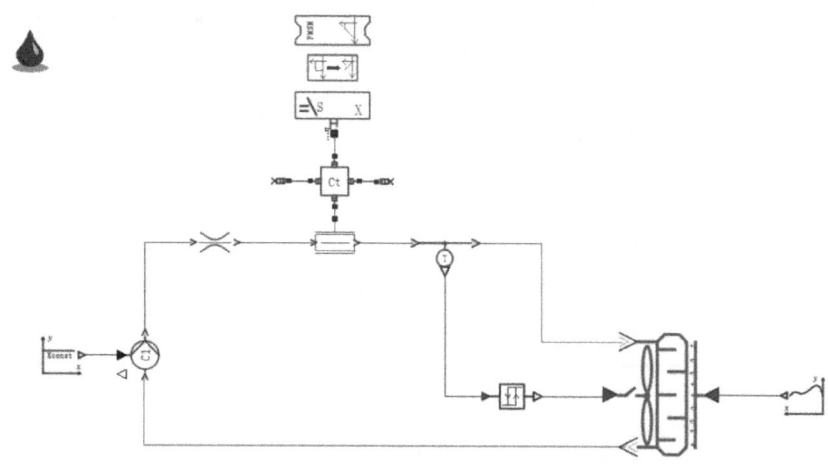

图 3-32 电控热管理系统仿真模型

表 3-3 模型组件列表

组件图标	组件名称	说明	详情
	dropOfCommons	定义冷却液工质的基础属性	见图 3-33
	pumpC1D	离心泵 (作水泵用)	见图 3-34
	hRORF	阀门	见图 3-35
	thermalConvectionPipe	对流换热器	见图 3-36
	temperatureSensor	温度传感器	略
	radiatorAndFan	散热器(带风扇)	见图 3-37

续表

组件图标	组件名称	说明	详情
	variableInput	时变量输入 （用于输入散热器风扇空气流速）	略
	constantInput	常量输入 （用于输入离心泵转速）	略
	thermalMass_4N	4节点质量块 （用于模拟电机控制器本身热容量）	见图3-38
	ev_mcu	三相电控制单元	见图3-39
	hysteresis	迟滞回环 （用于控制散热器风扇的开启与关闭）	见图3-40

相关组件参数设置如下。

（1）设置 dropOfCommons 组件参数，如图 3-33 所示，完成冷却液工质的基础属性设置。

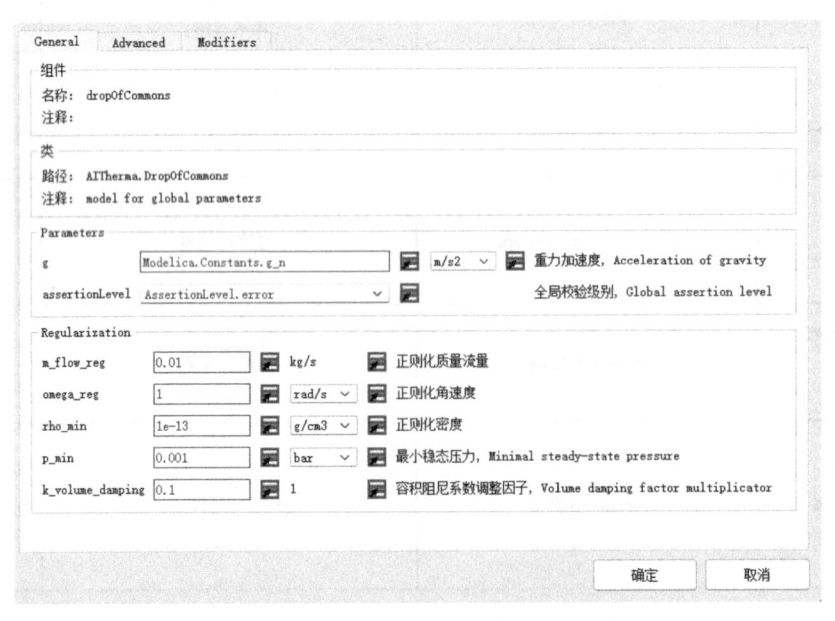

图 3-33　dropOfCommons 组件参数设置

（2）设置 pumpC1D 组件参数，导入本节离心泵 P-Q 特性曲线文件"pump1_1D.txt"并设置其余参数，如图 3-34 所示，完成离心泵参数设置。

图 3-34　pumpC1D 组件参数设置

（3）设置 hRORF 组件参数，如图 3-35 所示，完成阀门参数设置。

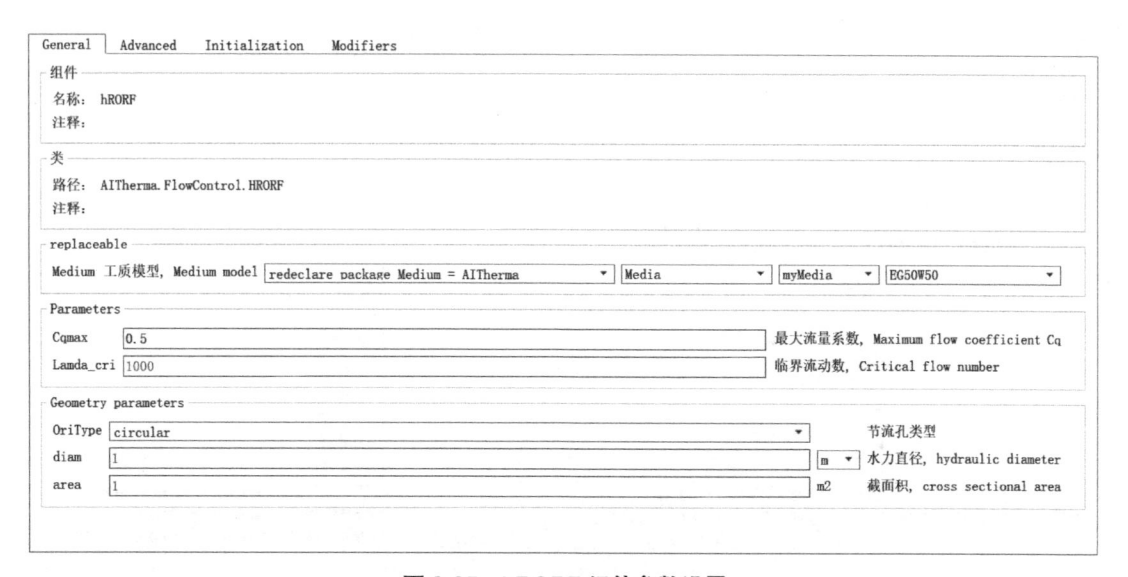

图 3-35　hRORF 组件参数设置

（4）设置 thermalConvectionPipe 组件参数，如图 3-36 所示，完成对流换热器参数设置。

图 3-36　thermalConvectionPipe 组件参数设置

（5）设置 radiatorAndFan 组件参数，导入本节 txt 文件"rad_2D.txt""prad_1D.txt""rad_p_2D.txt"并设置其余参数，如图 3-37 所示，完成散热器参数设置。

图 3-37　radiatorAndFan 组件参数设置

（6）设置 thermalMass_4N 组件参数，如图 3-38 所示，以模拟电机控制器本身热容量。

图 3-38 thermalMass_4N 组件参数设置

（7）设置 ev_mcu 组件参数，如图 3-39 所示，完成电机控制器产热模型的设置。

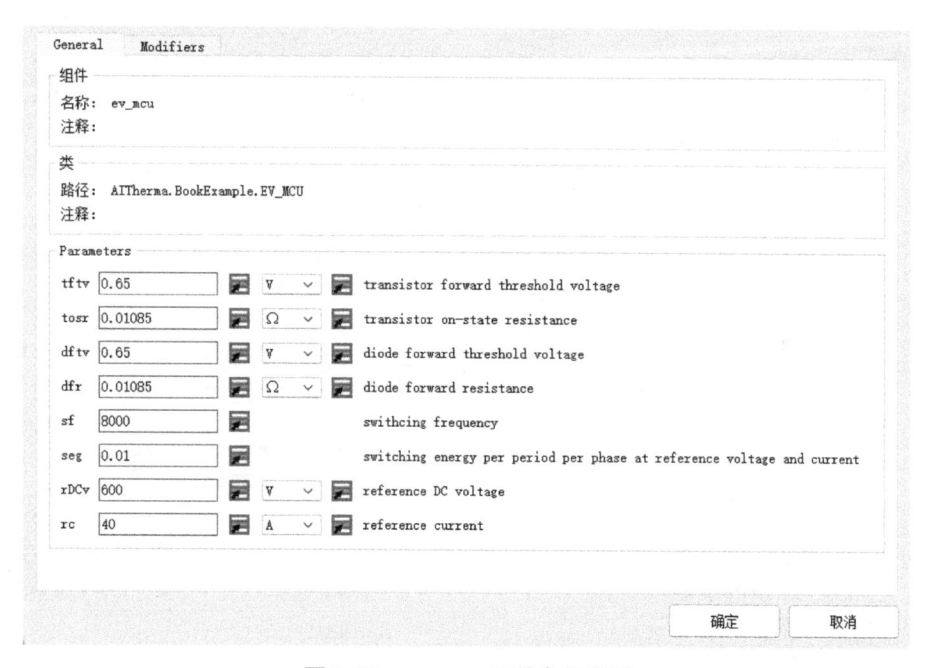

图 3-39 ev_mcu 组件参数设置

（8）设置 hysteresis 组件参数，如图 3-40 所示，完成散热器风扇的开关策略设置。其余组件的参数设置，可通过双击工程文件"EV_MCU.moprj"中的组件图标查看。

3. 求解设置

选择主菜单下的"仿真配置"选项，在弹出的对话框中设置结束时间和初始化方法，如图 3-41 所示，单击"确定"按钮开始仿真计算。

图 3-40 hysteresis 组件参数设置

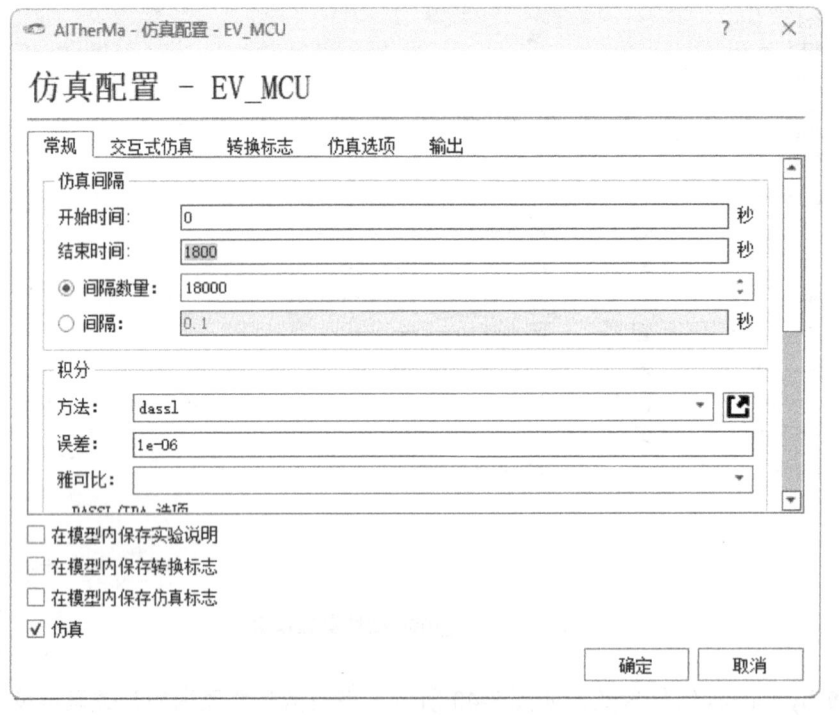

图 3-41 求解参数设置

4. 结果分析

基于所建立的电控热管理系统仿真模型，结合如图 3-42 所示的 WLTC 工况下的汽车行驶速度曲线，研究分析在环境温度为 35℃下电控热管理系统的温度变化。

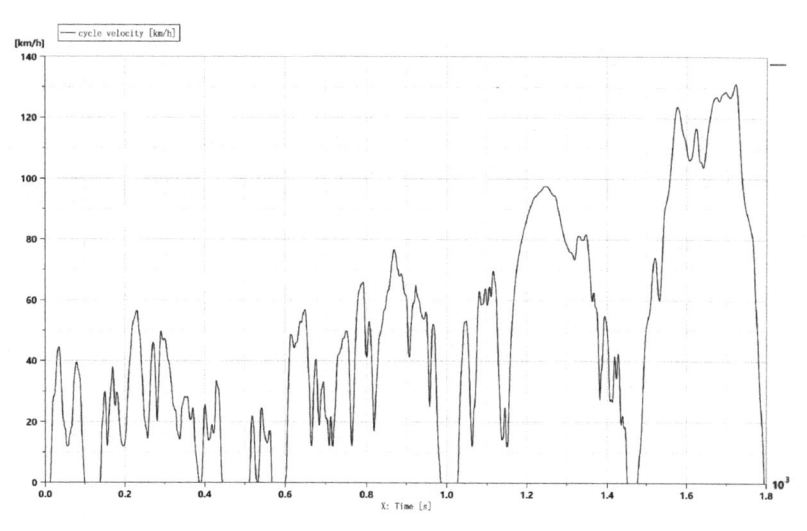

图 3-42 汽车行驶速度曲线

电机控制器通过接收整车控制器发送的 CAN 信号，将从动力电池输出的高压直流电转化为相应的三相交流电输出给电机，使其运行在需求的转矩和转速下。其中实现转化功能的关键器件为 IGBT 芯片，同时 IGBT 芯片也是主要的发热源。电池的输出功率需要满足整车需求功率的要求，因此，电机控制器的产热功率和整车需求功率具有很强的相关性，如图 3-43 所示，电机控制器的产热功率和汽车行驶速度曲线具有一致性。

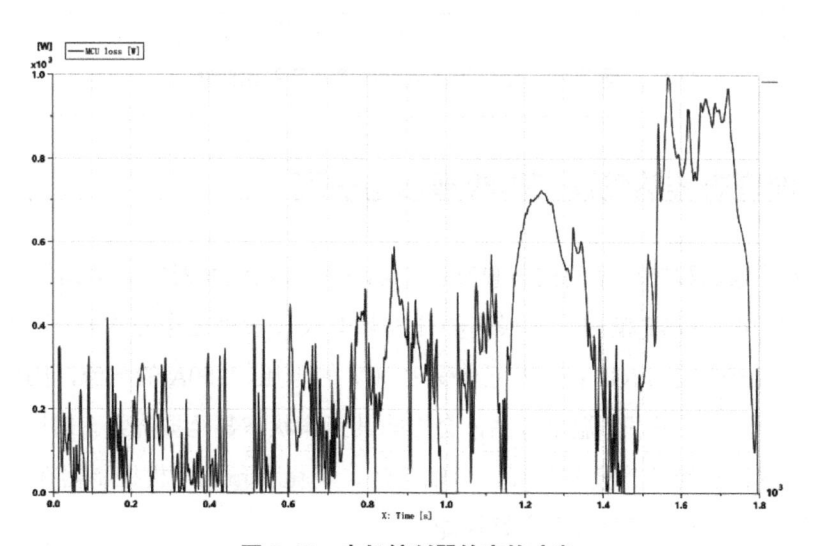

图 3-43 电机控制器的产热功率

电机控制器出口冷却液温度曲线如图 3-44 所示，冷却液的初始温度为环境温度 35℃，汽车行驶开始阶段，冷却液温度不断上升；升高至 50℃时，电机控制器出口冷却液温度进入 45～50℃波动阶段。电控热管理系统在部件温度较低时，为了节省能耗，水泵处于一个较低转速状态，此时电机控制器工作时产生的热使电机控制器出口冷却液温度不断上升。电控热管理系统散热器风扇的开启温度阈值为50℃（最高温度），关闭温度阈值为45℃，在设计合理的电控热管理系统中，电机控制器出口冷却液温度不会超过最高温度，接近最高温度时会在目标温度区间内波动，图3-44所示的温度曲线很好地符合这一点。当电控热管理系统中的冷却液温度与环境温度相差较大时，散热器散热功率高于电机控制器的产热功率，因此在约1220s时冷却液温度下降；汽车行驶时间在1470～1720s时，汽车处于持续加速阶段，整车需求功率增加，电机控制器产热功率增加，冷却液温升较快，而后进入波动阶段。仿真结果说明了电机控制器工作在合适的温度区间，仿真的电控热管理系统的配置满足要求。

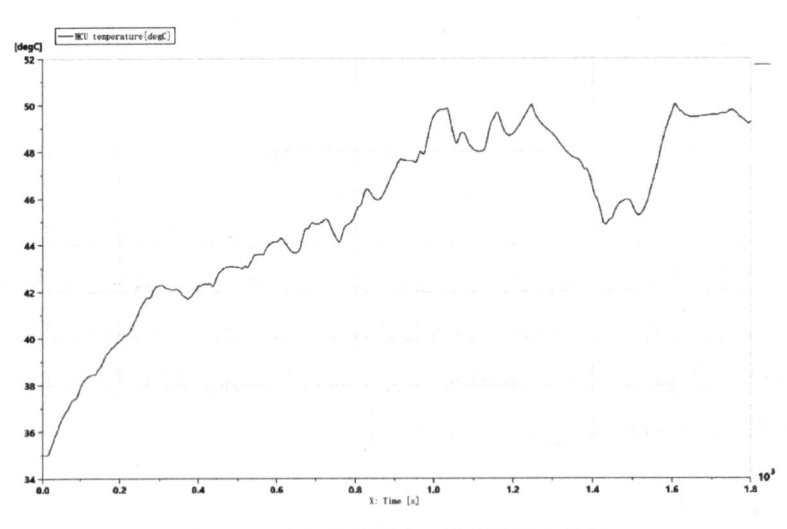

图3-44　电机控制器出口冷却液温度曲线

3.2.4　典型电控热管理部件级建模与仿真

逆变器控制着电池和电机之间的能量交换，功率模块是逆变器的关键部件，目前常见的功率模块是IGBT模块。IGBT模块具有很高的开关频率（每秒可达上万次），可以承受很高的电压和电流，如比亚迪研发的IGBT模块可承受1200V的电压、200A的电流，因此IGBT模块的功率很高，如果冷却效果不好、温度过高，会影响其工作状态甚至被烧毁。对以IGBT模块为关键部件的逆变器进行热管理建模与仿真，可以评估、优化和预测电机控制器在不同工作条件下的热特性，确保其稳定性、可靠性和良好性能。

图3-45所示为逆变器几何模型，由IGBT模块、水冷管道、底板组成。

1. 网格导入

将准备好的网格文件"IGBTwatercold.cgns"导入QFLUX软件中，如图3-46所示。

（a）固体域对象　　　　　　　　　　（b）流体域对象

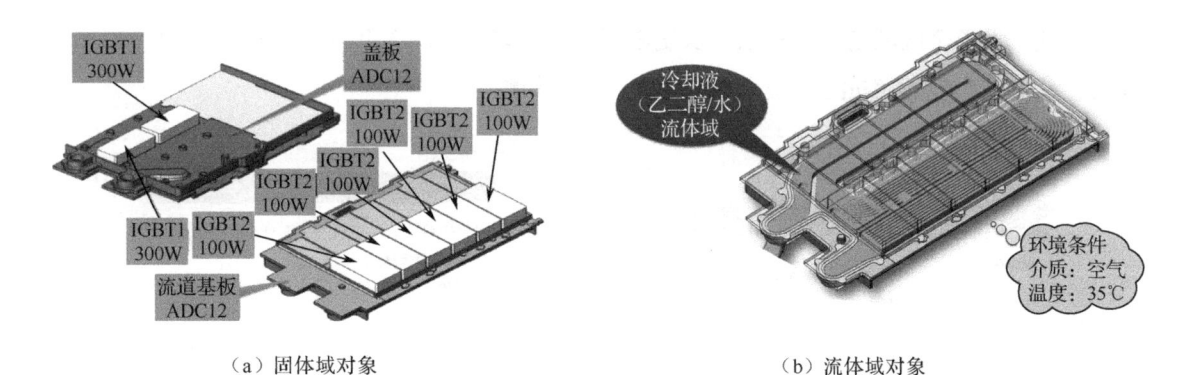

图 3-45　逆变器几何模型

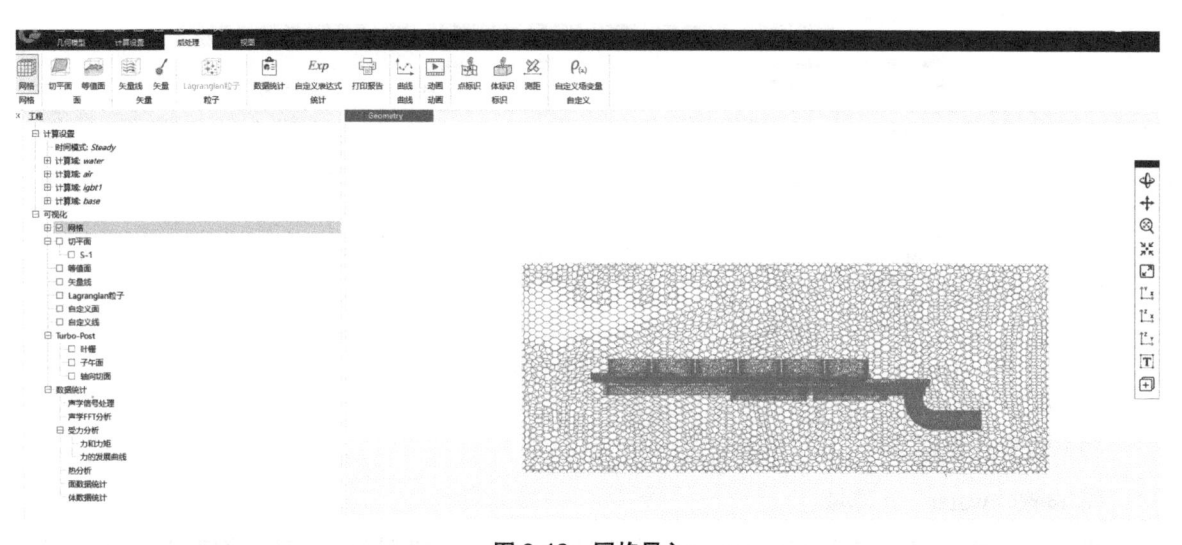

图 3-46　网格导入

2. 模型设置

1）时间模式设置

将时间模式设置为稳态，从而模拟散热系统在长时间运行时的温度分布。单击"计算设置"选项卡中的"时间模式"按钮，打开"时间模式"对话框，在"时间模式"下拉列表中选择"Steady"选项，并设置"迭代次数"为 1500，如图 3-47 所示。

2）基本方程选择

单击"计算设置"选项卡中的"基本方程"按钮，打开"基本方程"对话框，勾选"激活能量方程"复选框，如图 3-48 所示。

3）计算域管理

（1）定义计算域。

针对流体区和固体导热区进行计算域定义。单击"计算设置"选项卡中的"计算域管理"按钮，进入计算域管理模块。逆变器热管理仿真涉及流体（如冷却水、空气）和固体（如 IGBT 模块及底板）区域。为各个区域定义计算域，以便进行单独设置。如图3-49所示，分别定义了"water"计算域、"air"计算域、"igbt1"计算域、"base"计算域。

图3-47 "时间模式"对话框

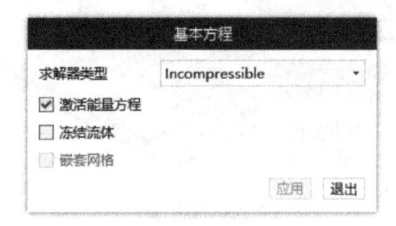

图3-48 激活能量方程

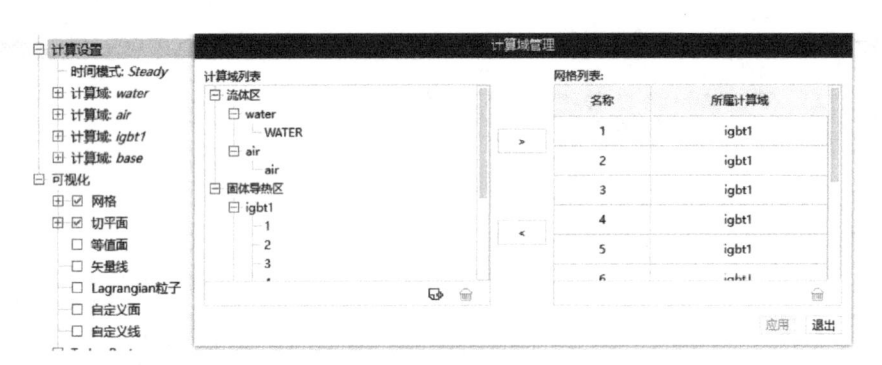

图3-49 计算域定义

（2）设置计算域。

① 设置"water"计算域。

设置湍流模型。双击工程窗口中"计算设置"项下的"湍流模型"项，打开"物理模型"对话框，选择"k-ω类型"为"SST"，应用"标准壁面函数"做近壁处理，如图3-50所示。

图3-50 设置"water"计算域的湍流模型

设置材料。为"water"计算域选择材料并设置其物性参数,包括密度、热传导率和定压比热等。双击"材料"项,在弹出的"工程材料库"对话框中将材料设置为"Water-liquid"液态水。设置液态水密度为 998.2kg/m^3、定压比热为 4182J/(kg·K)、热传导率为 0.6W/(m·k)、粘性系数为 0.001003kg/(m·s),如图 3-51 所示。

图 3-51 设置"water"计算域的材料

设置边界条件。在设置入口边界类型和参数时,选用"Velocity Inlet"速度入口,规定水的入口速度为 0.979m/s,温度为 339.15K;出口边界类型设置为"Pressure Outlet"压力出口,压力为 0Pa;水与底板有接触,故其交界面类型设置为"Interface"。

② 设置"air"计算域。

设置湍流模型。在"物理模型"对话框中,将湍流模型"k-ω 类型"选为"SST",壁面函数设置为"标准壁面函数"。

设置材料。将材料设置为"Air",由于"air"计算域考虑自然对流,因此将材料设置为"Boussinesq"流体,并设置其热膨胀率、参考温度、参考密度,如图 3-52 所示。

图 3-52 将"Air"材料设置 Boussinesq 流体

设置边界条件。入口边界类型设置为"Pressure Inlet"压力入口；出口边界类型设置为"Pressure Outlet"压力出口，压力为0Pa，温度为309.15K；区域交界面类型设置为"Interface"并匹配交界面；壁面设置为绝热壁面。

③ 设置"igbt1"计算域。

设置材料。设置"IGBT1""IGBT2"的密度为8030 kg/m3、定压比热为502.48 J/(kg·K)、热传导率为16.27 W/(m·k)。

设置数值方法。双击工程窗口中"数值方法"项，单击弹出的"数值方法"对话框中的"高级功能"按钮，在"高级功能"对话框中的"限制器"选项卡中勾选"Laplace"复选框。

设置附加模型，添加能量源项。如图3-53所示，定义方式选择"Heat Flux"热通量；设置"IGBT1"的热生成率为2845100W/m³、"IGBT2"的为630852W/m³。

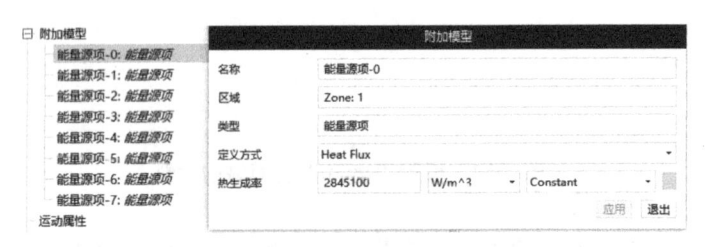

图 3-53　添加能量源项

设置边界条件，匹配交界面。由于热源与基板之间通过硅脂接触，因此在匹配热源与基板的交界面后，需要设置热阻。单击"Interface附加项"按钮，打开"Interface附加项"对话框，将接触热阻设置为4.8×10^{-5}（m²·K）/W，如图3-54所示。

图 3-54　匹配交界面并设置接触热阻

④ 设置 "base" 计算域。

设置材料。双击"材料"项,在弹出的"工程材料库"对话框中新建底板材料,如图3-55所示。材料参数如下:密度为2700kg/m³,定压比热为880J/(kg·K),热传导率为96.2W/(m·k)。

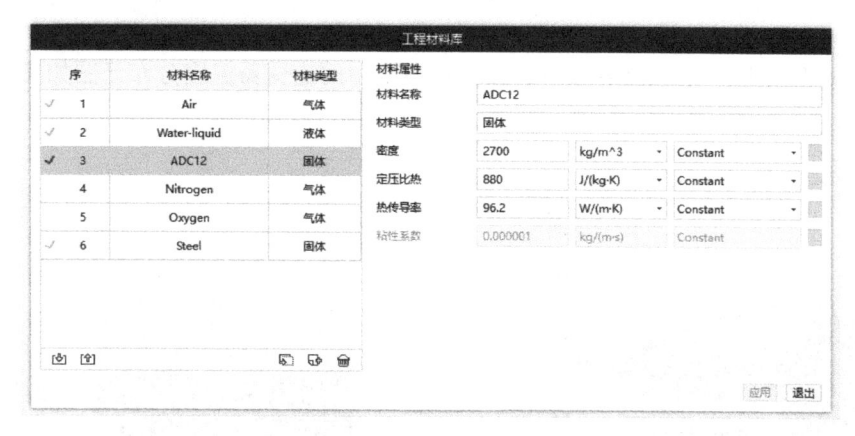

图3-55 新建底板材料

设置边界条件。将没有与其他计算域接触的壁面设置为绝热壁面,与其他计算域有接触的边界的类型设置为"Interface"并匹配交界面。

4)设置监控器

设置监控器的主要目的是对仿真过程中的关键参数进行实时监控和跟踪,以便了解仿真的进展情况、验证模型的准确性,并在需要时进行调整和优化。本案例的监控器设置如图3-56所示。

图3-56 监控器设置

3. 仿真计算

所有计算域设置完成后,对计算域进行初始化设置,本案例采用默认的初始条件进行设置。

模型设置完成后,对工程文件进行保存。接下来设置并行核数并启动求解器进行求解,求解器将针对不同的计算域,对流体流动、热传导和能量交换进行耦合求解。

在求解过程中，求解器根据设置的边界条件和初始条件，逐步迭代求解物理方程，从而获得稳态时刻的温度场、流速分布及其他参数。计算时，软件对残差及特征值进行监控，观察残差及特征值曲线，当计算达到稳定时停止计算。

4. 后处理

对结果进行后处理，绘制温度分布云图。本案例中的逆变器温度分布云图如图 3-57 所示。

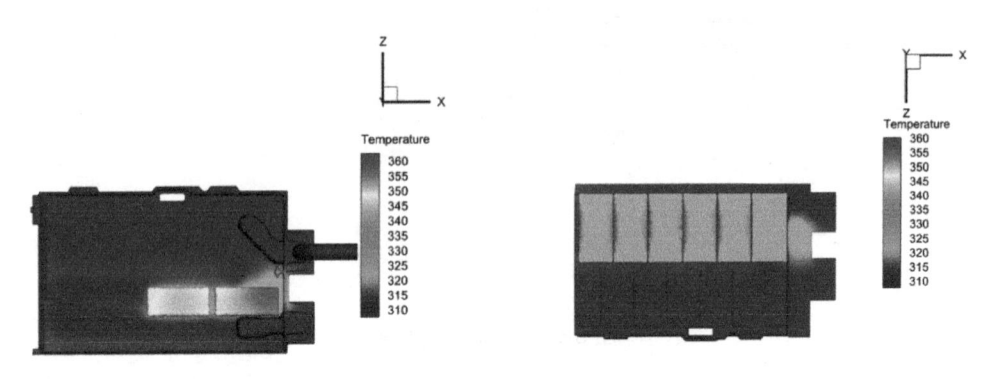

图 3-57　逆变器温度分布云图

电控热管理系统需要确保电机控制器温度在安全范围内。如果最高温度低于设定的最高允许温度，那么说明电机控制器温度在正常工作范围内，并且没有超出设定的安全边界。

由云图可知，电机控制器的主要热源逆变器的最高温度低于设定的最高允许温度。这表明本案例当前设计的热管理系统在散热设计等方面是有效的，可以保证电机控制器稳定运行，并且符合设计要求和性能指标。

参考文献

[1] 侯高林. 电动汽车驱动电机温度场分析及热管理系统研究 [D]. 长春：吉林大学，2022.

[2] 全国旋转电机标准化委员会. 旋转电机　定额和性能：GB/T 755—2019[S]. 北京：中国标准出版社，2019.

[3] LORENZ J. Electrical machine iron loss predictions-A unique engineering approach utilizing transient finite element methods-Part 1: Theory and calculation method[C]//2013 IEEE Electric Ship Technologies Symposium (ESTS), Arlington, 2013:36-42.

[4] LI L, LI W L, LI D, et al. Influence of sleeve thickness and various structures on eddy current losses of rotor parts and temperature field in surface mounted permanent-magnet synchronous motor[J]. IET Electric Power Applications, 2018, 12(8): 1183-1191.

第 4 章　空调系统

导读：本章主要介绍空调系统的组成和关键性能指标、空调系统热特性模型、空调系统建模与仿真。通过本章的学习，读者将深入了解空调系统的原理和建模与仿真分析方法，并通过对空调系统的一维仿真案例和座舱热管理三维仿真案例的学习，直观了解空调系统一维和三维仿真分析的流程和方法，为空调系统研究提供有力支撑。

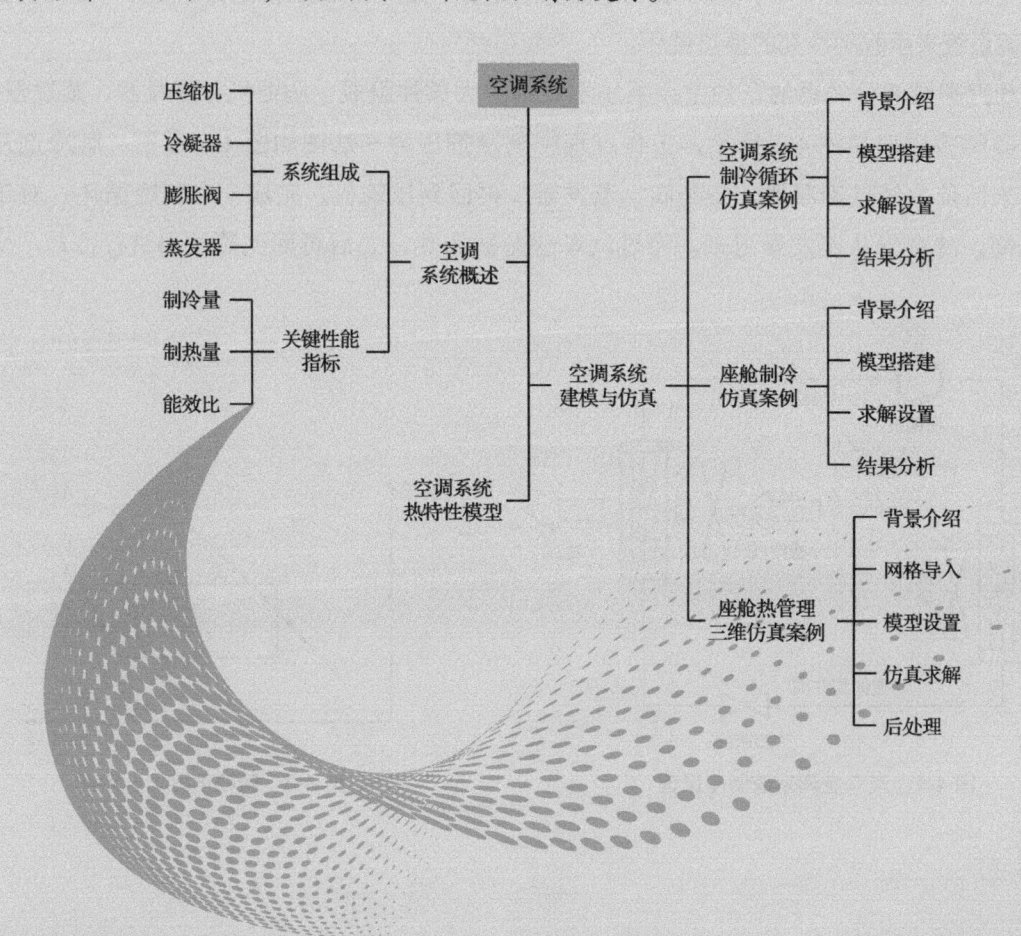

```
                                                            ┌─ 背景介绍
                                          ┌─ 空调系统        ├─ 模型搭建
                                          │  制冷循环        ├─ 求解设置
                                          │  仿真案例        └─ 结果分析
                      ┌─ 压缩机
                      ├─ 冷凝器                              ┌─ 背景介绍
              ┌─ 系统组成                                    ├─ 模型搭建
              │       ├─ 膨胀阀            ┌─ 座舱制冷       ├─ 求解设置
              │       └─ 蒸发器            │  仿真案例        └─ 结果分析
   空调       │                  空调     │
   系统概述 ──┤                  系统 ────┤
              │       ┌─ 制冷量   建模与仿真                 ┌─ 背景介绍
              ├─ 关键性能├─ 制热量                           ├─ 网格导入
              │  指标  └─ 能效比            ┌─ 座舱热管理    ├─ 模型设置
              │                            │  三维仿真案例  ├─ 仿真求解
              └─ 空调系统                                    └─ 后处理
                 热特性模型
```

4.1 空调系统概述

对于纯电动汽车座舱热管理及其控制问题,主要核心点在于汽车空调系统的合理冷量供给。因此,纯电动汽车座舱热管理研究的两个主要对象分别为空调系统和座舱系统。其中,空调系统是管理者,负责热量的"搬运"工作;座舱系统是被管理者,在行驶过程中会释放或吸收热量,并且需要被进行实时热控制,使其温度维持在合理且舒适的范围内。因此,研究纯电动汽车座舱热管理问题主要从这两个系统开展,然后在系统层级进行控制策略的研究。

在进行控制策略的研究之前,首先需要建立控制系统的数学模型,以此来模拟其在各种工况下的工作情况,并快速、低成本地获得所需结果。然后,根据所建立的数学模型,使控制策略的设计工作变得直观、高效、易操作。因此,本章的主要内容围绕纯电动汽车座舱热管理两个主要系统(空调系统、座舱系统)的建模及耦合展开说明。

4.1.1 空调系统组成

制冷,从原理上讲,是通过制冷剂(常见的有 R134a、R12 等)的特殊性质,利用其蒸发和冷凝伴随的热量吸收和释放来实现热量"搬运"的效果。看似简单的热搬运过程,其中却包含了制冷剂复杂的相变过程,为了实现制冷剂状态的变化并使其周而复始地搬运热量,需要一套完整的空调系统来承载制冷剂的换热循环。

纯电动汽车或者传统燃油车的空调系统主要由四大部件组成:压缩机、冷凝器、蒸发器、膨胀阀,其制冷原理如图 4-1 所示,工作过程中制冷剂压力-焓图如图 4-2 所示。制冷剂从压缩机出来后依次经过冷凝器、膨胀阀、蒸发器,再回到压缩机,完成一个制冷循环;对于冷却空气侧,冷空气从蒸发器出来,经过汽车座舱被加热,之后再回到蒸发器进行冷却,变为冷空气。

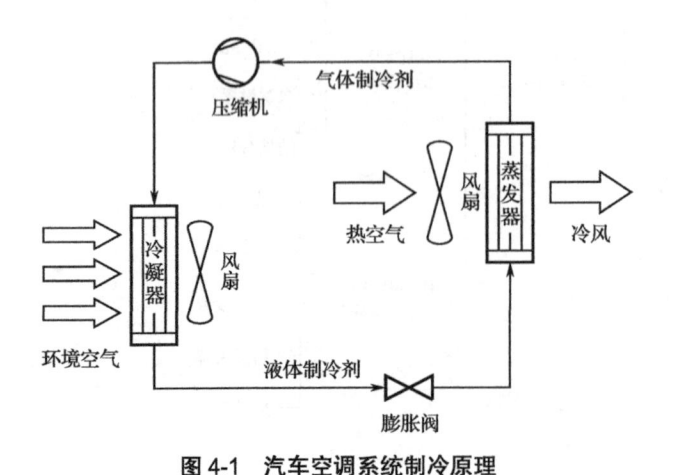

图 4-1 汽车空调系统制冷原理

图 4-2 制冷剂压力-焓图

1. 压缩机

压缩机（Compressor）是空调系统的心脏，在图 4-2 所示的制冷循环中，其作用过程主要是从点 1 到点 2。在这个过程中，压缩机通过推动和压缩向低压、低温的制冷剂气体做功，使其能够产生压力和温度的变化，从而变为高温、高压的气态制冷剂，此时制冷剂的状态点如图 4-2 中的点 2 所示。从循环中的制冷剂状态来讲，在从点 4′ 到点 1 再到点 2、点 2′ 的过程中，制冷剂都为气态，也就是说，压缩机只对气态制冷剂进行压缩，压缩期间只改变制冷剂的温度和压力，而不会改变制冷剂的相。

2. 冷凝器

冷凝器（Condenser）的主要作用是将高温的制冷剂冷却。制冷剂从压缩机排出后，呈高温、高压状态，此时需要对其降温，并完成制冷剂从气态变为液态的过程。在从制冷剂中吸收热量后，冷凝器通过热传导和热对流将制冷剂液化过程中释放的能量散发到空气中。在汽车空调系统中，其物理结构一般为扁管翅片组合的换热器形态。在冷凝器中，制冷剂放热大致可分为三个阶段，即过热、两相和过冷，整个冷凝过程如图 4-2 中的点 2 到点 3 所示，其中点 2 到点 2′ 的过程为制冷剂从过热气态到饱和气态的过程，即过热阶段。从点 3′ 到点 3 为制冷剂从饱和液态到过冷液态的过程，即过冷阶段。在过热阶段和过冷阶段，制冷剂处于单相状态，发生的是显热交换；从点 2′ 到点 3′ 的过程则是两相阶段，制冷剂发生集态变化，即凝结（或冷凝），发生的是潜热交换。在冷凝器中，制冷剂的大部分热量是在两相阶段放出的。

3. 膨胀阀

从冷凝器出口流出的制冷剂呈高温、高压的液态，为了使液态制冷剂的饱和温度降低，使其能够吸收低温物体的热量，就需要降低其压力。同时为了使供冷量保持在适合的范围内，制冷剂流量也需要被调节。因此在制冷剂进入蒸发器之前，需要对其进行节流。对于汽车空调系统而言，节流装置一般为膨胀阀（Expansion valve），通过膨胀阀调节空调系统制冷剂的压降和流量，确保系统正常工作。所谓节流，指的是流体通道突然缩小时发生的流体压力和温度下降的现象。在图 4-2 所示的制冷循环中，节流装置（膨胀阀）的作用过程为点 3 到点 4，在此过程中，节流装置孔口附近的流动面积突然变小，流体的流动形态发生了突变，致使流体的压力降低，流速增大；流体在孔口时的压力降到最低，而流速最高；当流体流过孔口后，其截面积突然增大，导致流体的压力回升，速度逐渐减小最后稳定。由于流体在孔口前后发生强烈的扰动和涡流，流体压力产生不可逆损失，因此流体恢复稳定后，压力比以前小了很多，但流速基本保持不变。由于节流的时间很短，流体与外界的能量传递可以忽略不计，而压力下降会使部分液体汽化，汽化吸取的热量来自液体，所以通过节流后流体温度会下降很多。节流过程可近似为等焓过程，所以在图 4-2 中节流过程可以看作一条垂直向下的直线，这一过程中只发生了压力和温度的下降，而焓值不变。

4. 蒸发器

蒸发器（Evaporator）的作用原理与冷凝器的正好相反，其吸收空气中的热量，将热量传递给制冷剂，使其能够完成汽化。制冷剂经过节流装置节流后，处于汽液共存的状态，也称为湿蒸汽。制冷剂在进入蒸发器后，便开始吸收热量，并蒸发成为饱和蒸汽，此后如果制冷剂继续吸热，将变为过热蒸汽，此过程可以近似地看作等压过程，如图4-2所示的点4到点1，其中点4到点4′处于两相区，发生的是潜热交换，点4′到点1处于过热区，发生的是显热交换。过热蒸汽的换热量，通常在蒸发器的总换热量中占很小的比例，大部分热交换发生在液态制冷剂蒸发过程的两相阶段中。汽车空调系统蒸发器的物理结构与冷凝器的相似，为扁管与翅片结合的一体式结构。蒸发器出口的制冷剂一般呈低压的过热状态，以防止制冷剂蒸发不全对压缩机造成液击。低温、低压的制冷剂再次被吸入压缩机进行下一轮循环，周而复始，整个系统便可以源源不断地将汽车内的热量搬运到外界环境中，完成对汽车座舱的热调节。

4.1.2 空调系统关键性能指标

1. 制冷量

制冷量是指空调系统在进行制冷运行时，单位时间内从密闭空间、房间或区域内去除的热量总和，单位为W。对于电动汽车来说，制冷量是指空调系统在进行制冷运行时，单位时间内从座舱去除的热量总和。通常情况下，空调系统的制冷量应略大于座舱的热负荷；但是对于应用空调冷却电池的构型，需要考虑电池的冷却需求，空调系统的制冷量应略大于座舱和电池的热负荷。

2. 制热量

制热量是指空调系统在进行制热运行时，单位时间内向密闭空间、房间或区域内增加的热量总和，单位为W。对于电动汽车来说，制热量是指空调系统在进行制热运行时，单位时间内向座舱增加的热量总和。通常情况下，空调系统的制热量应略大于座舱的冷负荷；但是对于应用空调加热电池的构型，需要考虑电池的加热需求，空调系统的制热量应略大于座舱和电池的冷负荷。

3. 能效比

能效比，又称性能系数，是指空调系统在进行制冷（制热）运行时，制冷量（制热量）与制冷功率（制热功率）之比。能效比数值的大小反映了不同空调产品的节能情况。能效比数值越大，表明该产品运行时能源转换效率越高，在单位时间内，该产品的耗电量也就相对越少。

空调一般同时具备制冷和制热的能力，因此空调的能效比也分为制冷能效比和制热能效比两种，本书为了区分这两种能效比，分别采用不同的简称，其中 EER 指制冷能效比，COP 指制热能效比。就我国绝大多数地域的空调使用习惯而言，空调制热只是冬季取暖的一种辅助手段，空调的主要功能仍然是夏季制冷，所以人们常说的空调能效比通常指的是制冷能效比 EER。EER 和 COP 越高，空调能耗越小，性能比越高。

1）制冷能效比 EER

EER 是空调的制冷性能系数，称为制冷能效比，表示空调在单位功率下的制冷量。

计算公式如下：

$$\mathrm{EER} = \frac{Q_c}{W} \qquad (4\text{-}1)$$

式中，Q_c 为单位时间内空调的名义制冷量（kW），W 为单位时间内空调所消耗的功率（kW）。

2）制热能效比 COP

COP 是空调的制热性能系数，称为制热能效比，表示空调在单位功率下的制热量。

计算公式如下：

$$\mathrm{COP} = \frac{Q_h}{W} \qquad (4\text{-}2)$$

式中，Q_h 为单位时间内空调的名义制热量（kW），W 为单位时间内空调所消耗的功率（kW）。

4.2 空调系统热特性模型

空调系统的建模与设计，主要目的是建立简要的空调系统动态模型，为后期对空调系统进行热管理控制打下模型基础。对于面向控制的空调系统动态模型而言，模型的精度不是唯一的要求，更多的是要保证模型的简化满足控制实施的求解速度。对于分布式建模，由于一般采用三维建模的方式，计算量巨大，因而其多讨论稳态情况，无法为实时控制系统所用，因此空调系统动态模型一般采用集总参数模型。

为了使建立的模型满足控制需要，动态模型要尽可能简单，同时能够满足模拟空调系统运行过程的需求。对此，本书介绍一种低次的具有 6 个状态变量的蒸汽压缩制冷循环动态集总参数模型[1]。

图 4-3 显示了一种低次的具有 6 个状态变量的蒸汽压缩制冷循环动态集总参数模型的示意图，对应的 6 个状态变量分别是：蒸发器的两相区的长度为 l_e、蒸发压力为 P_e、蒸发器壁温为 T_{we}、冷凝器的两相区的长度为 l_c、冷凝压力为 P_c、冷凝器壁温为 T_{wc}。

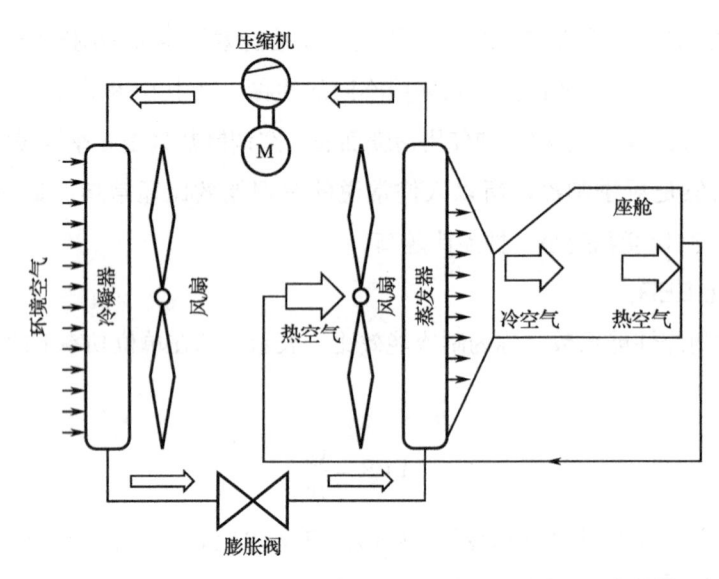

图 4-3 低次的具有 6 个状态变量的蒸汽压缩制冷循环动态集总参数模型示意图

对于此动态集总参数模型,在计算中其特定的假设如下[1]:

(1) 液体为一维流体流动。

(2) 沿热交换器轴向的热传导可忽略不计。

(3) 在短瞬态内两相阶段中的平均空隙率不变。

(4) 沿热交换器轴向的制冷剂压降可忽略不计。

(5) 假设与主导换热的两相区相比,所有热交换器在单相区的质量和热容可忽略不计。

最后一个假设意味着蒸发器过热度可以通过代数方程由蒸发压力、过热段的长度或等效的两相阶段长度计算得到。

1. 压缩机模型

对于压缩机,其动态过程可描述为[1]

$$\dot{m}_{\text{comp}} = N_{\text{comp}} V_{\text{d}} \rho_{\text{ref}} \eta_{\text{vol}} \tag{4-3}$$

$$h_{\text{oc}} = \eta_{\text{a}} (h_{\text{is}} - h_{\text{ic}}) + h_{\text{ic}} \tag{4-4}$$

$$\eta_{\text{vol}} = f_1(\omega_{\text{c}}, P_{\text{c}} - P_{\text{e}}) \tag{4-5}$$

$$\eta_{\text{a}} = f_2(\omega_{\text{c}}, P_{\text{c}} - P_{\text{e}}) \tag{4-6}$$

式中,$\dot{m}_{\text{comp}}$ 为制冷剂通过压缩机的质量流量,N_{comp} 为压缩机转速,V_{d} 为压缩机排量,ρ_{ref} 为制冷剂在压缩机内部的密度,η_{vol} 为压缩机容积效率,η_{a} 为压缩机等熵效率。f_1 和 f_2 分别为压缩机容积效率和等熵效率关于压缩机转速 ω_{c} 和冷凝器与蒸发器压差 $(P_{\text{c}} - P_{\text{e}})$ 的拟合函数。h_{is} 为等熵压缩时制冷剂的焓值,h_{oc}、h_{ic} 分别为制冷剂在压缩机出口的焓值、进口的焓值,焓值的大小与制冷剂的状态有关。

2. 膨胀阀模型

对于膨胀阀，通过膨胀阀的制冷剂质量流量 $\dot{m}_v$ 可描述为[1]

$$\dot{m}_v = C_v a_v \sqrt{\rho_v (P_c - P_e)} \tag{4-7}$$

$$C_v = f_c (P_c - P_e) \tag{4-8}$$

$$h_{ov} = h_{iv} \tag{4-9}$$

式中，C_v 为膨胀阀流量系数；a_v 为膨胀阀阀门开度；ρ_v 为在膨胀阀中制冷剂的密度；f_c 为流量系数 C_v 关于冷凝器与蒸发器压差的拟合函数，这一拟合函数能够通过实验数据拟合得到；h_{ov} 为制冷剂在膨胀阀出口的焓值；h_{iv} 为制冷剂在膨胀阀进口的焓值。

3. 蒸发器模型

对于两相流热交换器来说，控制方程的推导遵循 Grald 和 Macarthur[2] 提出的移动边界法。基于能量守恒定律，蒸发器两相区长度 l_e 随时间的变化可以用式（4-10）描述[3]：

$$\rho_{le} \overline{h_{lge}} A_e (1 - \overline{\gamma_e}) \frac{dl_e}{dt} = \dot{m}_v (h_{ge} - h_{ie}) - a_{ie} \pi D_{ie} l_e (T_{we} - T_{re}) \tag{4-10}$$

式中，ρ_{le} 为蒸发器中液态制冷剂的密度，$\overline{h_{lge}}$ 为制冷剂汽化潜热，A_e 为蒸发器扁管管口的截面积，$\overline{\gamma_e}$ 为蒸发器两相区制冷剂蒸汽的体积分数。式（4-10）等号右边的第一项表示制冷剂流过两相区后的能量变化，式中，h_{ie} 为制冷剂在蒸发器进口的焓值，h_{ge} 为当前压力（P_e）下制冷剂蒸汽的焓值。等号右边的第二项表示两相区里蒸发器管壁与制冷剂间的换热量，式中，a_{ie} 为制冷剂与管壁间在蒸发器两相区的换热系数，D_{ie} 为蒸发器扁管的内部直径，T_{re} 为当前压力（P_e）下制冷剂的饱和温度。此外，假设蒸汽体积远大于蒸发器中的液体体积，通过质量守恒定律，蒸发器中制冷剂蒸汽密度可以用以下表达式描述[3]：

$$A_e L_e \frac{d\rho_{ge}}{dt} = \dot{m}_v X_{ie} - \dot{m}_{comp} - \frac{a_{ie} \pi D_{ie} l_e (T_{we} - T_{re})}{h_{lge}} \tag{4-11}$$

式中，L_e 为蒸发器总的扁管长度，X_{ie} 为蒸发器进口制冷剂蒸汽的质量分数。基于平均蒸汽密度为饱和蒸汽密度 ρ_{ge} 的假设，等号左边表示蒸发器中制冷剂蒸汽质量的变化率；等号右边第一项表示进入蒸发器的制冷剂蒸汽的质量，等号右边第二项表示离开蒸发器的制冷剂的质量流量，最后一项表示制冷剂蒸汽的生成量。根据链式法则，将 X_{ie} 用 $(h_{ie} - h_{le})/h_{lge}$ 替换后，式（4-11）可写为[3]

$$A_e L_e \frac{d\rho_{ge}}{dP_e} \frac{dP_e}{dt} = \dot{m}_v \frac{h_{ie} - h_{le}}{h_{lge}} - \dot{m}_{comp} - \frac{a_{ie} \pi D_{ie} l_e (T_{we} - T_{re})}{h_{lge}} \tag{4-12}$$

式中，h_{le} 为制冷剂液体的焓值；$\dfrac{d\rho_{ge}}{dP_e}$ 与此时制冷剂的压力和温度有关，可以通过相关经验公式

得到。进一步,根据能量守恒定律,忽略蒸发器过热阶段的换热量,蒸发器壁温 T_{we} 的变化可描述为[3]

$$C_{we} m_{we} \frac{dT_{we}}{dt} = a_{oe} A_{oe}(T_{ae} - T_{we}) - a_{ie}\pi D_{ie}l_e(T_{we} - T_{re}) \qquad (4\text{-}13)$$

式中,C_{we} 为蒸发器的比热容,m_{we} 为蒸发器的质量,a_{oe} 为蒸发器壁面与外界空气之间的换热系数,A_{oe} 为蒸发器迎风面积,T_{ae} 为当前蒸发器周围的环境温度。

此外,忽略轴向的热传导后,蒸发器过热度可表示为[1]

$$\Delta T = (T_{ae} - T_{we})\left[1 - \exp\left(-\frac{a_{ioe}\pi D_{ie}(L_e - l_e)}{C_{we}\dot{m}_{comp}}\right)\right] \qquad (4\text{-}14)$$

式中,a_{ioe} 表示制冷剂与外界空气之间的等效换热系数。

式(4-10)、式(4-12)和式(4-13)列出了状态变量 l_e、P_e 和 T_{we} 的微分方程,通过已知的蒸发器结构参数、进出口边界条件及相应的换热系数,即可得出蒸发器的3个状态参数。

4. 冷凝器模型

冷凝器和蒸发器的换热过程类似,但冷凝器换热划分为三个区:过热区、两相区和过冷区,根据实际经验,冷凝器的过热度(一般为50℃左右)相比于过冷度(一般为5℃以下)要高很多,为了简化模型,在热特性模型中将过冷阶段的换热忽略掉。和蒸发器类似,冷凝器的两相区长度 l_c、冷凝压力 P_c、冷凝器壁面温度 T_{wc} 的动态变化可描述为[3]

$$\rho_{lc} h_{lgc} A_c (1 - \bar{\gamma}_c) \frac{dl_c}{dt} = \dot{m}_{comp}(h_{lc} - h_{ic}) + a_{ic}\pi D_{ic}l_c(T_{rc} - T_{wc}) \qquad (4\text{-}15)$$

$$A_c L_c \frac{d\rho_{gc}}{dP_c}\frac{dP_c}{dt} = \dot{m}_{comp} - \frac{a_{ic}\pi D_{ic}l_c(T_{wc} - T_{rc})}{h_{lgc}} \qquad (4\text{-}16)$$

$$C_{wc} m_{wc} \frac{dT_{wc}}{dt} = a_{ic}\pi D_{ic}l_c(T_{rc} - T_{wc}) + a_{ish}\pi D_{ic}(L_c - l_c)\left(\frac{T_{rc} + T_{ic}}{2} - T_{wc}\right) - a_{oc}A_{oc}(T_{wc} - T_{ac}) \qquad (4\text{-}17)$$

式(4-15)中,ρ_{lc} 为冷凝器中液态制冷剂的密度,h_{lgc} 为制冷剂蒸汽冷凝热,A_c 为冷凝器扁管管口的截面积,$\bar{\gamma}_c$ 为冷凝器两相区制冷剂蒸汽的体积分数。等号右边的第一项表示制冷剂流过冷凝器两相区后的能量变化,式中,h_{ic} 为制冷剂在冷凝器进口的焓值,h_{lc} 为当前压力(P_c)下制冷剂液体的焓值。等号右边的第二项为两相区里冷凝器管壁与制冷剂间的换热量,式中,a_{ic} 为制冷剂与管壁间在冷凝器两相区的换热系数,D_{ic} 为冷凝器扁管的内部直径,T_{rc} 为当前压力(P_c)下制冷剂的饱和温度。

式(4-16)描述冷凝器中制冷剂的质量变化率,能够表现出冷凝器中冷凝压力的变化。式中,L_c 为冷凝器扁管总长度;$\dfrac{d\rho_{gc}}{dP_c}$ 与此时制冷剂的压力和温度有关,可以通过相关经验公式得到。

式（4-17）表示冷凝器在两相区和过热区的换热（忽略了过冷区的换热）。式中，C_{wc} 和 m_{wc} 分别为冷凝器的比热容和质量，a_{ish} 为制冷剂与冷凝器管壁间在过热区的换热系数，a_{oc} 为外界空气与冷凝器管壁间的换热系数，A_{oc} 为冷凝器的迎风面积，T_{ac} 为此时外界环境温度。对于公式等号右边的 3 项，前面两项分别为两相区和过热区制冷剂与冷凝器管壁之间的对流换热，最后一项为外部空气与冷凝器管壁之间的对流换热。

由于在整个制冷循环中，制冷剂总的质量是不会发生改变的，而且假设整个循环没有储液器，因此，可以看作流出蒸发器的制冷剂质量等于流入冷凝器的制冷剂质量。故制冷剂质量的约束式可表示为

$$A_e[\rho_{le}l_e(1-\bar{\gamma}_e) + \rho_{ge}l_e\bar{\gamma}_e + \rho_{ge}(L_e-l_e)] + A_c[\rho_{lc}l_c(1-\bar{\gamma}_c) + \rho_{gc}l_c\bar{\gamma}_c + \rho_{gc}(L_c-l_c)] = \sum \quad (4\text{-}18)$$

式中，$\sum$ 为常数，ρ_{ge} 和 ρ_{le} 为 P_e 的函数，ρ_{lc} 和 ρ_{gc} 为 P_c 的函数。这便表明，蒸发器两相区的长度 l_e、蒸发压力 P_e，冷凝器两相区的长度 l_c、冷凝压力 P_c 4 个状态变量中只有 3 个独立的状态变量。由于在空调系统控制中，一般更为关心蒸发器两相区的状态，故选择 l_e、P_e、P_c 为独立的状态变量。

另外，根据图 4-1 和图 4-3，蒸发器与冷凝器外侧分别设有风扇，风扇会影响换热器空气侧的换热系数，从而影响整个制冷效果。蒸发器风扇转速和压缩机转速一样，是系统的操作变量，可以通过调节其大小从而控制制冷效果。蒸发器风扇转速对系统的影响体现在对蒸发器与空气的换热系数的影响上，蒸发器风扇转速越大，换热系数越大，反之越小。通过实验数据可以拟合出相应的蒸发器空气侧换热系数 a_{oe} 关于蒸发器风扇转速的关系式，可表示为

$$a_{oe} = f_{p1}(N_{fan}) \quad (4\text{-}19)$$

对于汽车冷凝器空气侧换热，由于汽车前部一般设有进气格栅，因此冷凝器空气侧的气流大小不仅由冷凝器风扇决定，还与车速有关，车速越高，换热系数越大，反之越小。对于冷凝器风扇的实时控制，其值的设定主要受车速影响，当车速低于某一值时，风扇开启并维持在某一设定值，保证换热系数不会很小，因此冷凝器空气侧换热系数 a_{oc} 与车速的关系式可以通过实验数据拟合得出：

$$a_{oc} = f_{p2}(V_{car}) \quad (4\text{-}20)$$

式（4-19）和式（4-20）中的 f_{p1} 和 f_{p2} 为多项式拟合式；N_{fan} 和 V_{car} 分别为蒸发器风扇转速和车速。

式（4-3）～式（4-20）表示制冷循环的整个基本动态过程。对于整个空调系统，其动态过程可由矩阵形式表达：

$$\dot{X} = g(X, U) \quad (4\text{-}21)$$

$$X = [l_e \quad P_e \quad T_{we} \quad P_c \quad T_{wc}]^T \quad (4\text{-}22)$$

$$U = [N_{comp} \quad N_{fan} \quad V_{car} \quad T_{ac} \quad T_{ae}]^T \quad (4\text{-}23)$$

式中，X 为状态变量向量，包含前面提到的 5 个状态变量；U 是整个空调系统的输入，包含 5 个变量，分别是压缩机转速、蒸发器风扇转速、车速、外界环境温度和蒸发器周围环境温度（即需要降温后的温度）。假设膨胀阀是热力膨胀阀，可自行控制过热度，因此空调系统输入变量中的可操作变量有 2 个，即压缩机转速和蒸发器风扇转速。其他 3 个输入变量为空调系统无法通过操纵直接改变的，其中车速与外界环境温度是外界扰动，完全不受空调系统影响，而蒸发器周围环境温度一般与冷却控制目标有关，可以被空调系统影响。

至此，汽车空调系统的动态模型建立完毕。因此，在确定空调系统的状态变量初始值和系统的输入变量值后，就可以唯一地确定空调系统状态变量的变化了。

4.3 空调系统建模与仿真

4.3.1 空调系统制冷循环仿真案例

1. 背景介绍

常规的空调系统结构示意图如图 4-4 所示，包含一个压缩机、一个冷凝器、一个蒸发器、一个节流装置（膨胀阀）。压缩机中的制冷剂蒸汽压力增加，为系统提供制冷剂流量。在冷凝器中，能量从制冷剂排到湿空气中，制冷剂状态从蒸汽切换到两相流，然后沿着冷凝器切换到过冷液体。通过节流装置，制冷剂压力降低，因此流体温度突然下降。制冷剂在蒸发器中开始蒸发，蒸发器的作用是通过从湿空气中吸收热量来蒸发制冷剂。储液器确保只有过热气体被供应到压缩机中。

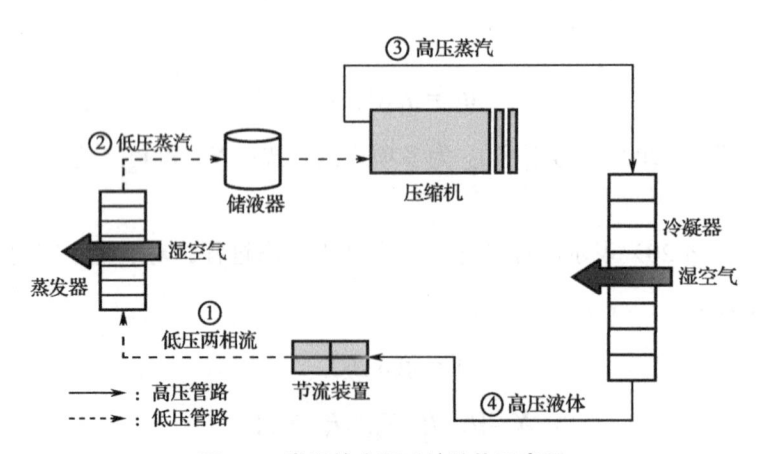

图 4-4 常规的空调系统结构示意图

2. 模型搭建

在 AITherMa 软件中搭建空调系统仿真模型，如图 4-5 所示，涉及的模型组件如表 4-1 所示。

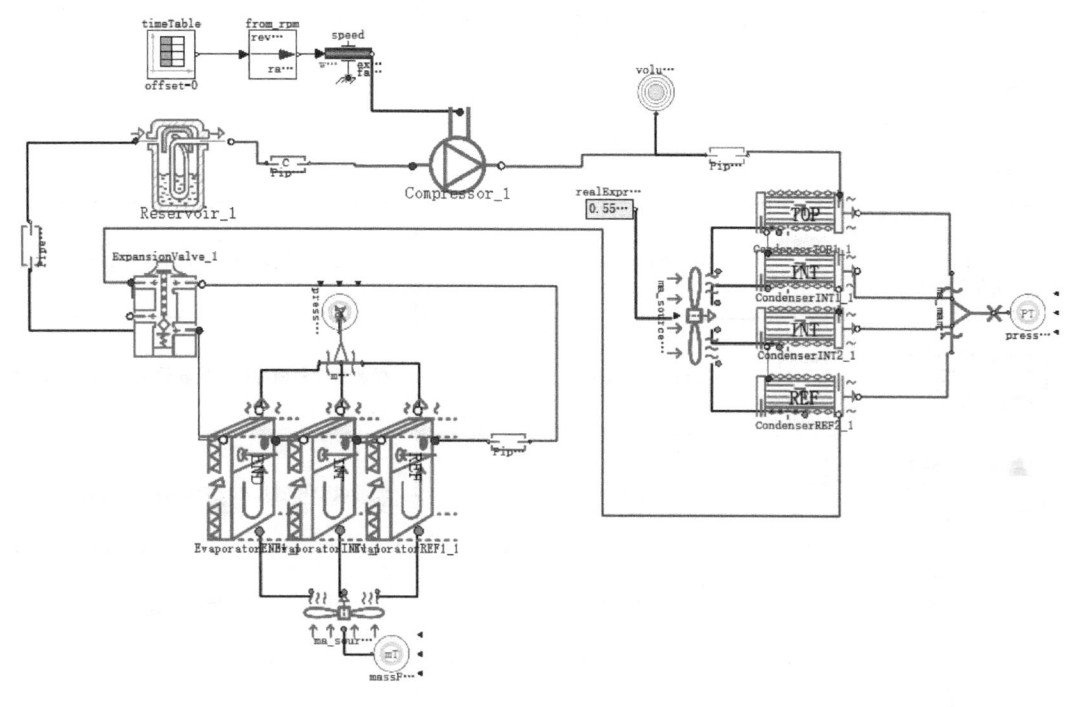

图 4-5　空调系统仿真模型

表 4-1　模型组件列表

组件图标	组件名称	说明
	CompressorConstDisp	外部控制用定排量压缩机
	MoistAirSourceEvap MoistAirSourceCond	湿空气源
	MoistAirExitEvap MoistAirExitCond	湿空气汇
	PressureSource_pT	压力源设定
	MassFlowSource_mT	质量流量源设定

续表

组件图标	组件名称	说明
	VolumeGas	容积腔
	CondenserReference1	微通道管和翅片热交换器的参考部件（配置1）
	CondenserIntermediate1	微通道管和翅片热交换器的中间部件（配置1）
	CondenserIntermediate2	微通道管和翅片热交换器的中间部件（配置2）
	CondenserTop1	微通道管和翅片热交换器的顶部部件（配置1）
	PipeC	两相管道
	EvaporatorReference1	U形通道板翅式热交换器的参考通道（配置1）
	EvaporatorIntermediate1	U形通道板翅式热交换器的中间通道（配置1）
	EvaporatorEnd1	U形通道板翅式热交换器的出口通道（配置1）

续表

组件图标	组件名称	说明
	ThermalExpansionValve	集成热敏球的热力学膨胀阀
	ReservoirGas	储液器模型
	TimeSignal	输入信号 （用于设置压缩机排量）
	From_rpm	信号单位转换器
	RotatingShaftSpeed	机械轴转速
	RealExpressionSignal	表达式信号输入 （自定义空气流量）

注：配置1和配置2对应的是模型库中不同的组件类型，不同配置的主要区别在于制冷剂进出口的位置不同。

在完成空调系统仿真模型架构搭建后，还需要对模型中的各种组件参数和求解配置进行设置。相关组件参数设置如下。

（1）首先需要对模型中使用的冷却工质进行选择，对于制冷剂，此处选择冷却工质为R134a制冷剂；对于外部环境，此处选择冷却工质为MoistAir湿空气。其次是设置外部的环境工况，主要包括环境温度、环境压力、环境湿度，此处设定环境温度为25℃，设定环境压力为1.01325bar，环境湿度以组分的形式设定，设定湿空气中的水含量为1%，外部环境参数设置如图4-6所示。

（2）接下来设定进入冷凝器和蒸发器的湿空气的特性，此处采用了恒定的质量流量空气源。设定进入冷凝器的湿空气温度为30℃，含水量为1.0663209%；质量流量在四段热交换器中分配，从热交换器的顶部部件到参考部件依次为0.2151kg/s、0.1613kg/s、0.1075kg/s、0.0717kg/s。设定进入蒸发器的湿空气温度为30℃，含水量为1.0662679%；质量流量在三段热交换器中分配（见图4-7），从热交换器的参考通道到出口通道依次为0.0347kg/s、0.0347kg/s、0.0405kg/s。

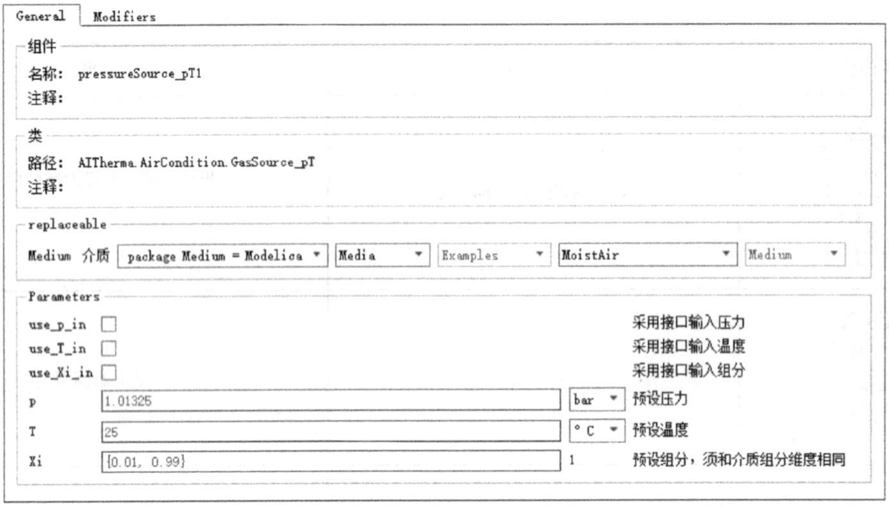

图 4-6 外部环境参数设置

(a) 总质量流量设置

(b) 各段热交换器质量流量分配

图 4-7 进入蒸发器的湿空气质量流量设置

(3)设置压缩机的参数。由于该压缩机的转速受外部控制,在此仅设置压缩机的通用参数、效率输入、流量输入、系数输入等各项参数。在通用参数中,设定流量计算方式为"基于排量",设定压缩机排量为80mL[见图4-8(a)];在效率输入参数中,设定容积效率计算方法为"输入参数",设定等熵压缩效率计算方法为输入参数[见图4-8(b)];在流量输入参数中,设置流量输入方法和对应的数据;在系数输入参数中,设置流量损失经验关系式中的系数。未指明具体设置内容的,均采用默认参数。

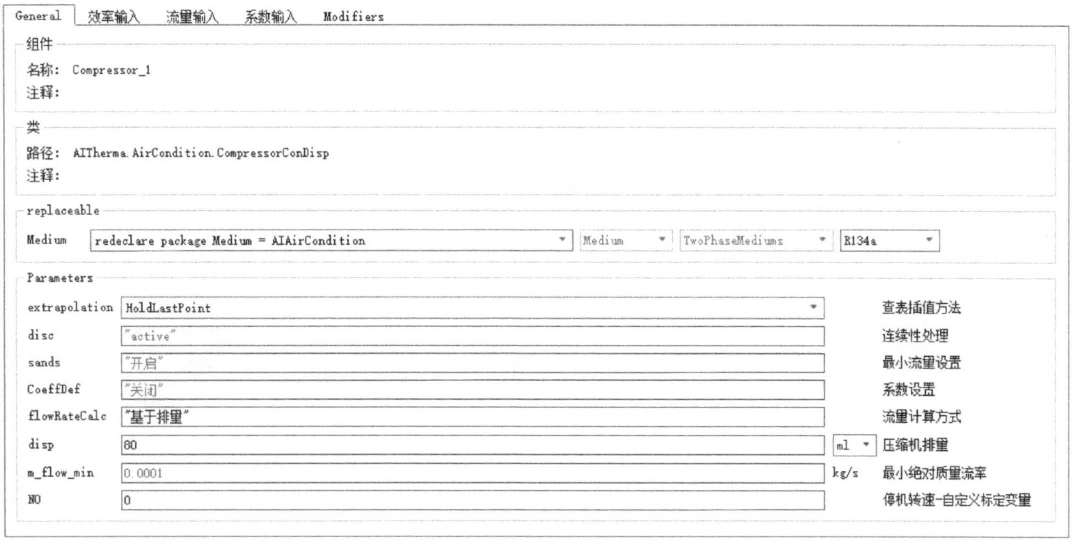

(a)通用参数设置

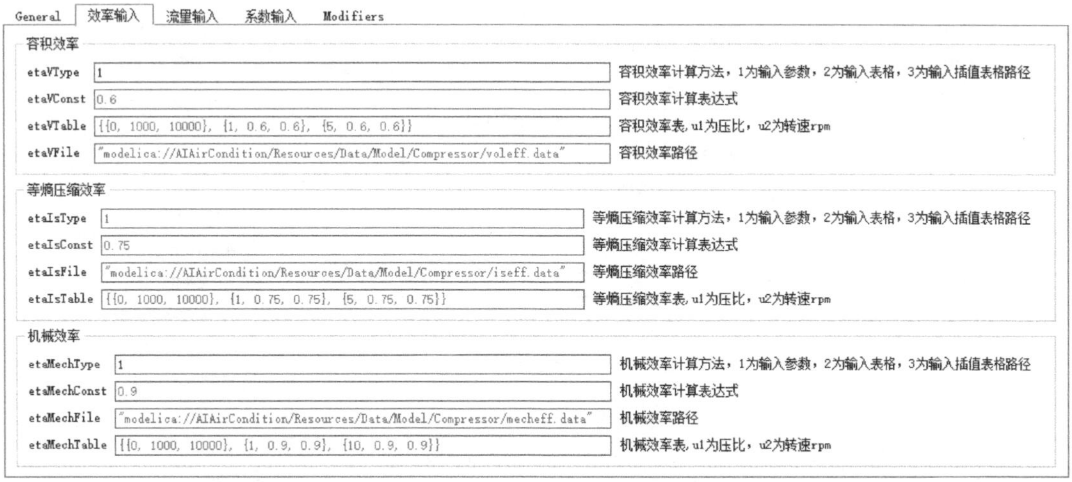

(b)效率输入参数设置

图 4-8 压缩机参数设置

(4)设置冷凝器的参数。冷凝器分为四个热交换器部件,每一部件都要单独设置,涉及通用参数、结构尺寸、管路特性、换热计算等不同的参数。以顶层热交换器为例,在通用参数中,设定通道数目为12,控制体积数为3,临界雷诺数为1000,并设定压力、焓值、温度、干度、过冷度的初始值[见图 4-9（a）]；在结构尺寸中，设定翅片管长度、翅片管深度、制冷剂侧水力直径、翅间距、翅片厚、翅片长、翅片效率等参数[见图 4-9（b）]；在管路特性中，设定摩擦压降关联式、绝对粗糙度、流阻表等参数；在换热计算中，设定空气侧和制冷剂侧的努塞尔数、换热关联式及各项换热系数。

(a) 通用参数设置

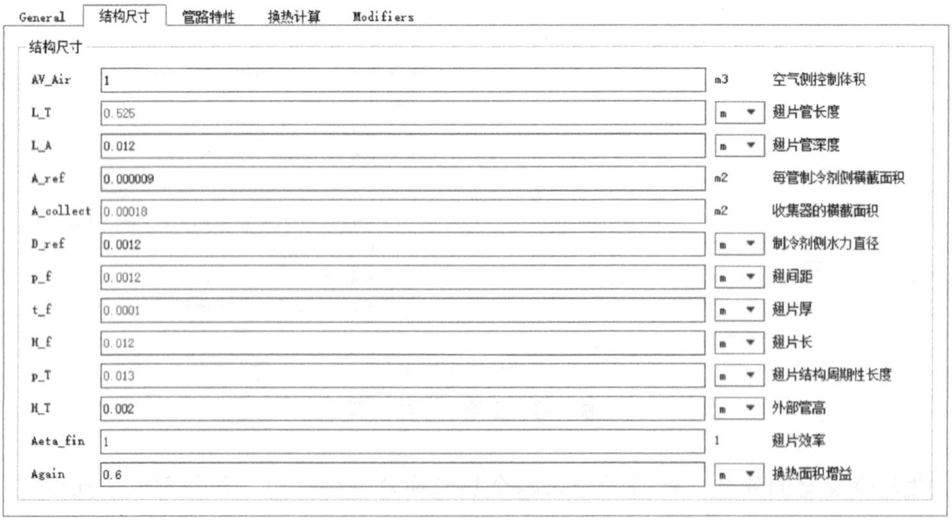

(b) 结构尺寸参数设置

图 4-9　冷凝器的顶层热交换器参数设置

（5）蒸发器与冷凝器类似，也是分为多个部件，每个部件均要单独设置，其参数也是分为通用参数、结构尺寸、管路特性、换热计算等几个部分。蒸发器有许多参数类型与冷凝器的类似，只是取值和可选项有所不同，可以参照冷凝器的设定方法设定蒸发器对应的适当参数值。蒸发器参数设置界面如图 4-10 所示。

图 4-10　蒸发器参数设置界面

3. 求解设置

在完成所有组件的参数设定之后，还需要设定全局的求解参数，包括开始时间、结束时间、时间间隔、求解器、容差等，如图 4-11 所示。

4. 结果分析

空调系统的仿真结果描述的是一个瞬态过程，通过压缩机的外部转速输入来控制其运行状态。压缩机先以 2000rev/min 的转速运行，在 t=201s 和 t=241s 之间完全停止，之后又以 2000rev/min 的转速运行。压缩机转速如图 4-12 所示，对应的压缩机进出口压力如图 4-13 所示。

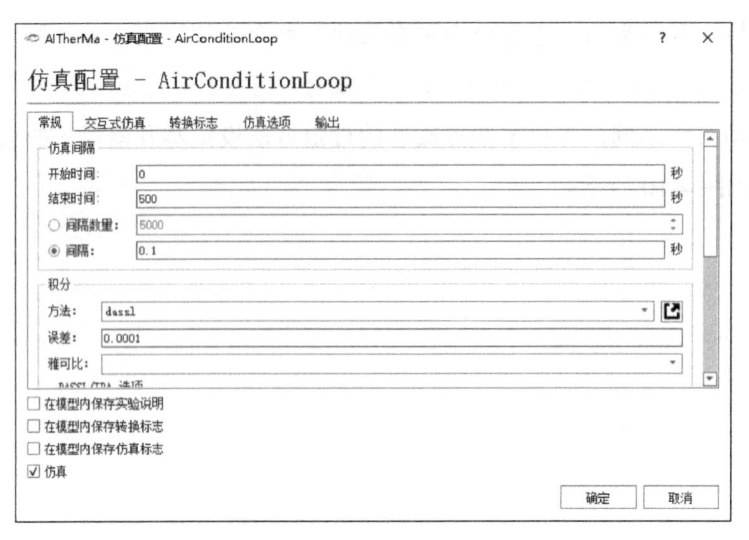

图 4-11 全局求解参数设置

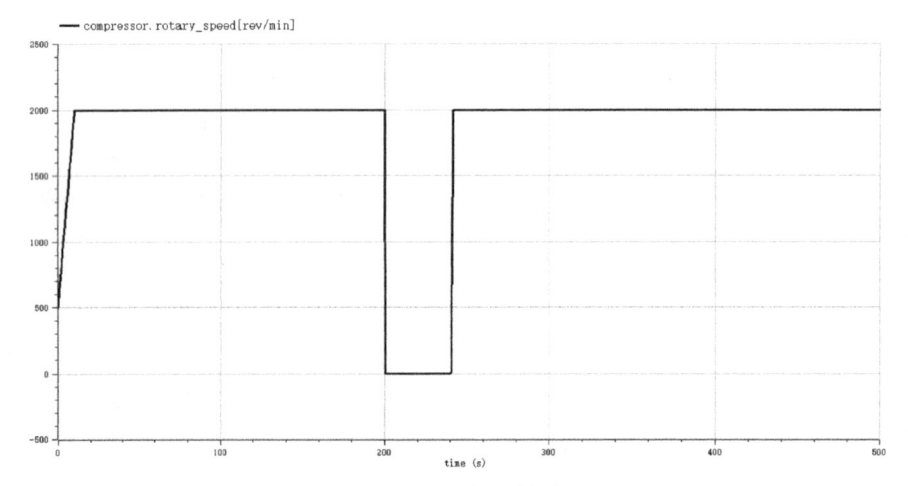

图 4-12 压缩机转速

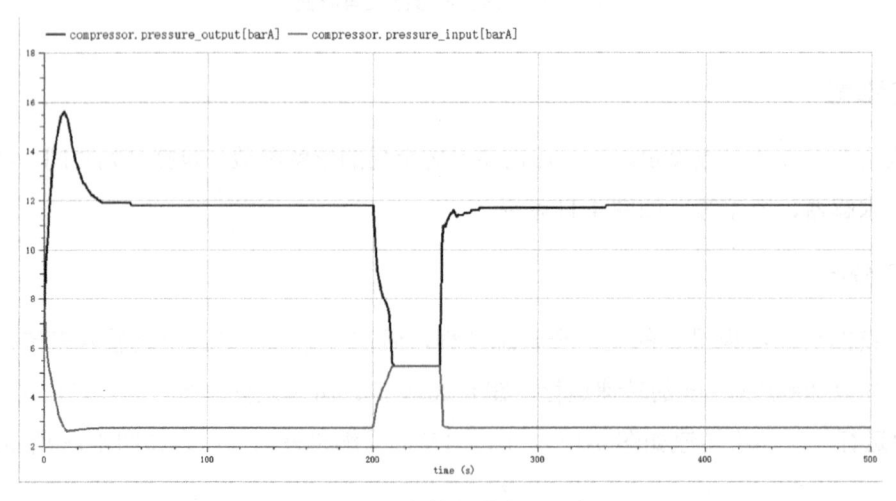

图 4-13 压缩机进出口压力

空调系统中主要部件的外部热交换情况如图 4-14 所示。可见，冷凝器传递给湿空气的热功率与蒸发器从湿空气中吸收的热功率之差，等于压缩机提供给制冷剂的功率。从图中还可以看出，当压缩机停转时，冷凝器内的热交换量会突然下降，而蒸发器内的热交换量变化会略有延迟。这种差异可以通过以下事实来解释，即外部热流量的降低遵循一阶动力学（由热交换器质量引起的电容效应），其时间常数与 $mC/(hS)$ 成比例，其中 m 是热交换器的质量，C 是热交换器材料的比热容，h 为对流换热系数，S 为外部换热面积。冷凝器和蒸发器的结构使得蒸发器的质量大致为冷凝器的 2 倍，并且冷凝器的等效换热面积也要比蒸发器的大。

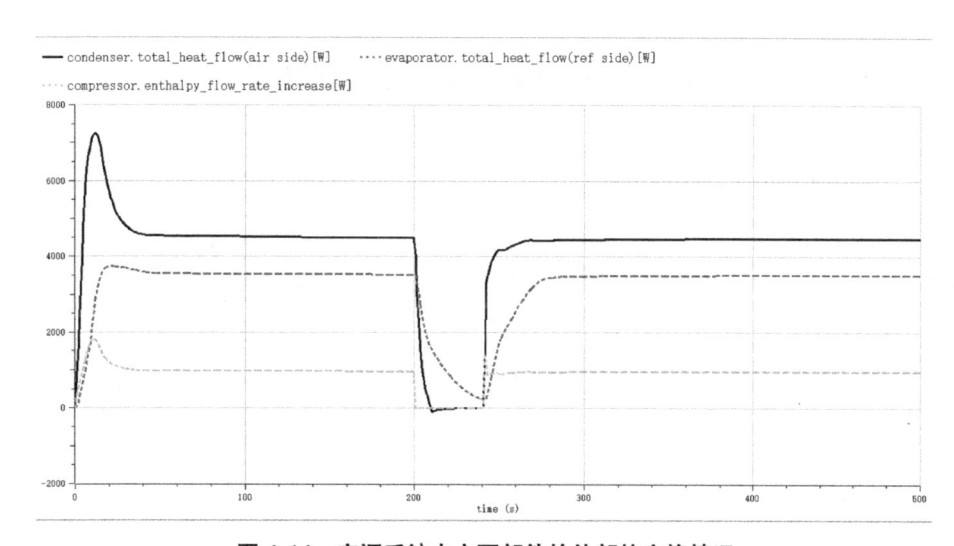

图 4-14　空调系统中主要部件的外部热交换情况

储液器的作用是保证只有过热的制冷剂蒸汽才能进入压缩机，从而不至于对压缩机造成损害。中途由于压缩机停转，没有热量传递给制冷剂，因此此时制冷剂过热量会保持在较低水平。从储液器进入压缩机的制冷剂过热量变化如图 4-15 所示；相应地，由于压缩机停转，储液器中的液体体积会增加，大量的制冷剂将会留存到储液器中，同时冷凝器出口的制冷剂也不再是液态，储液器内的液态制冷剂体积分数变化如图 4-16 所示。

另外，吹向冷凝器的湿空气将压缩机出口流出的过热制冷剂蒸汽进行冷却，使其在冷凝器出口流出时成为过冷液体。过冷度达到 -8℃ 是过冷液体的典型特征，冷凝器的四段分体已经为此进行特别设计，以保证制冷剂在第四段分体时达到此过冷度，即此时制冷剂已经是纯液态。冷凝器出口的制冷剂过冷度变化如图 4-17 所示，各段入口的气态制冷剂占比变化如图 4-18 所示。

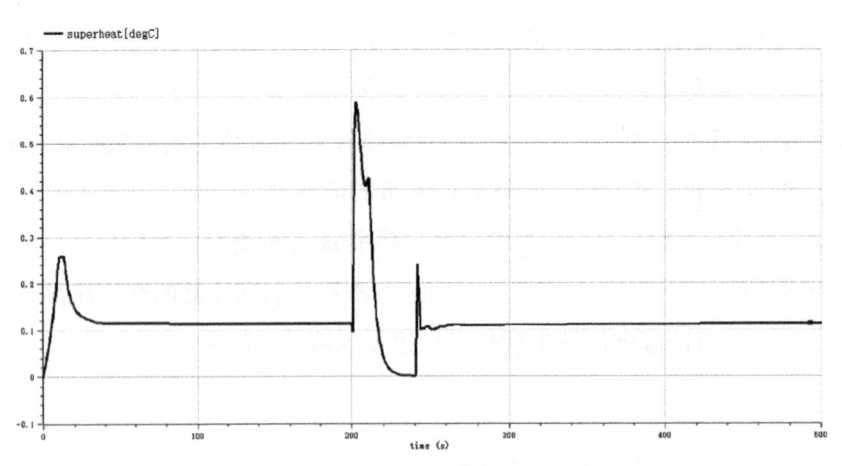

图 4-15　进入压缩机的制冷剂过热量变化

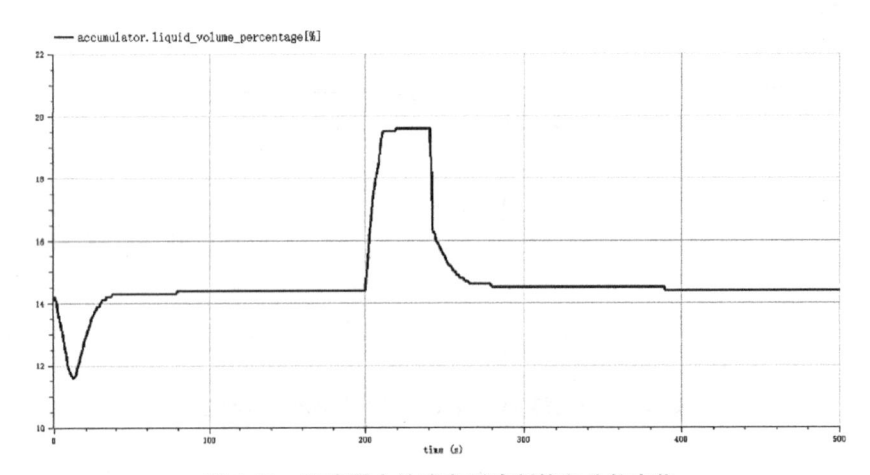

图 4-16　储液器内的液态制冷剂体积分数变化

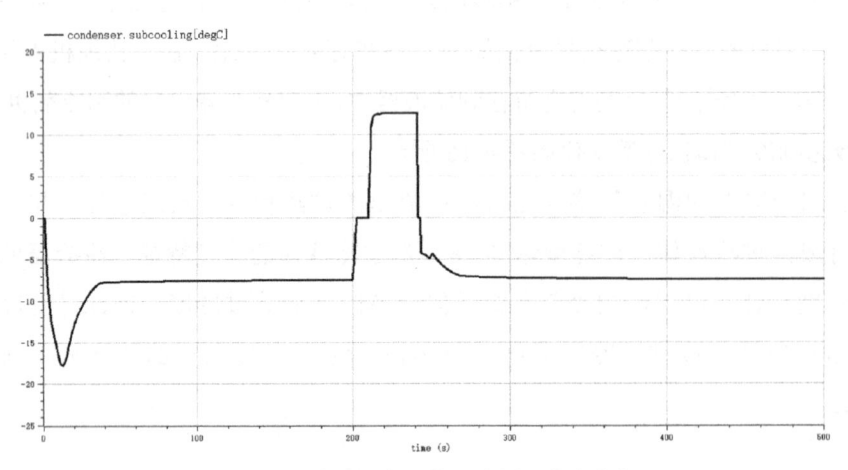

图 4-17　冷凝器出口的制冷剂过冷度变化

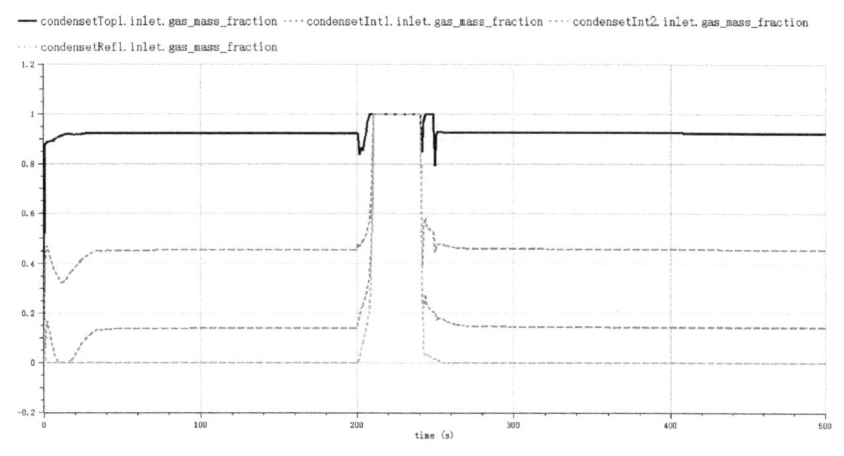

图 4-18 冷凝器各段入口的气态制冷剂占比变化

膨胀阀处的压降约为 8bar，其进出口压力变化如图 4-19 所示。制冷剂流体在其入口处为过冷状态，在其出口处为两相状态，膨胀阀进出口气态制冷剂占比变化如图 4-20 所示。

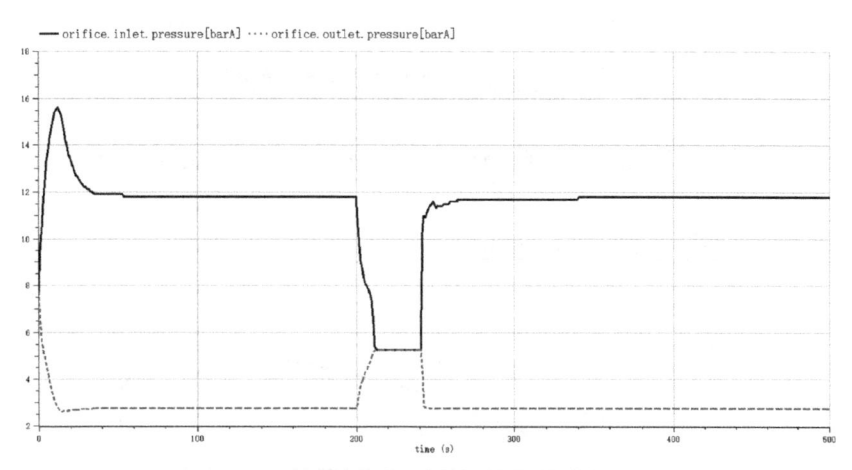

图 4-19 节流孔进出口压力变化

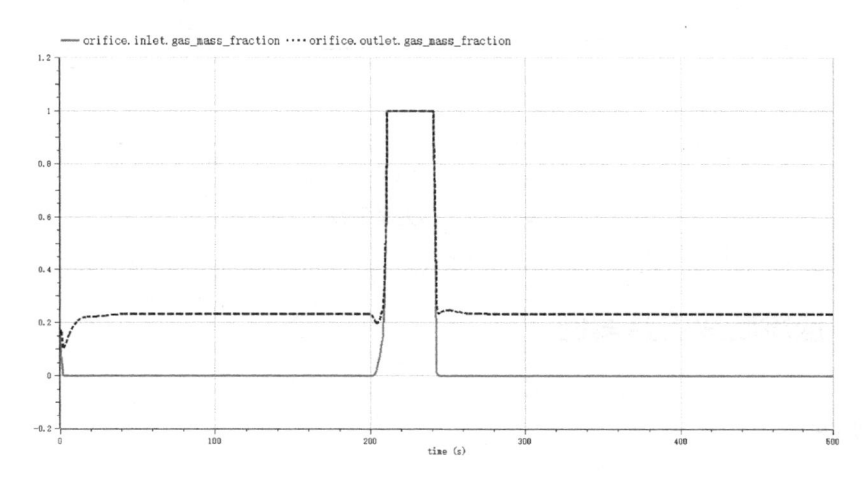

图 4-20 膨胀阀进出口气态制冷剂占比变化

在蒸发器中，制冷剂流体从湿空气流中吸收能量，因此，其气体质量分数沿着蒸发器通道增加，如图 4-21 所示。在这个例子中，制冷剂流体在蒸发器出口处仍然处于两相区中，即使它非常接近饱和，而储液器确保只有气体进入压缩机。

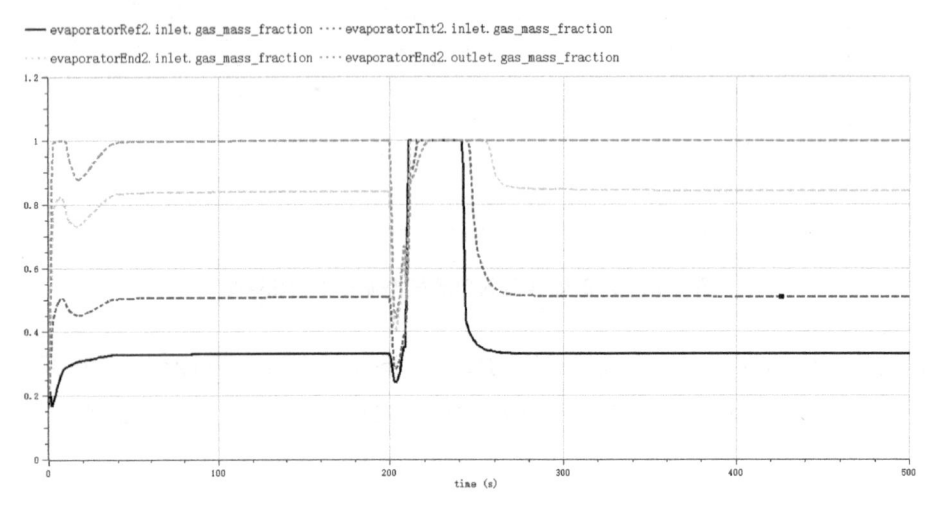

图 4-21 蒸发器中气态制冷剂质量分数变化

最后，根据热力学图的特征，可以监测热力学回路的演变，如图 4-22 所示。

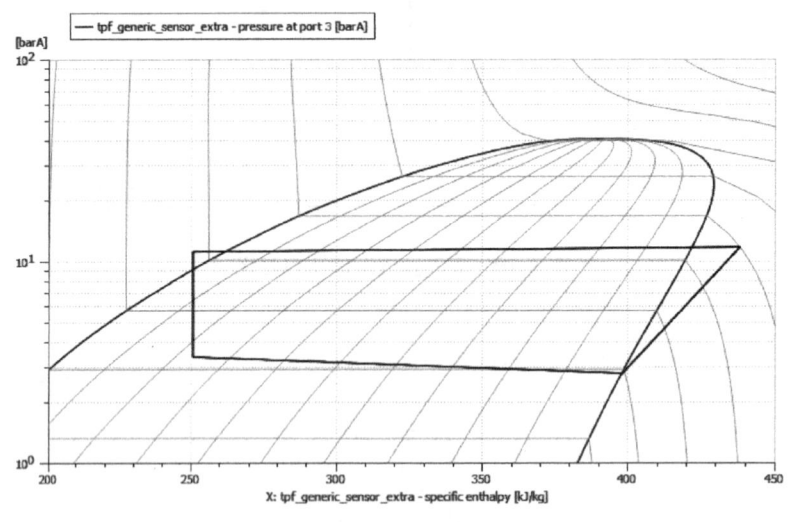

图 4-22 热力学回路

4.3.2 座舱制冷仿真案例

1. 背景介绍

座舱制冷仿真是汽车热管理中最为常见的工程应用案例之一，在新能源汽车中，座舱制冷和制热是影响续航里程的关键环节。汽车空调系统的重要功能是通过调节汽车座舱内的温度、湿度和风速，使座舱达到一个舒适的驾驶和乘坐环境。主流的汽车空调系统是通过蒸发吸热、冷凝放热的热物理原理，使座舱内温度下降或升高，在外界温度较低时能够向座舱内输送加热后的空气，使驾驶员和乘客感觉不到寒冷；在外界温度较高时能够向座舱内输送低温空气使驾驶员和乘客感觉凉爽，所以汽车空调系统对座舱内空气调节和乘员的舒适性起着非常重要的作用。

座舱制冷仿真分为空调系统和座舱系统两个部分开展。对于空调系统，其主要有三个功能：制冷、制热和除湿，其中夏季制冷是空调系统最为常用的功能，涉及多个关键零部件的建模和标定。座舱系统是空调系统中蒸发器连接的外部环境，也是主要的热源。本案例基于空调系统制冷循环仿真案例进行扩展，与它的不同之处在于：包括由来自蒸发器出口的潮湿气流冷却的座舱（座舱还通过对流交换和太阳能通量与其周围环境进行热交换）；压缩机由发动机驱动；发动机转速及冷凝器中的湿空气流量遵循部分NEDC循环（只有2个城区循环和1个城郊循环）；仿真目的是通过调节通过压缩机的制冷剂流体的质量流量来控制座舱温度；压缩机具有可变排量。座舱空调系统控制器是一个简单的PI（比例积分）控制器。

2. 模型搭建

在AITherMa软件中搭建座舱空调系统仿真模型，如图4-23所示。

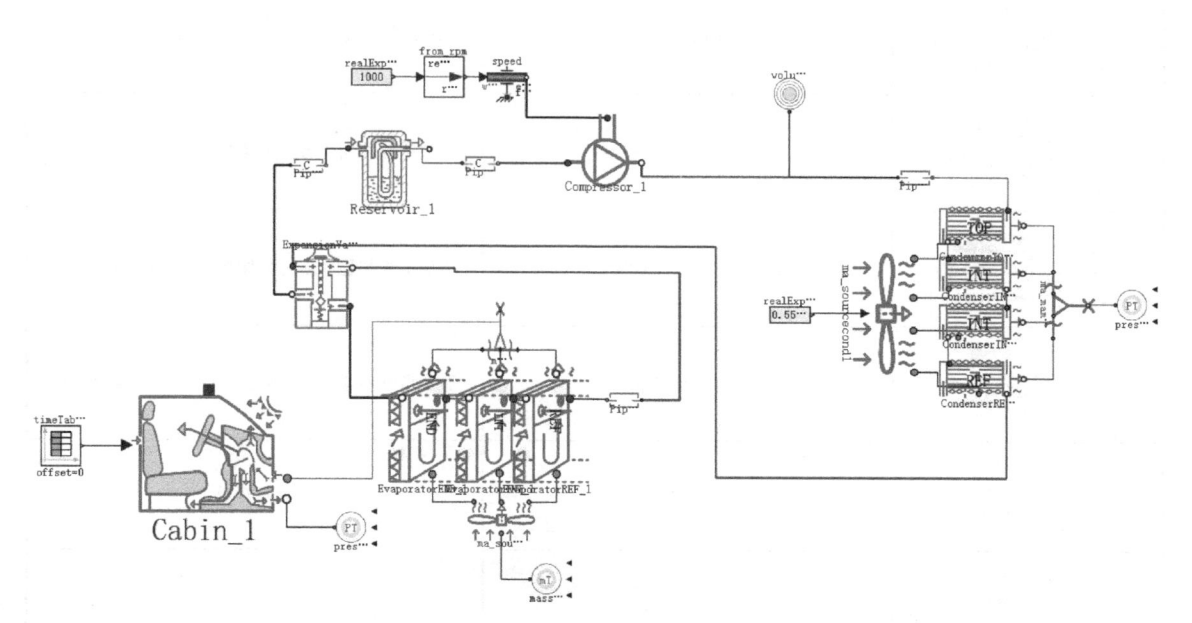

图4-23 座舱空调系统仿真模型

与空调系统仿真模型相比，座舱空调系统仿真模型中的大部分组件与之重叠，小部分组件参数有修改，还有一些新增的组件，模型组件如表4-2所示。

表 4-2　模型组件列表

组件图标	组件名称	说明
	CompressorVarDisp	外部控制的可变排量压缩机
	MoistAirSourceEvap MoistAirSourceCond	湿空气源
	MoistAirExitEvap MoistAirExitCond	湿空气汇
	PressureSource_pT	压力源设定
	MassFlowSource_mT	质量流量源设定
	VolumeGas	容积腔
	CondenserReference1	微通道管和翅片热交换器的参考部件（配置1）
	CondenserIntermediate1	微通道管和翅片热交换器的中间部件（配置1）
	CondenserIntermediate2	微通道管和翅片热交换器的中间部件（配置2）
	CondenserTop1	微通道管和翅片热交换器的顶部部件（配置1）
	PipeC	两相管道
	EvaporatorReference1	U形通道板翅式热交换器的参考通道（配置1）

续表

组件图标	组件名称	说明
	EvaporatorIntermediate1	U 形通道板翅式热交换器的中间通道（配置1）
	EvaporatorEnd1	U 形通道板翅式热交换器的出口通道（配置1）
	ThermalExpansionValve	集成热敏球的热力学膨胀阀
	ReservoirGas	储液器模型
	Cabin	座舱模型
	TimeSignal	输入信号 （用于设置压缩机排量）
	From_rpm	信号单位转换器
	RotatingShaftSpeed	机械轴转速
	RealExpressionSignal	表达式信号输入 （自定义空气流量）

在本案例中，大部分组件的参数设置与空调系统仿真模型的类似，但进入冷凝器和蒸发器的湿空气具有以下特性：压力为1bar，温度为30℃，相对湿度为40%。蒸发器上吹出恒定的0.11kg/s空气质量流量。流过冷凝器的空气质量流量取决于行驶工况：车速越快，空气质量流量越高。还假设冷凝器处设有控制风扇（此处未建模）以确保最小0.6kg/s的质量流量。

与空调系统仿真模型相比，本模型中还需要设置座舱参数，包括通用参数、舱内环境条件、舱外环境条件等。在通用参数中，设定座舱内的工质为MoistAir，设定座舱内的初始相对湿度、流入空气的相对湿度均为0.4。在舱内环境条件中，设定舱室容积、壁热容、内部交换表面、产水量等参数。在舱外环境条件中，设定外部温度、外部压力、外部交换表面、太阳通量和太阳通量吸收系数等参数。座舱参数设置如图4-24所示。

(a) 通用参数设置

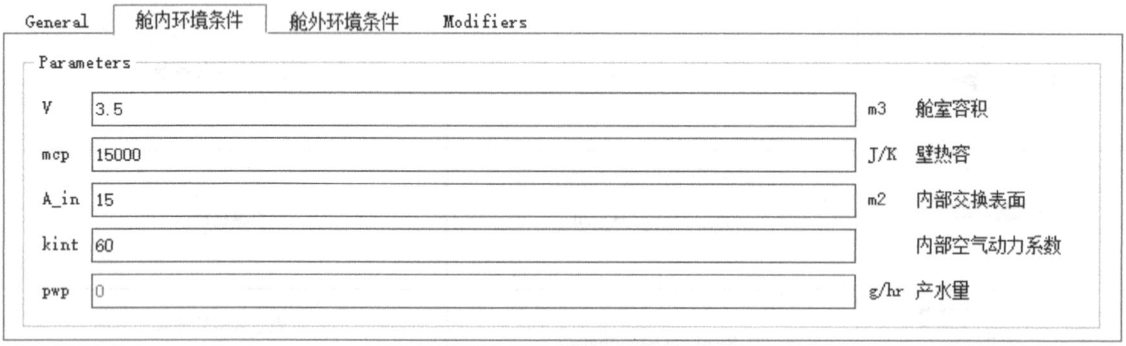

(b) 舱内环境条件设置

图 4-24 座舱参数设置

（c）舱外环境条件设置

图 4-24　座舱参数设置（续）

3. 求解设置

在完成所有组件的参数设定之后，还需要设定全局求解参数，包括开始时间、结束时间、时间间隔、求解器、容差等，如图 4-25 所示。

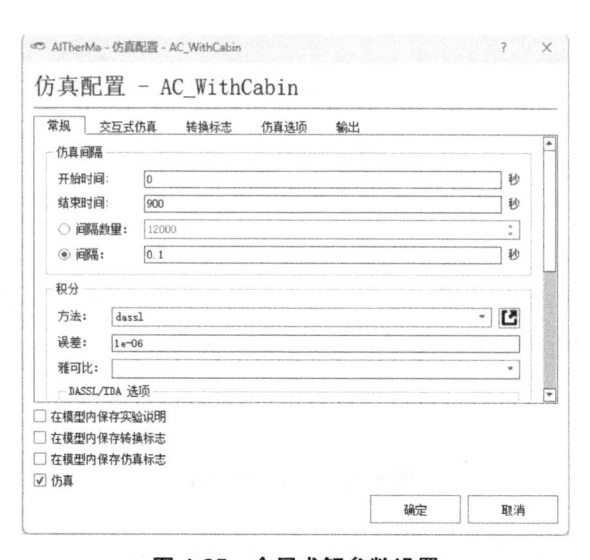

图 4-25　全局求解参数设置

4. 结果分析

压缩机转速由发动机转速决定，而发动机转速本身就是车速的函数。当汽车不运行时，会使用最低发动机转速（因此也会使用最低压缩机转速），压缩机不会完全停转，其转速随时间变化曲线如图 4-26 所示。

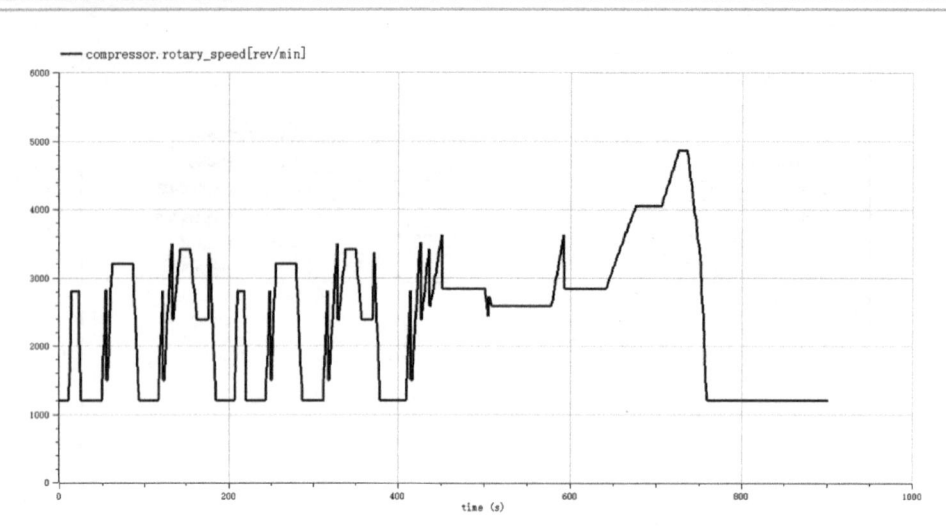

图 4-26 压缩机转速随时间变化曲线

座舱内的热量通过外部（外部空气壁）和内部（座舱空气壁）的对流交换与外部空气（假定恒温为30℃）的热量进行交换。舱壁上的太阳通量也被考虑在内，从而对其进行加热。来自蒸发器的新鲜空气用于冷却座舱，最初温度为30℃。由此，座舱温度变化如图4-27所示，可以区分四个不同的阶段：

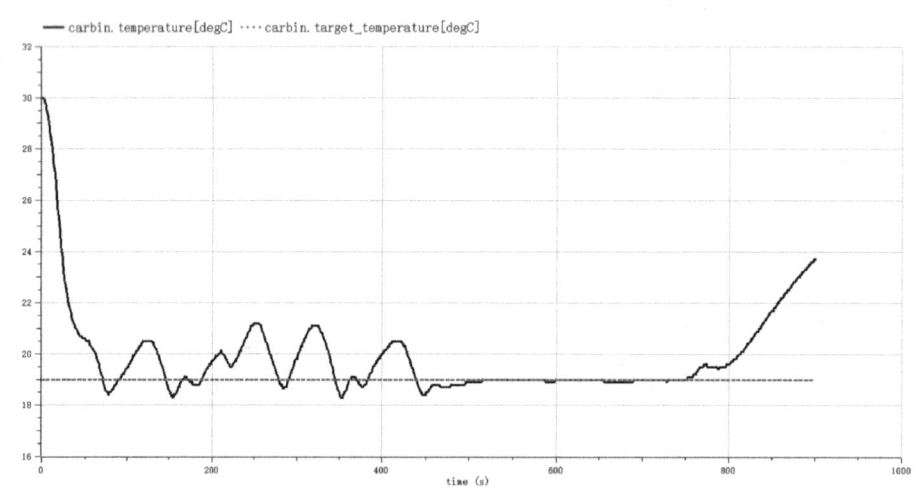

图 4-27 座舱温度变化

① 从 $t=0s$ 到 $t=60s$：初始化阶段，座舱温度从初始高温冷却。

② 从 $t=60s$ 到 $t=450s$：空调系统不足以将座舱温度保持在所需目标。这是因为汽车处于行驶工况的城区部分，冷凝器上的温空气质量流量有限。同时，压缩机转速保持在较低水平，并且压缩机经常以其最低转速运行，这意味着制冷剂质量流量低，热交换低。

③ 从 $t=450s$ 到 $t=750s$：空调系统使座舱温度保持在所需目标。该时段汽车处于行驶工况的城郊部分，冷凝器上的高湿空气流量和高压缩机转速允许高的热交换。

④ 从 $t=750s$ 到以后：汽车停止运行，但发动机仍在运转。冷凝器上的最小空气质量流量限制了制冷剂的冷却。此外，低压缩机转速意味着制冷剂流体的低质量流量，这限制了蒸发器液位下的热交换。因此，这一阶段蒸发器出口处的空气不足以冷却座舱。

座舱空调系统始终处于瞬态阶段。回路中的高压和低压在很大程度上取决于压缩机转速，压缩机转速本身取决于行驶工况。压缩机平均高压约为 11bar，平均低压约为 3bar，其进出口压力随时间变化曲线如图 4-28 所示，排量随时间变化曲线如图 4-29 所示。

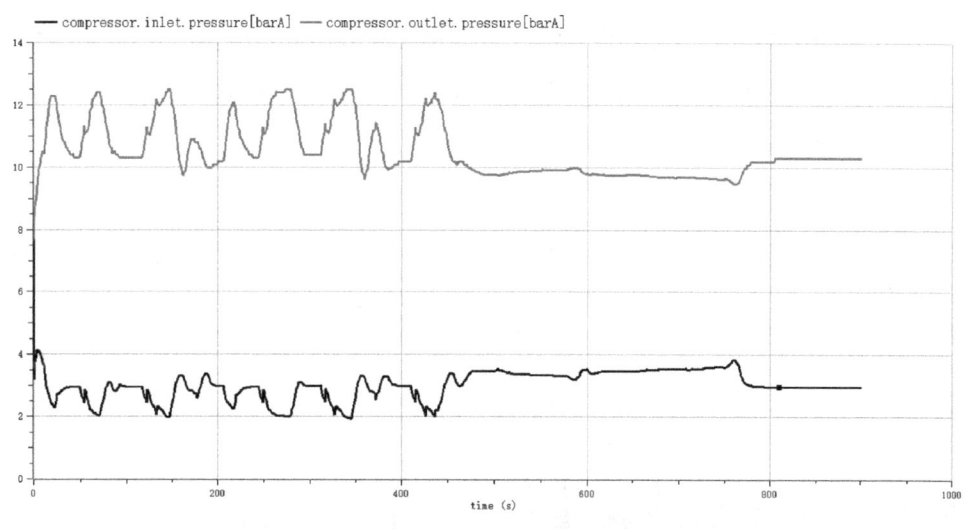

图 4-28　压缩机进出口压力随时间变化曲线

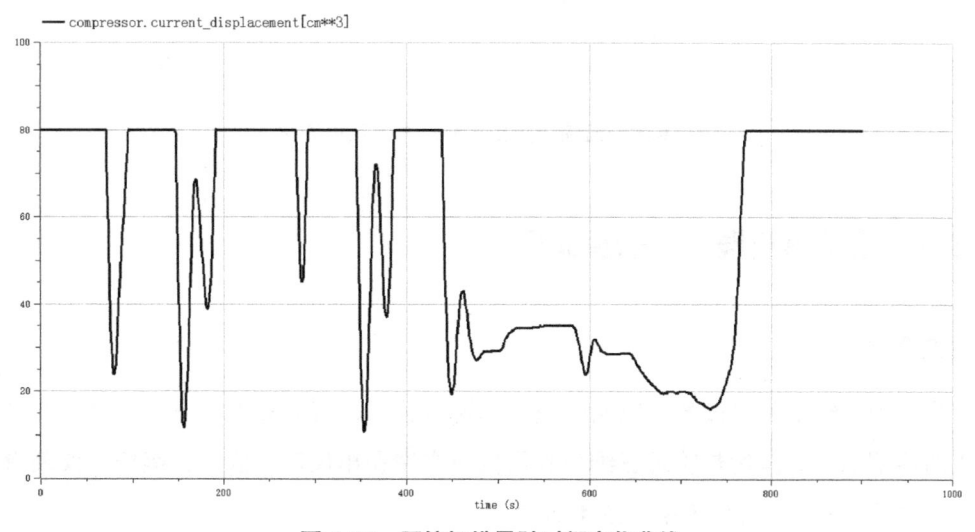

图 4-29　压缩机排量随时间变化曲线

在行驶工况的城区部分，由于以下两个原因，空调系统的效率不足。

① 控制策略的动态响应不能与行驶工况的高动态变化相匹配。该模型将已获得的 PI 控制器

的动态响应简化为已知的边界条件，但是，如热力膨胀阀引起的响应延迟、座舱内的热容效应、蒸发器和冷凝器的热容效应等许多因素，会导致 PI 控制器的响应慢于行驶工况变化。

② 压缩机的最大排量较小，限制了空调系统的性能。实际上，从控制器发出的命令经常在最大排量处饱和。可以考虑增加压缩机的排量，但这会增加燃料消耗，此外，在行驶工况的城郊部分，空调系统的能耗将过大。

在行驶工况的城郊部分，动力变化更平稳，对座舱温度的控制能够精确地保持其等于期望目标。当压缩机负荷从 25% 上升到 50% 时，空调系统更高效。

由于膨胀阀响应时间很短，因此在行驶工况的城区部分的快速瞬态过程中难以确保制冷剂过热，膨胀阀的特性（开启曲线、阀门升程等）也是其响应的关键点，压缩机入口处制冷剂过热度变化如图 4-30 所示。

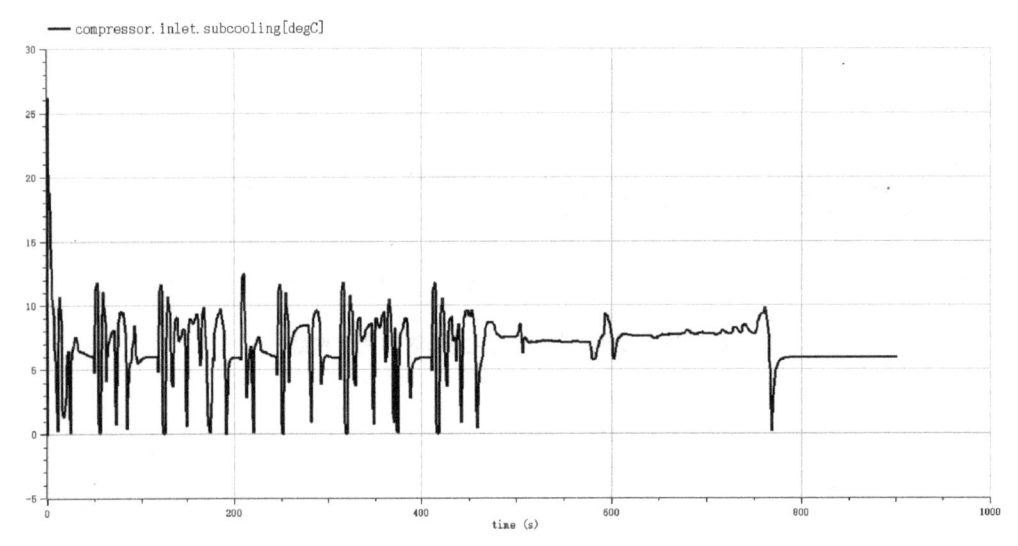

图 4-30　压缩机入口处制冷剂过热度变化

4.3.3　座舱热管理三维仿真案例

1. 背景介绍

座舱热管理三维仿真通过计算座舱内空气的速度分布、假人和周围环境的热量交换，从而分析假人的热舒适性。座舱热管理三维仿真需要建立空调出风口、假人、座椅、仪表盘和汽车外壳等计算边界，对应的几何模型如图 4-31 所示。

2. 网格导入

将事先准备好的网格文件"cabin.cgns"导入 QFLUX 软件，如图 4-32 所示。

图 4-31　座舱热管理三维仿真几何模型

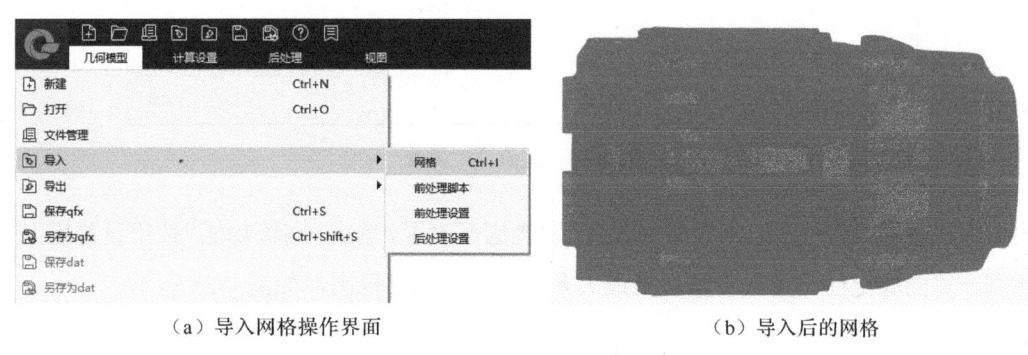

（a）导入网格操作界面　　（b）导入后的网格

图 4-32　导入网格

3. 模型设置

首先设置时间模式，再开启能量方程。时间模式设为"Steady"，迭代次数设为10000步；单击"计算设置"选项卡（见图4-33）中的"基本方程"按钮，在弹出的对话框中勾选"激活能量方程"复选框。

图 4-33　"计算设置"选项卡

接下来设置湍流模型、数值方法、材料属性、边界条件和监控器。

湍流模型设置：设置"k-ε 类型"为"Realizable"，并选中"标准壁面函数"单选按钮，如图4-34所示。

图 4-34　湍流模型设置

数值方法设置：包括空间离散格式设置、松弛因子设置，单击"高级功能"按钮设置场上下限，提高仿真计算的稳定性，场上下限包括最大允许速度和温度范围，如图 4-35 所示。

（a）离散方法设置　　　　　　　　　　　　（b）场上下限设置

图 4-35　数值方法设置

材料属性设置：设置密度、定压比热、热传导率和粘性系数，如图 4-36 所示。密度设为 1.225kg/m^3，定压比热设为 1006.43J/(kg·K)，热传导率设为 0.0242W/(m·K)，粘性系数设为 0.00001789kg/(m·s)。

边界条件设置：设置入口边界类型为速度入口，速度为 5m/s，温度为 300.65K；设置出口边界类型为压力出口；设置其他边界类型为壁面，其中代表主驾假人和副驾假人的边界为恒热壁面，壁面温度为 310.15K，其余为绝热壁面，结果如图 4-37 所示。

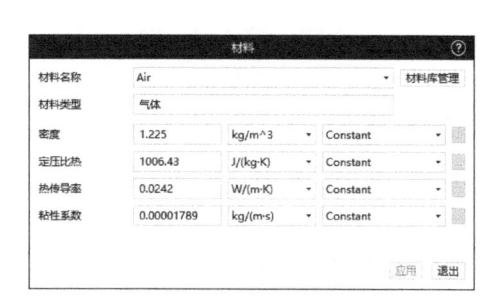

图 4-36 材料属性设置

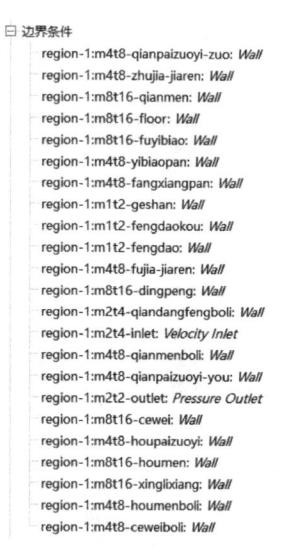

图 4-37 边界条件设置

监控器设置：通过监视主驾假人的热传递率判断计算是否收敛，具体地，将热流类型设为"Total Surface Heat Flux"，勾选主驾假人边界，设置保存路径，如图 4-38 所示。

4. 仿真求解

初始化设置：采用自定义流场初值，设置密度、速度、温度、湍动能（k）等变量，如图 4-39 所示。

计算控制设置：设置保存频率、保存路径、并行核数。

图 4-38 监控器设置

图 4-39 流场初始化

设置完成后，单击"开始计算"按钮开始仿真计算。

5. 后处理

计算完成后，进行结果后处理。通过添加切平面作为辅助，生成座舱的温度分布云图。同时，输出主驾假人的表面传热率，为案例热分析提供参考。计算结果后处理如图 4-40 所示。

（a）切平面1

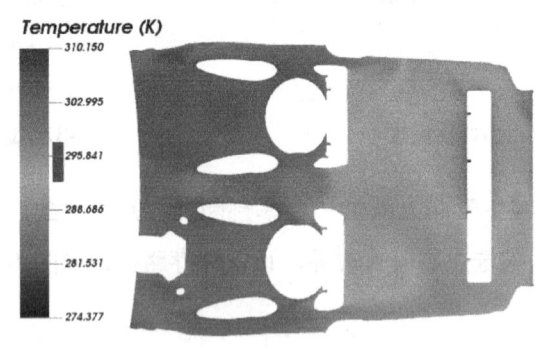

（b）切平面2

热分析：

面	计算域	总热流 (W)
region-1:m4t8-zhujia-jiaren	region-00	-4.0229e+02
合计		-4.0229e+02

（c）热分析

图 4-40　计算结果后处理

参考文献

[1] HE X D, LIU S, ASADA H H, et al. Multivariable control of vapor compression systems[J]. HVAC&R Research, 1998, 4(3): 205-230.

[2] GRALD E W, MACARTHUR J W. A moving-boundary formulation for modeling time-dependent two-phase flows[J].International Journal of Heat and Fluid Flow, 1992,13(3): 266-272.

[3] HUANG Y, KHAJEPOUR A, BAGHERI F, et al. Optimal energy-efficient predictive controllers in automotive air-conditioning/refrigeration systems[J].Applied Energy, 2016, 184(12): 605-618.

第 5 章　整车热管理

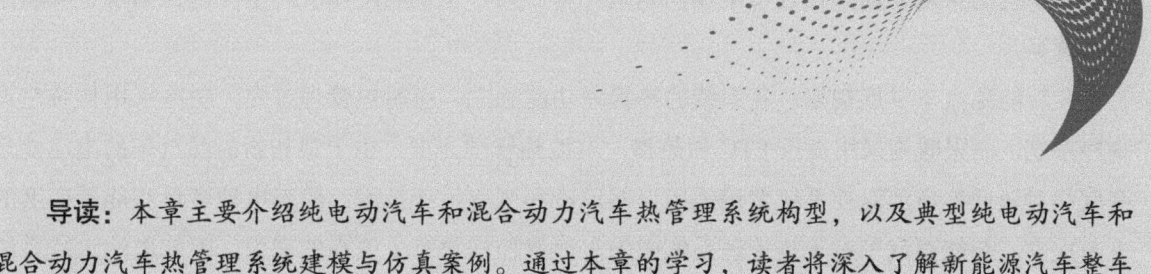

导读：本章主要介绍纯电动汽车和混合动力汽车热管理系统构型，以及典型纯电动汽车和混合动力汽车热管理系统建模与仿真案例。通过本章的学习，读者将深入了解新能源汽车整车热管理系统原理和仿真分析方法，并通过对典型案例的学习，直观了解纯电动汽车和混合动力汽车热管理系统建模与仿真的流程和方法，为新能源汽车整车热管理系统设计开发提供有力支撑。

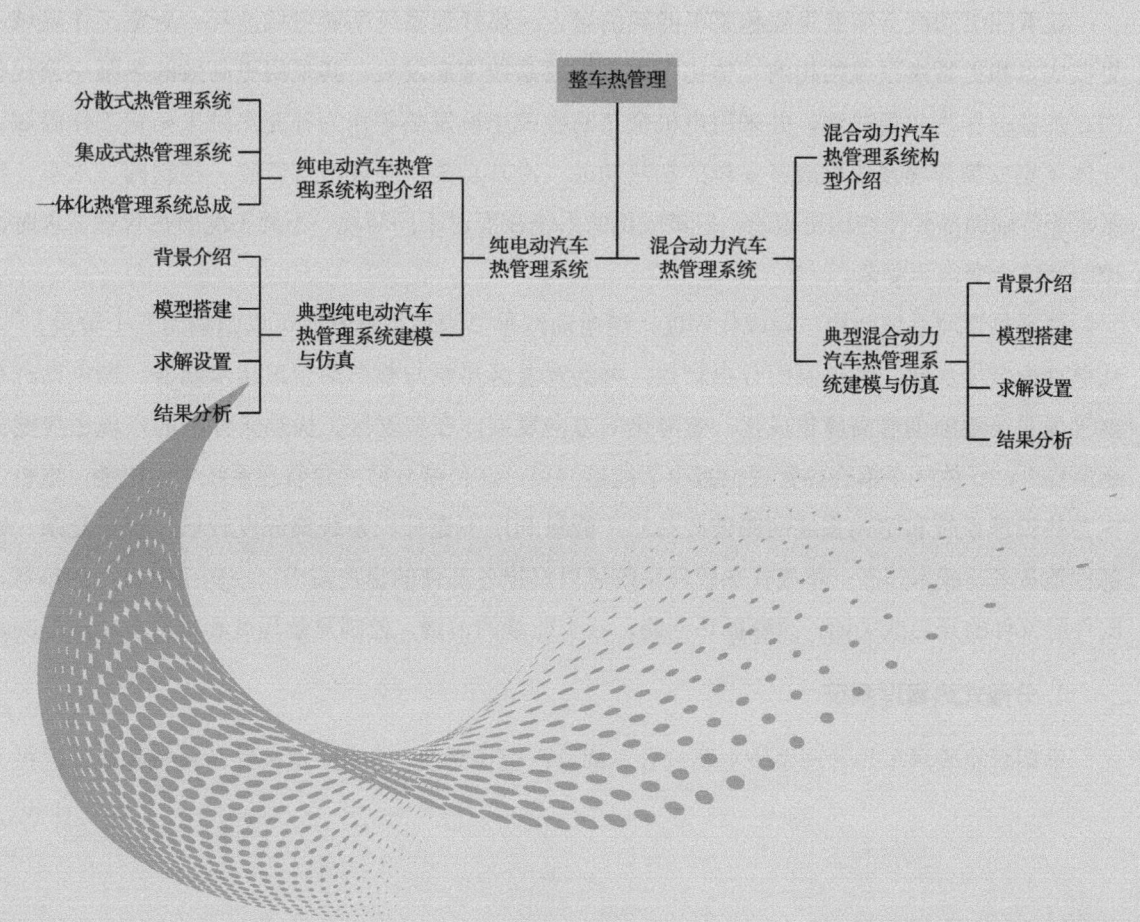

```
                                         整车热管理
                                              │
               ┌──────────────────────────────┴──────────────────────────────┐
        纯电动汽车热管理系统                                         混合动力汽车热管理系统
               │                                                              │
   ┌───────────┴───────────┐                                      ┌───────────┴───────────┐
   纯电动汽车热管理              典型纯电动汽车               混合动力汽车             典型混合动力
   系统构型介绍                  热管理系统建模              热管理系统构型介绍         汽车热管理系
                                与仿真                                            统建模与仿真
   │                              │                          │                     │
 ─ 分散式热管理系统              ─ 背景介绍                                       ─ 背景介绍
 ─ 集成式热管理系统              ─ 模型搭建                                       ─ 模型搭建
 ─ 一体化热管理系统总成          ─ 求解设置                                       ─ 求解设置
                                ─ 结果分析                                       ─ 结果分析
```

5.1 纯电动汽车热管理系统

5.1.1 纯电动汽车热管理系统构型介绍

新能源汽车热管理系统从传统燃油车热管理系统衍生而来，主要变化包括两方面。一方面，电动压缩机替代了传统压缩机，新增了电池冷却板、电池冷却器、PTC 加热器等部件；另一方面，热管理系统从单纯的座舱降温延伸到电池包冷却，从座舱采暖延伸到电池包加热。新能源汽车热管理系统的常规物理架构包括电驱动系统冷却回路、空调制冷系统、电池温控系统、座舱采暖系统等。

在新能源汽车发展初期，各系统的热管理功能独立。座舱热管理方面，制冷采用传统空调制冷系统，而采暖则采用高压 PTC 加热器。电池热管理方面，由于最初新能源汽车的电池能量密度相对较低，电池温控系统普遍采用自然风冷和强制风冷技术。随着电池容量和能量密度的不断提高，新能源汽车对于热管理系统中的电池温控模块有了更高的需求，因此电池水冷系统应运而生。电池水冷系统主要包括电子水泵、换热器、电池冷却板、PTC 加热器、膨胀水壶等零部件。电机热管理方面，电机冷却多采用前端散热器进行散热的冷却方式。这样的分散式热管理系统部件众多、体积和质量较大、能耗高、成本高，但系统结构简单、容易控制。

随着纯电动汽车续航里程和整车能耗的增大，热管理系统朝着更低能耗、更宽工作温域、更低成本和更紧凑系统结构的一体化集成热管理系统方向发展。其采用更高效的热泵空调代替 PTC 加热器作为主要热源，并采用电机余热回收或电机发热等作为补充热源来拓宽工作温域。一体化集成热管理系统集成各系统的加热功能、冷却功能；集成冷却管路、控制阀、水泵、膨胀水壶等辅助部件使结构更紧凑。但集成化的系统在面对不同环境、不同工况的热管理需求时，控制策略会变得更复杂。

根据热管理系统架构与集成化程度，纯电动汽车热管理系统发展可以归纳为三个阶段[1-3]，从单冷配合电加热，到热泵配合电辅热，再到宽温区热泵与整车热管理逐步耦合，纯电动汽车热管理系统逐渐朝着高度集成化、智能化的方向发展，在宽温区、极端条件下的环境适应能力逐渐提升，一体化全耦合热管理也减少了能量浪费。在传统分散式热管理系统中，电池、电机、电控热管理系统和空调系统回路彼此独立，能量利用不充分，系统集成度较低，管路复杂、零部件数量多、成本较高；集成式热管理系统可以根据各部件的温控需求，控制压缩机、加热器、阀件等部件的开启或关闭，改变循环回路，减少能量的浪费，控制复杂程度和难度也相应提高。

1. 分散式热管理系统

早期新能源汽车热管理系统主要包含三部分：空调系统、电机/电控冷却系统和电池温控系统，分别用于保障座舱内部、电机/电控和电池处于一个适宜的温度环境中，各个系统之间处于相对独立的状态（见图 5-1）。

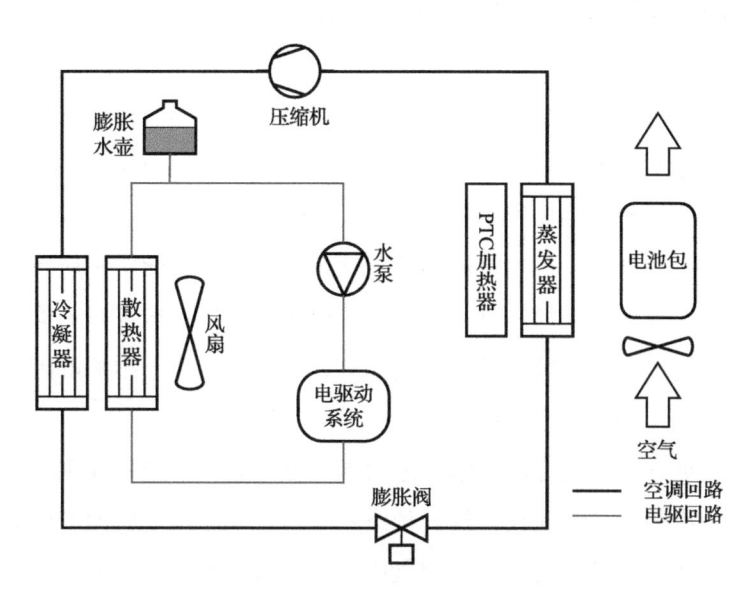

图 5-1 分散式热管理系统结构图

新能源汽车空调系统与传统燃油车空调系统的工作原理类似，主要区别在于制冷系统中压缩机的驱动方式和供暖系统中暖风来源这两个方面。新能源汽车空调制冷系统用电动压缩机替代传统压缩机，并以动力电池供能进行驱动，主要包含压缩机、冷凝器、膨胀水壶、膨胀阀、蒸发器、风扇等部件。空调供暖系统一般采用电加热的 PTC 加热器作为热量来源，主要有 PTC 空气加热器和 PTC 水加热器两种。其中，PTC 空气加热器直接取代了传统燃油车中的暖风芯体，冷空气在流经加热器表面时被加热，成本相对比较低，但 PTC 空气加热器直接接入座舱内存在一定的安全隐患。采用 PTC 水加热器的空调供暖系统不仅保留了暖风芯体，而且外接了一套 PTC 加热循环回路，系统工作时 PTC 水加热器对防冻液进行加热，加热后的防冻液流入暖风芯体与冷空气进行换热，整套回路安全性相对较高，但增加了 PTC 水加热器、水泵管路等零部件。

新能源汽车电机/电控系统的冷却方式主要有风冷和水冷两种，早期的驱动电机功率较小，采用风冷方式较多，随着电机功率的不断加大，风冷方式已不能满足散热需求，因此，目前车用电机/电控系统的冷却多采用水冷方式。风冷方式通过风扇产生足够的风量带走驱动电机所产生的热量，其介质为电机周围的空气，空气吸收热量后向周围环境散发。风冷方式的特点是结构相对简单、冷却成本较低，但是散热效果和效率都不太好，工作可靠性差，并且对天气和环境的要求较高。而水冷方式会将冷却液通过管道和通路引入驱动电机定子或转子空心导体内部，通过冷却液的不断循环，带走转子和定子产生的热量，达到冷却电机的目的。虽然水冷方式的成本比风冷方式的略高，但它的冷却效果却比风冷方式的更加显著，而且散热均匀、效率高、工作可靠性强、噪声也更小。只要保证整个装置拥有良好的机械密封性，水冷方式就可以在各种环境下使用。

电机/电控水冷系统与传统燃油车的发动机冷却系统结构十分相似，主要包括水泵、散热器、风扇、膨胀水壶和管路等零部件。一般会根据车内的电子功率件（如电机控制器、DC/DC 转换器等）和电机的温度特性进行零部件的位置排布，并串联在一个回路中。驱动电机工作时产生的热量，会由冷却液带走进入散热器。散热器与风扇集成，以加速散热器散热使冷却液降温，达到驱动电机要求的正常工作温度。经过散热的冷却液再次流经驱动电机，循环往复。

电池的冷却方式也经历了从风冷到液冷的过程。风冷可分为自然对流风冷、强制对流风冷。由于动力电池封装在电池盒内，自然对流风冷无法及时散热，因此实际应用较少。强制对流风冷利用风扇驱动空气进行循环冷却，可满足电池在低充放电倍率运行时的降温需求，是一种比较成熟的主动式冷却技术。由于风冷系统结构简单、成本低、便于维护，因此其在早期的新能源汽车或成本受限的汽车上得到广泛应用。

液冷比风冷效果更好，而且可以使电池组的温度分布均匀，是目前主流的电池冷却方式。液冷系统由水泵驱动冷却液在电池冷却板和管路中流动，从而带走电池产生的热量，并通过散热器与空气进行热交换将热量散发到环境空气中。近年来，为了更好地实现电池的温控效果，采用空调对电池进行制冷的方式逐渐普遍。

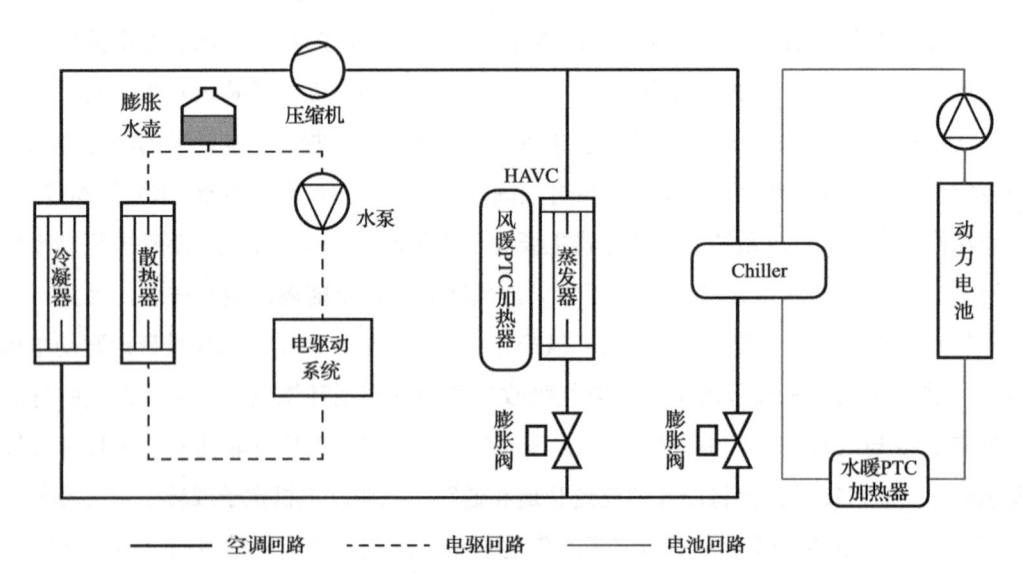

2. 集成式热管理系统

集成式热管理系统结构图如图 5-2 所示。电池回路和空调回路经过 Chiller 进行耦合，在低温环境下，通过 PTC 加热器对动力电池进行加热，改善动力电池的低温性能；在高温环境下，通过与空调系统交互的 Chiller 对动力电池进行冷却，保证动力电池的性能和使用寿命。

图 5-2 集成式热管理系统结构图

冷媒直冷方式充分利用整车空调系统中的制冷剂，将其引入电池内部蒸发器中以达到冷却电池目的。应用冷媒直冷技术的热管理系统主要由以下部件组成：电动压缩机、蒸发器、冷凝器、膨胀阀、管道等，电池与制冷剂直接换热原理如图 5-3 所示，比亚迪 DM-i、宝马 i3（见图 5-4）等均采用这种设计。冷媒直冷技术能够提高换热效率与换热量，使电池内部获得更均匀的温度分布，在减少二次回路的同时增大系统余热回收量，进而提高电池温控性能；缺点是无法直接加热，需要一套新的加热系统。

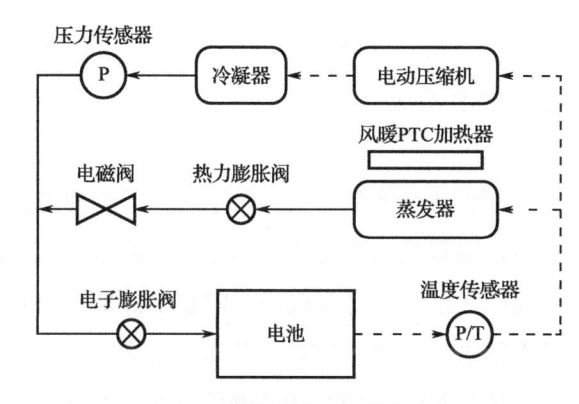

图 5-3　电池与制冷剂直接换热原理

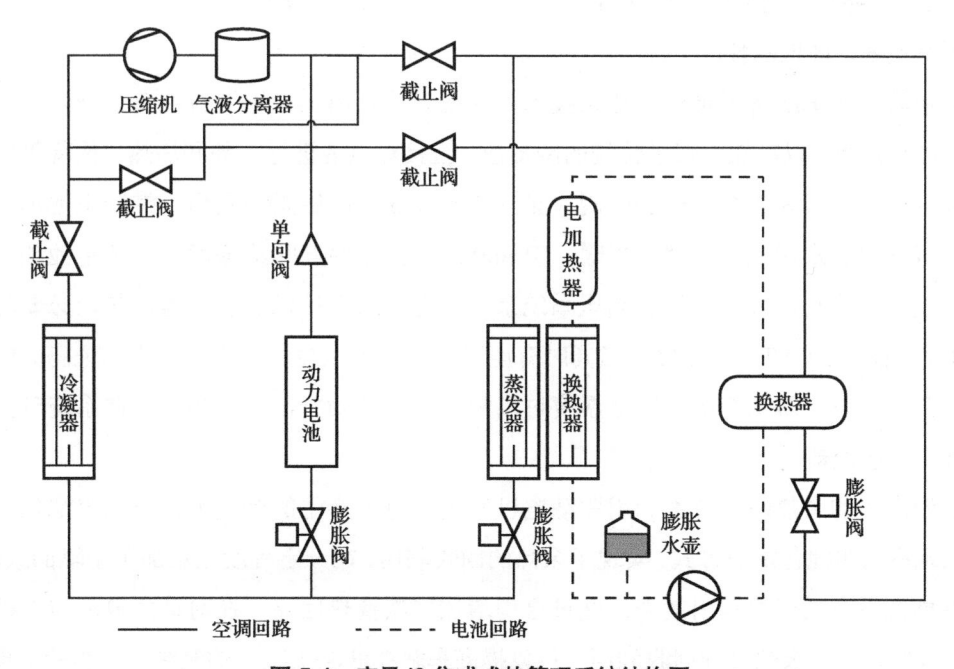

图 5-4　宝马 i3 集成式热管理系统结构图

根据美国汽车工程师学会的研究，空调制冷和 PTC 加热器制热导致的能源消耗占整车能源消耗的 33%，满负荷运转时，纯电动汽车续航里程将降低近 50%。从热力学角度看，PTC

加热器制热的 COP 始终小于 1，冬季使用 PTC 加热器供热时，耗电量较高，严重制约纯电动汽车的续航里程。

热泵空调通过热量搬运制热，效率远高于 PTC 加热器。热泵空调的原理是，通过蒸汽压缩循环利用环境中的低品位热量进行制热，并通过阀件组合使空调的蒸发器和冷凝器功能对换，改变热量转移方向，进而实现冬天制热。其不使用电能直接制热，作用本质是热量的搬运，因此热泵空调制热的理论 COP 大于 1。实验数据表明，当使用热泵空调代替 PTC 加热器加热时，能耗可以降低 54%～79%，显著增加纯电动汽车的续航里程。

热泵空调的工作原理主要通过阀件、换热器的组合来实现。热泵空调系统主要由电动压缩机、换热器、换向阀、电子膨胀阀等部件组成，为了提高热泵空调系统的性能，还可添加储液干燥器、换热器风扇等辅助部件。

传统热泵空调在高寒环境下制热效率低、制热量不足，面对严寒工况，传统的氟利昂类热泵制热量骤减，制热能力受限，难以满足座舱供暖需求，制约了其应用场景。因此，一系列提升热泵空调在低温工况下性能的方法得以开发应用。PTC 加热器可以辅助提升低温工况下热泵空调的性能，因此进一步衍生了热泵空调 + PTC 加热器的方案。热泵空调在一定程度上解决了PTC 加热器能耗高的问题，而热泵空调 + PTC 加热器的方案又弥补了基础热泵空调在低温工况下效率低的缺陷，提升了热管理系统整体效率。新能源汽车空调系统的发展趋势是高效满足座舱舒适性需求，并与三电系统的精确温度管理进行深度耦合，未来将朝着更加集成化的方向发展，进一步提升效率、降低能耗。

比亚迪海豚汽车配备了集成的热泵技术，并在刀片电池上采用了直冷直热技术，刀片电池上覆盖直冷直热板，以冷媒取代了传统的冷却液，直接对电池进行冷却和加热（预留薄膜加热）。系统中有 6 个电磁阀和 3 个电子膨胀阀（见图 5-5）。6 个电磁阀分别用于控制电池加热、电池冷却、空气换热、水源换热、空调采暖、空调制冷。当需要同时给座舱供暖和电池加热时，热泵空调系统开启电动压缩机，吸收高压系统余热进行冷媒直接供暖和电池加热，必要时可以开启 HVAC 总成的风暖 PTC 加热器。当同时有座舱制冷及电池冷却需求时，为保证座舱制冷及电池的充电工作状态，防止充电时电池温度过高限制其充电功率，利用热泵空调系统对电池及座舱进行冷媒直接冷却。

新能源汽车的余热回收技术利用驱动电机和电力电子产生的余热来给车辆电池包加热，该方式相对现有的电池包加热方式，实现了余热的回收利用，在一定程度上增加了车辆的续航里程，提高了新能源汽车的能量利用效率；通过合理增加二次换热回路，在对动力电池与电机系统进行冷却的同时，对其余热进行回收利用，可以提高车辆在低温工况下的制热量。实验结果表明，余热回收式热泵空调与传统热泵空调相比，制热量显著提升。各热管理子系统耦合程度更深的余热回收式热泵空调及集成化程度更高的整车热管理系统在特斯拉 Model Y、大众 ID4.CROZZ 等车型上已得以应用[4-6]（见图 5-6）。

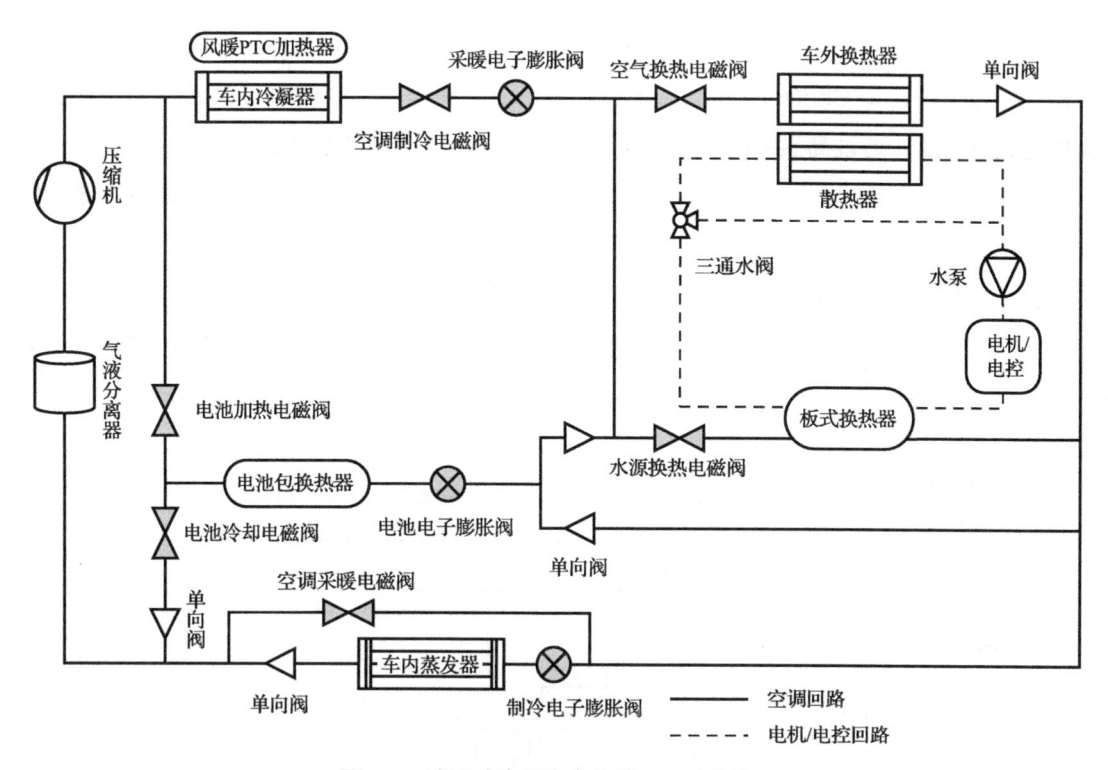

图 5-5 比亚迪海豚汽车热管理系统结构图

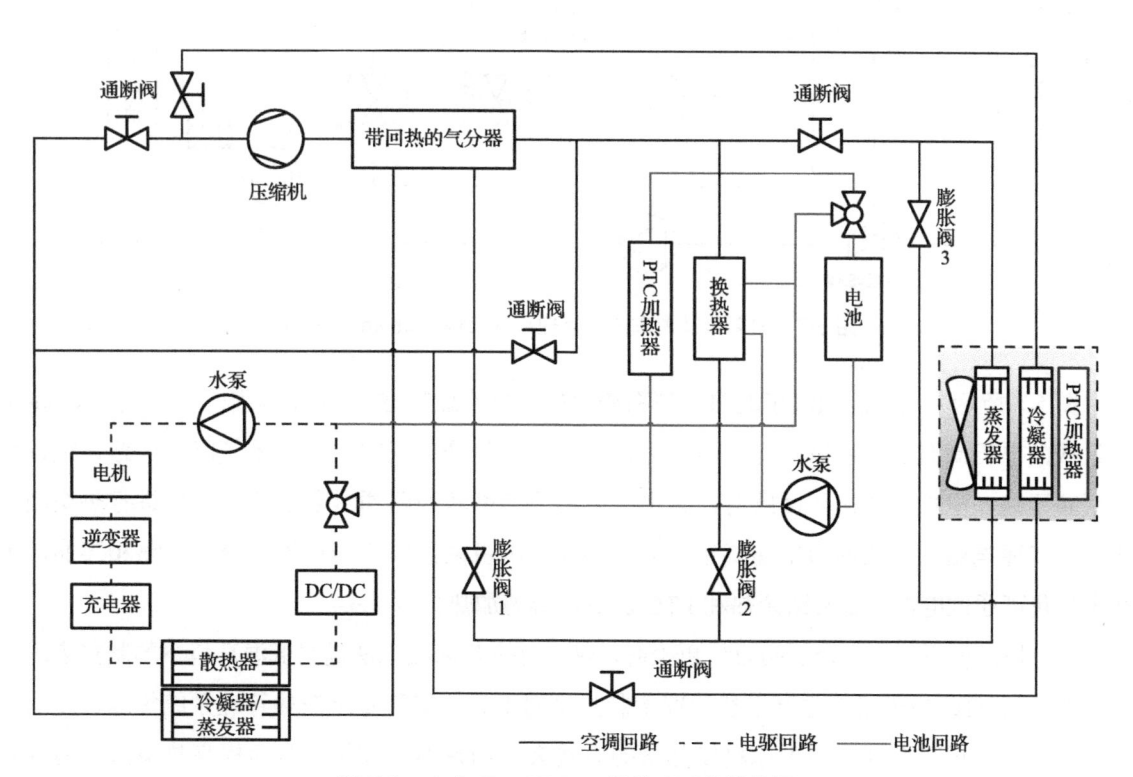

图 5-6 大众 ID4.CROZZ 热管理系统结构图

目前，新能源汽车的余热回收技术主要有两种：一是高温回路与电池包低温回路通过 Chiller 进行热交换，即 Chiller 方式；二是利用多通道电磁阀控制技术实现高温回路与低温回路的实时连通与切断，通过高温回路余热直接加热电池包，即直接加热方式。

图 5-7 所示为某新能源汽车的热管理系统架构（Chiller 方式）。该架构包含电机高温回路、电池包加热回路、电池包冷却回路、空调系统降温回路、空调系统采暖回路、电机冷却循环回路等。其中，座舱采用 PTC 加热器进行加热；电机冷却循环回路通过散热器与环境进行热交换，或通过 Chiller 与电池包冷却回路进行热交换，因此，电池包可通过余热和 PTC 加热器协调加热。

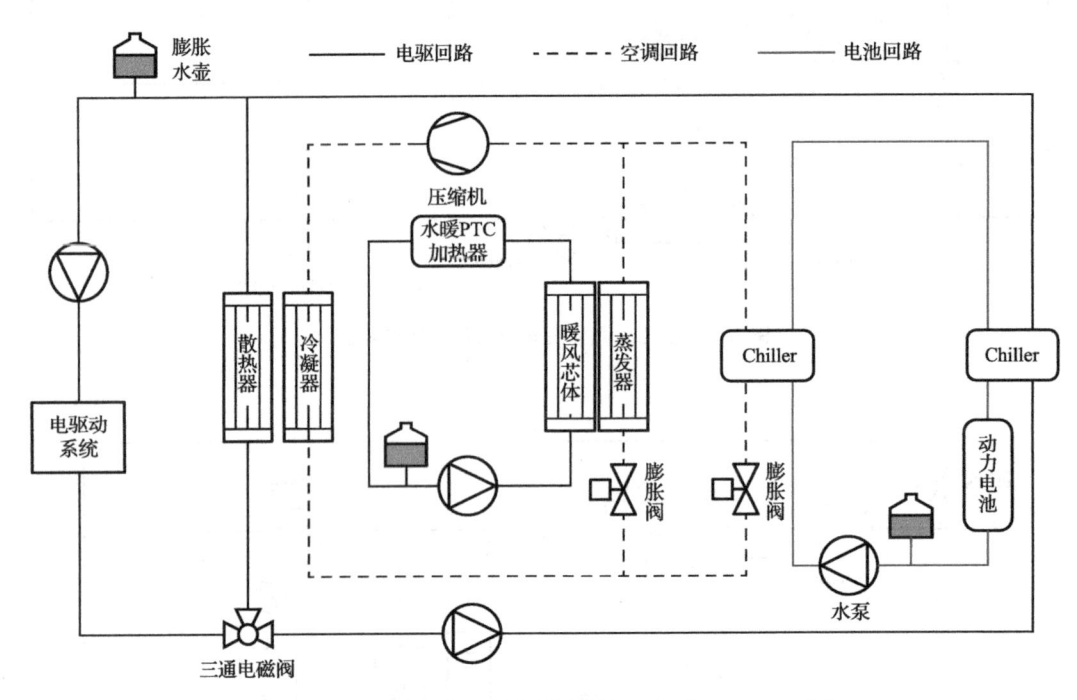

图 5-7 某新能源汽车的热管理系统架构（Chiller 方式）

图 5-8 所示为某新能源汽车的热管理系统架构（直接加热方式）。该架构包含由电机、MCU 等组成的电机高温回路，以及电池包加热回路、电池包冷却回路、空调系统降温回路、空调系统采暖回路、电机冷却循环回路等。其中，电机冷却循环回路通过散热器与环境进行热交换，或通过三通电磁阀与四通道电磁阀进行回路切换，电机高温回路与电池包冷却回路相连通，因此电池包可通过电机高温回路余热和 PTC 加热器协调加热。

当环境温度更低，且余热回收量更少时，仅通过余热回收无法满足低温环境下的制热需求，仍需要使用 PTC 加热器来弥补上述情况下制热量的不足。但随着整车热管理系统集成程度的逐渐提升，可以通过合理地增大电机发热量的方式来增加余热回收量，从而提高热泵系统的制热量与 COP，避免 PTC 加热器的使用，在进一步降低热管理系统空间占用率的同时满足纯电动汽车在低温环境下的制热需求。除电池、电机系统余热回收利用外，回风利用也是降低低温工况下热管理系统能耗的方式之一。研究结果表明[4]，在低温环境下，合理的回风利用措施能够在避免车窗起雾、结霜的同时使纯电动汽车所需的制热量下降46%～62%，最多能够降低约40%的制热能耗。日本电装公司也开发了相应的双层回风/新风结构，能够在防起雾的同时降低30%由通风引起的热损失。

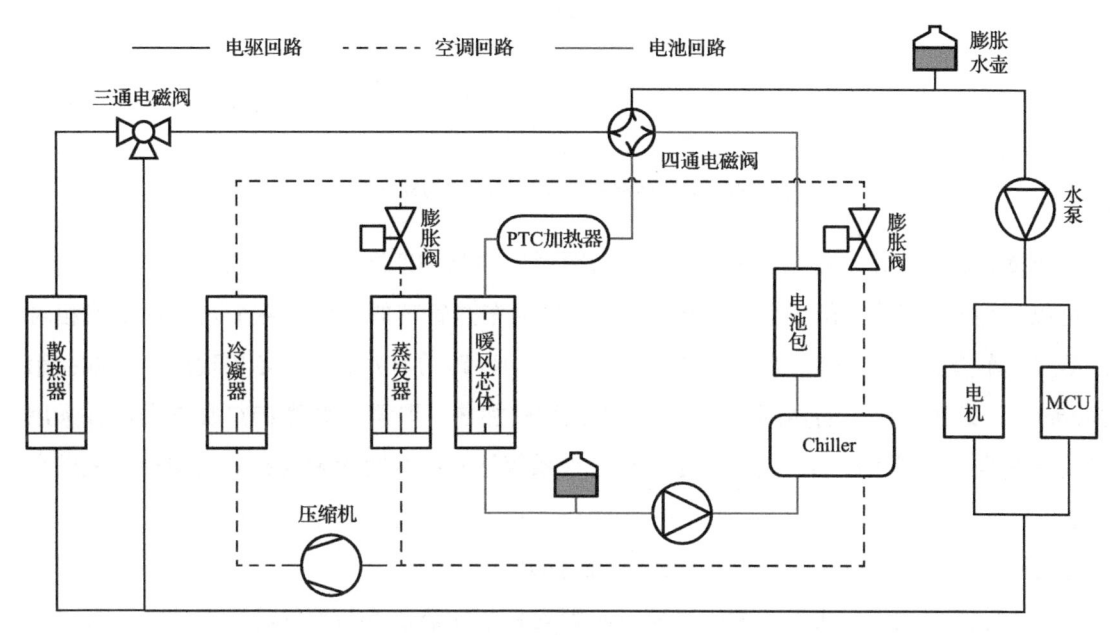

图5-8 某新能源汽车的热管理系统架构（直接加热方式）

3. 一体化热管理系统总成

汽车热管理从整车角度统筹车辆发动机、空调、电池、电机等相关部件及子系统的匹配、优化与控制，有效解决了整车热管理问题，使得各功能模块工作在最佳温度区间，提高整车经济性和动力性，从而保证车辆能安全行驶。随着热管理系统的发展，零部件数量随之增加，作为该系统关键功能部件的热管理集成模块将相关零部件集成起来，通过车载计算机精确地控制各零部件的运转情况，保障各系统安全有序、高效地运转，极大提升了整车性能和可靠性，还节省了空间和成本，使得前舱整体更加标准化、美观化。

比亚迪e3.0平台实现了热泵集成化，而不是单纯对座舱空调系统、刀片电池热管理系统进行简单的整合。从设计思路上看，这套热管理系统类似特斯拉集成化的阀岛方案，阀岛结构（见图5-9）对制冷剂回路大部分控制组件进行了集成。从结构上看，e3.0平台架构下的基于热泵空调的一体化热管理系统首先降低了能耗损失，不仅仅围绕座舱和动力电池进行冷量与热量的交互，而且在域控制层面由BYD OS操作系统控制，将冷量直接送至刀片电池和座舱，将热量在电驱动系统、座舱和刀片电池三者间进行传递。

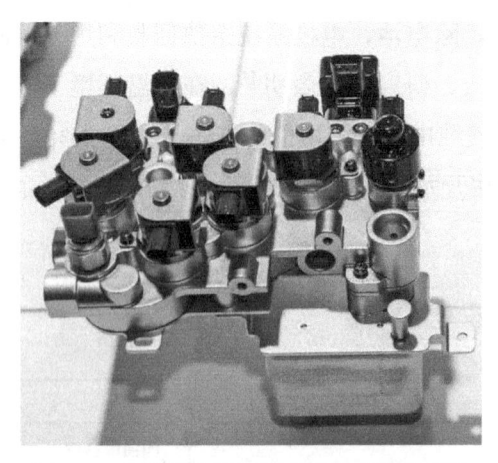

图 5-9　比亚迪热管理集成模块的阀岛结构

特斯拉的热管理技术是在不断优化的，按照时间序列和匹配车型，特斯拉汽车热管理系统技术可以分为四代[5-7]。第一代车型传承于传统燃油车热管理的思路，各个热管理回路相对独立；第二代车型引入四通阀，实现了电机回路与电池回路的串并联，开始出现结构集成；第三代 Model 3 开始进行统一的热源管理，引入电机堵转加热，取消了水暖 PTC 加热器，并采用了集成式储液器，集成了冷却回路，简化了热管理系统结构；第四代 Model Y 在结构上采用高度集成的八通阀，对多个热管理系统部件进行集成，以实现热管理系统工作模式的切换。从特斯拉车型的演变来看，其热管理系统集成度在不断提升。

集成式储液器设计，实现了膨胀水壶与热管理系统加热及冷却部件的高度集成。集成式储液器的核心部件为冷却液储罐，该集成模块还包含四通阀、电机水泵、电池水泵、Chiller、散热器和执行器等部件（见图 5-10）。在冷却模式下，冷却液在抽取至冷却液储罐中时，分别在两条路径上由 Chiller 和散热器冷却，实现对电池和电机的循环冷却。在加热模式下，电池与功率电子管路切换成串联回路，冷却液进入管理模块、驱动单元的油冷却热交换器吸收

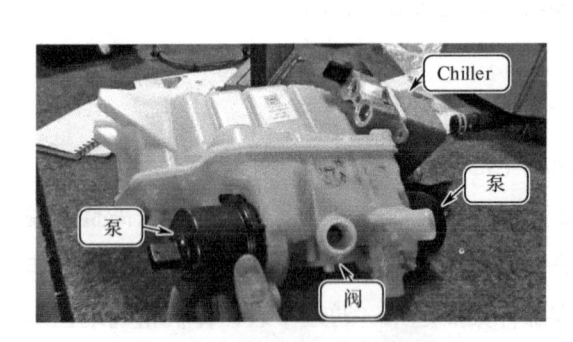

图 5-10　特斯拉集成式储液器

它们在工作中产生的热量，最后经过集成阀流经 Chiller 对电池进行加热。

第四代热管理系统使用八通阀模块（Octovalve）集成冷却回路和制热回路，实现整车热管理系统集成化。八通阀的设计（见图 5-11）使能量利用效率提升、系统集成、成本降低，其打通了传统热泵空调系统、电池系统、动力系统，可以实现 12 种制热模式和 3 种制冷模式，使用了八通阀的 Model Y 汽车相比于 Model 3 汽车能量利用效率提高了 10%。动力系统电驱回路水冷冷凝器可以在冬天将三电系统余热回收利用到热泵空调系统中，为座舱服务。以压缩机全功率工作代替 PTC 加热器进行制热，解决了 R134a 制冷剂在 -10℃ 以下无法实现热泵功能的问题，

将压缩机一物多用，节省了零部件成本。高度集成化的设计缩短了零部件流道，降低了能耗，方便了装配，同时可将OEM的装配工序集中下放给Tier1供应商，进一步节省人工和生产线成本。

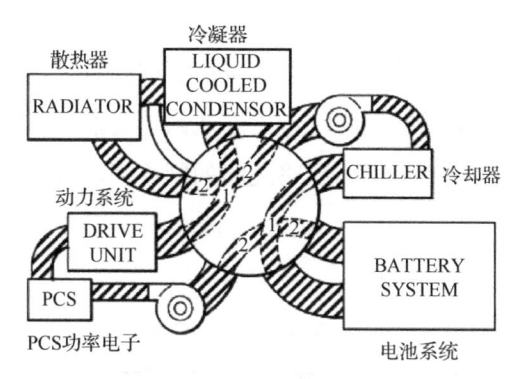

图 5-11 八通阀设计

图 5-12 所示为 Model Y 热管理系统结构图，通过控制热力膨胀阀开度、截止阀动作来控制制冷剂的循环，通过控制八通阀的通断来控制冷却液的循环，整个控制系统非常复杂。

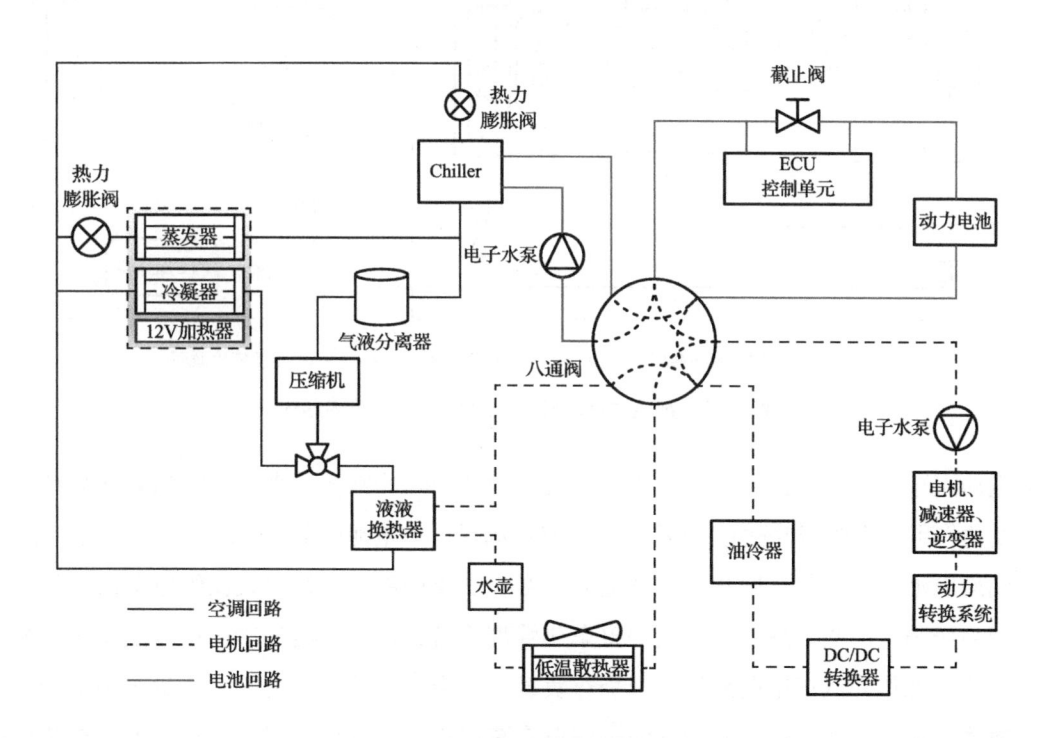

图 5-12 Model Y 热管理系统结构图

当座舱或者电池需要加热，且外界环境温度低于 -10℃时，热泵不会从环境中吸收热量，只会将热量从座舱转移到电池中，或者从电池转移到座舱中，或者作为一个高压 PTC 加热器加热座舱和电池。此时，高压电池是唯一的热源，要么加热自己，要么加热座舱。而当环境温度高于 -10℃时，热泵才开始展现出真正的作用，从环境中吸收热量。

5.1.2 典型纯电动汽车热管理系统建模与仿真

1. 背景介绍

纯电动汽车热管理系统的一般结构形式主要包括空调回路、电池包散热回路等，如图 5-13 所示。对整车热管理系统进行仿真必须同时考虑这些部件的换热情况，其中由空调回路和电池包散热回路构成的耦合系统涉及两个不同回路之间的制冷剂流量分配，其对热管理系统能否正常运行起决定性作用。

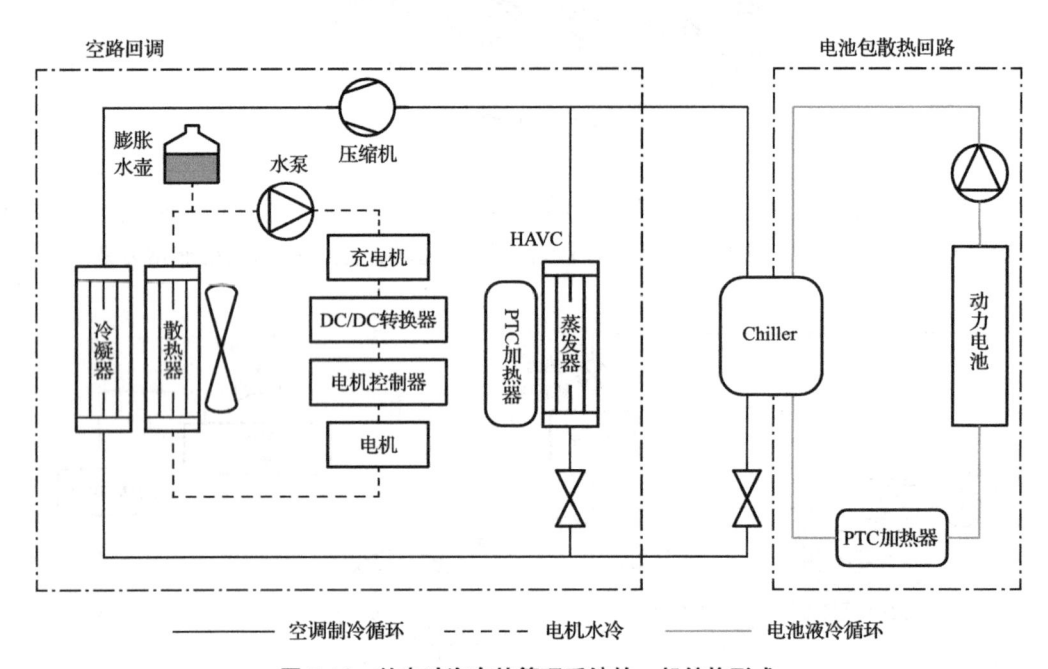

图 5-13 纯电动汽车热管理系统的一般结构形式

纯电动汽车动力电池的温度对其安全性及动力性影响非常大，因此电池热管理系统发挥着相当重要的作用。目前，传统的空气冷却已经难以满足动力电池的散热需求，在这样的背景之下，本案例利用电池适宜工作温度与乘客舒适温度存在交集的特点，针对某款纯电动汽车设计了一种将空调系统与电池热管理系统交互的整车热管理系统。拟将电池液冷循环与空调制冷循环进行耦合，将电池作为汽车空调系统的一个热负载，使用空调系统产生的制冷量对锂离子动力电池进行散热，将电池温度控制在适宜的工作温度范围内。通过计算锂离子动力电池热负荷及座舱热负荷，确定空调系统各部件选型及参数匹配，在 AlTherMa 软件中建立包含电池水冷系统、空调系统及座舱的纯电动汽车热管理系统仿真模型。

2. 模型搭建

纯电动汽车热管理系统仿真模型的搭建参考空调系统、电池水冷系统，通过 Chiller 将两个循环系统连接起来，最终完成整车热管理系统建模，结果如图 5-14 所示。

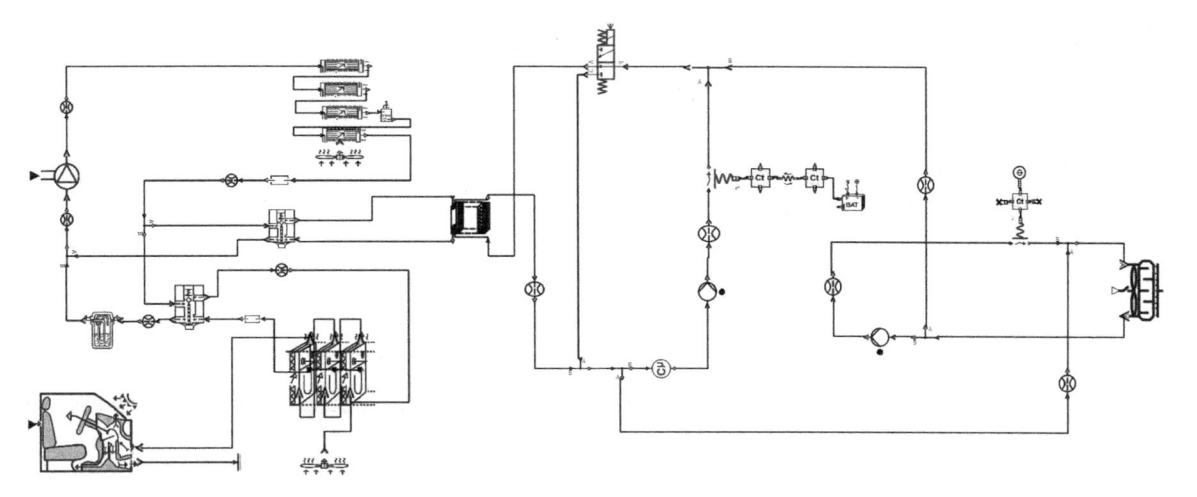

图 5-14 纯电汽车热管理系统建模结果

该系统模型主要使用的组件如表 5-1 所示，模型参数设置在 2.1.3 节和 4.3.2 节均有说明，此处不再赘述。

表 5-1 模型主要使用的组件列表

组件图标	组件名称	说明
	CompressorConstDisp	外部控制用定排量压缩机
	MoistAirSourceEvap MoistAirSourceCond	湿空气源
	CondenserReference1	微通道管和翅片热交换器的参考部件（配置1）
	CondenserIntermediate1	微通道管和翅片热交换器的中间部件（配置1）
	CondenserIntermediate2	微通道管和翅片热交换器的中间部件（配置2）
	CondenserTop1	微通道管和翅片热交换器的顶部部件（配置1）
	PipeC	两相管道

续表

组件图标	组件名称	说明
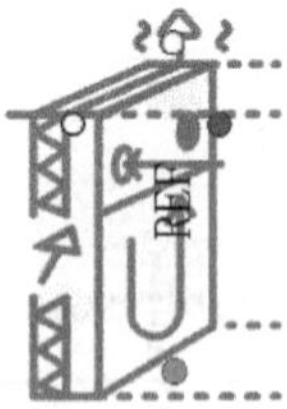	EvaporatorReference1	U 形通道板翅式热交换器的参考通道（配置1）
	EvaporatorIntermediate1	U 形通道板翅式热交换器的中间通道（配置1）
	EvaporatorEnd1	U 形通道板翅式热交换器的出口通道（配置1）
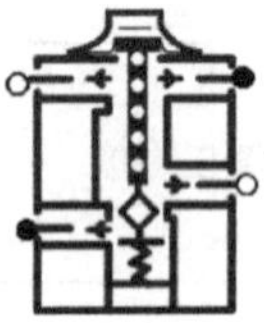	ThermalExpansionValve	集成热敏球的热力学膨胀阀
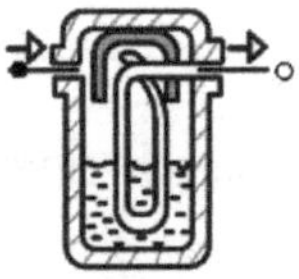	ReservoirGas	储液器模型
	Cabin	座舱模型

3. 求解设置

选择主菜单下的"仿真配置"选项，在弹出的对话框中设置结束时间和初始化方法，如图 5-15 所示，单击"确定"按钮开始仿真计算。

图 5-15 仿真配置界面

消息浏览器将显示计算进度，待计算完成后，可在右下角单击"绘图"按钮（见图 5-16），进入绘图模块。

图 5-16 消息浏览器

4. 结果分析

根据所建立的热管理系统仿真模型，结合新标欧洲循环测试（New European Driving Cycle，NEDC）工况下的汽车行驶速度曲线（见图 5-17），模拟在环境温度为 20℃、行驶时间为两个标准 NEDC 工况时长的条件下，汽车主要部件的温度变化。

在汽车正常行驶过程中，驱动电机不断产生热量，如果这些热量不能及时、有效地散去，会使驱动系统温度不断升高，影响系统的工作性能、使用寿命和运行的可靠性等。驱动系统的总热量生成功率根据行驶工况不断变化，进而导致电机出口水温变化，如图 5-18 所示。汽车行驶初始阶段，电机出口水温不断上升，直至达到 62℃后不再升高，而是反复在 58~62℃波动，满足热管理系统设计要求。当汽车行驶时间为 800~1180s 时，电机出口水温升高速率明显增加。这是因为 NEDC 工况在 800s 之后为郊区工况（0~800s 为市区工况），平均车速较高，电机发热功率随之增加。电机冷却系统的散热器风扇开启阈值为62℃,关闭阈值为58℃,以便在电机冷却系统温度过高时有效增加散热量,将电机出口水温维持在目标温度范围内,保证电机的热量散失。同理,在第二个循环工况的末端,平均车速升高,驱动电机发热功率增加,电机出口水温曲线波动的频率增大。

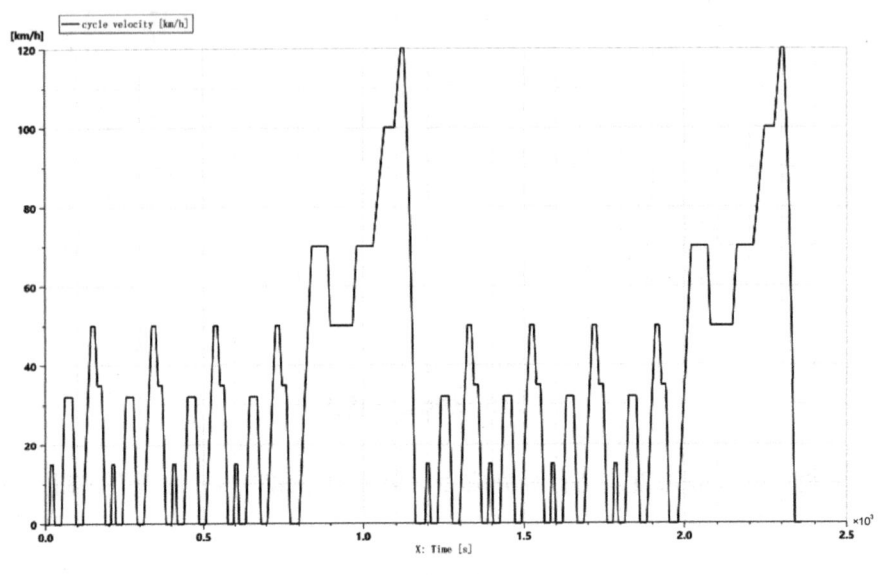

图 5-17 汽车行驶速度曲线

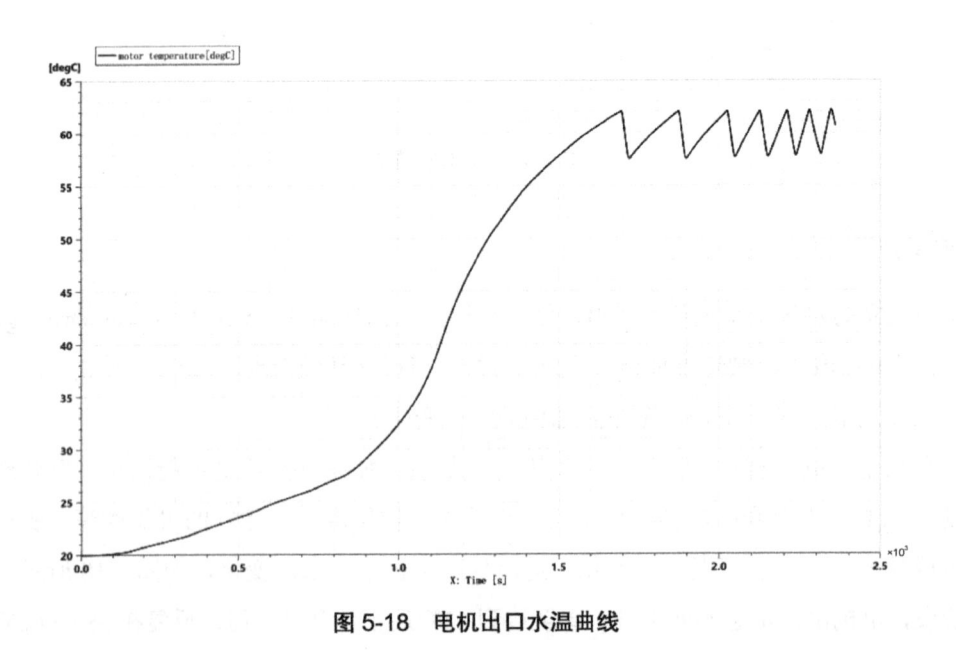

图 5-18 电机出口水温曲线

动力电池是纯电动汽车的唯一车载能源,动力电池的温度直接影响其输出功率和寿命等。

环境温度 20℃是动力电池良好的工作环境温度。本案例设置动力电池冷却温度阈值为 30℃，加热阈值为 19℃，在常规行驶工况下，既不需要空调系统制冷，也不需要 PTC 加热器加热。因此，三通阀将电池热管理回路切换为自循环状态，不经过 Chiller，与此同时，电池加热器也不启动。动力电池温度曲线如图 5-19 所示，基本维持在 20℃左右。在 NEDC 工况开始阶段，电池温度因为热辐射和空气的热对流稍有下降；在 NEDC 工况的郊区阶段，整车需求功率增加，电池对外输出功率和产热功率随之增加，产热功率大于散热功率，电池温度上升。第二个循环工况也是如此，这里不再赘述。

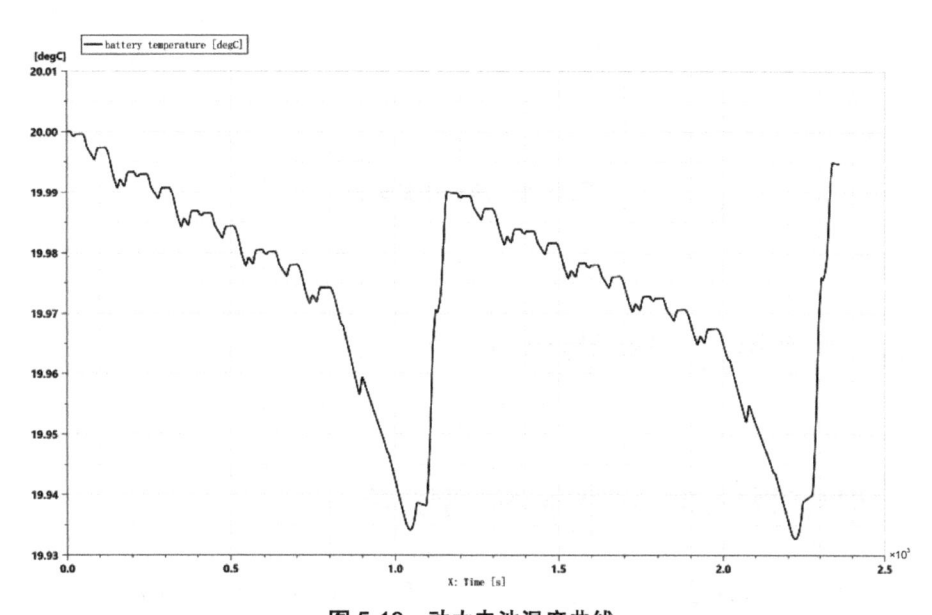

图 5-19　动力电池温度曲线

座舱热管理系统是整车热管理系统的重要组成部分，无论是驾驶员还是乘客都希望汽车提供舒适的环境，因此座舱热管理系统一个重要的功能就是根据环境温度、光照强度、车速调节汽车座舱内的温度，使座舱达到一个舒适的驾驶和乘坐环境。在环境温度为 20℃的条件下，座舱温度曲线如图 5-20 所示，座舱温度随着车速变化，并在 20℃附近波动，处在一个舒适的温度区间。本案例设置座舱制冷的温度阈值为 24℃，加热的温度阈值为 19.5℃，在仿真过程中，座舱内部的产热量及光照辐射不足以使座舱温度升高至压缩机开启制冷的阈值。当汽车行驶至 NEDC 工况的郊区部分时，随着车速的升高，座舱的空气对流换热增加，散热量大于产热量，座舱内部温度降低。仿真结果表明，座舱温度维持在合理的目标温度区间。

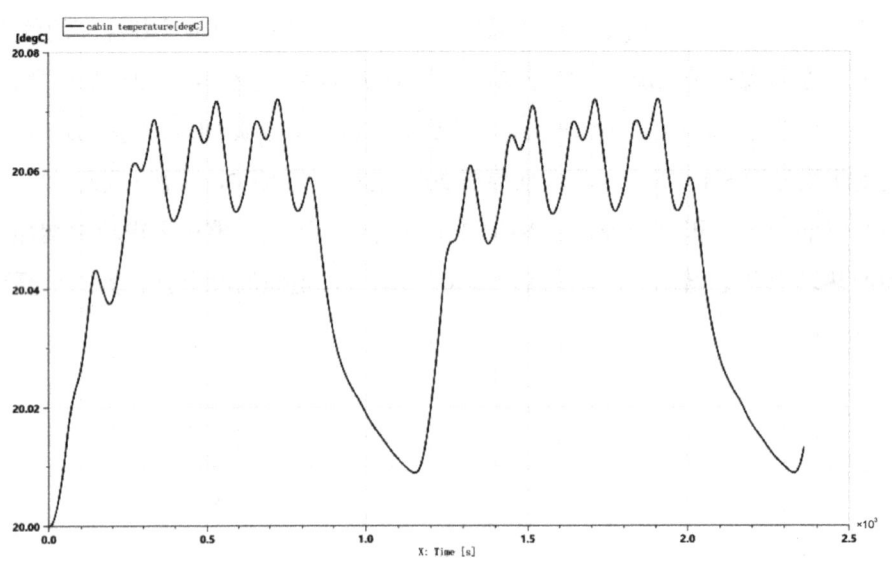

图 5-20　座舱温度曲线

5.2　混合动力汽车热管理系统

5.2.1　混合动力汽车热管理系统构型介绍

混合动力汽车可以分为轻度混合动力汽车、中度混合动力汽车和重度混合动力汽车，工作模式可以分为串联式、并联式和混联式。串联式混合动力汽车又称增程式混合动力汽车，其发动机主要用来为电池充电；并联式混合动力汽车的发动机和电机可以同时作为动力源；而混联式混合动力汽车则综合了两者优点，可以在串联及并联模式之间切换。汽车的动力系统结构不同，各部件的散热强度不同，热管理系统的工作模式也不同。基于混合动力汽车的动力系统结构，热管理系统的架构依据车型和冷却模式的不同具有多种形式。

混合动力汽车热管理系统主要由发动机热管理系统、电机/电控冷却子系统、变速箱冷却子系统、电池冷却子系统和空调子系统组成。其中，电机/电控冷却子系统、空调子系统与纯电动汽车的类似，不同之处主要是，混合动力汽车增加了发动机热管理系统和变速箱冷却子系统。由于混合动力汽车的电池容量较小而发热量不大，因此其早期的电池冷却多采用风冷方式。例如，世界上第一款大规模生产的混合动力汽车丰田普锐斯（PRIUS），就采用了风冷电池热管理系统，如图 5-21 所示。

相对于传统燃油车热管理系统，混合动力汽车热管理系统的结构更加复杂。其不仅考虑了发动机冷却性能，还加入了电机、电池的冷却要求，同时考虑了座舱的换热和空调控制。

发动机这个热力源的存在，在很大程度上决定了混合动力汽车可以不使用PTC加热器来对动力系统进行加热，发动机运行是以燃料燃烧为基础的，工作过程中产生的大量热可以满足动力电池的初始加热及座舱热需求。在车辆运行过程中，若满足热需求但冷却不足，则会使发动机内部零件温度升高、机械强度降低，且高温会加剧零件的磨损并使润滑油变质和结焦，还会影响缸内燃烧过程，降低发动机机功率。若冷却过度，则气缸壁温度降低，高温混合气与之接触时会重新凝结流回曲轴箱，增加燃油的消耗量，另外本该转换为有用功的热量也会被冷却液带走。

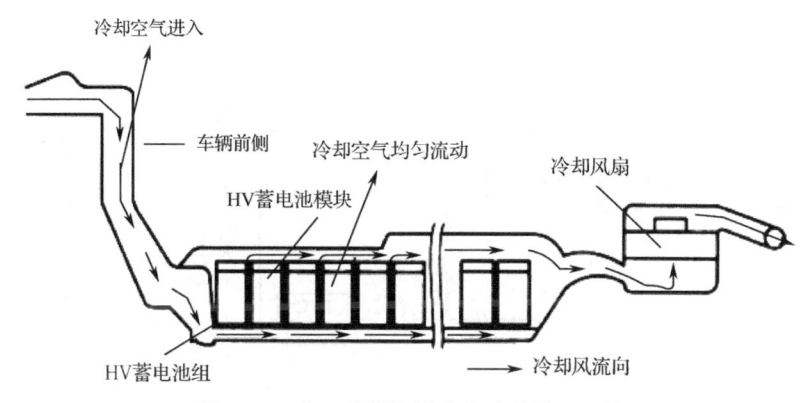

图 5-21　丰田普锐斯风冷电池热管理系统

发动机热管理系统包括风扇、散热器、水泵、节温器和相关管路，可以形成大循环回路与小循环回路，利用管路中流动的冷却液来实现热量传递，并利用风扇散热。小循环回路的作用是帮助发动机自身预热，使发动机尽快工作在最佳温度范围。当发动机刚起动、冷却液温度低于80℃时，冷却液沿小循环回路流动；当冷却液温度高于90℃时，节温器打开，冷却液沿大循环回路流经散热器。

发动机是传统燃油车的心脏，对于混合动力汽车来说，其热管理技术也十分重要。在寒冷天气下，尤其在发动机起动时，汽油不能在最佳工作温度下燃烧，而催化器也未在最佳温度下工作，此时发动机排放性能最差，需要通过热管理技术为发动机升温。以比亚迪DM3.0的热管理技术为例，其发动机制热是通过控制水泵转速，使发动机及催化器尽快达到最佳工作温度，提高热效率及排放性能；随着发动机工作时间增长，发动机温度升高，当发动机水温过高时，节温器阀门开度增大，更多的冷却液流向散热器，与空气进行换热降温，使发动机持续工作在最佳温度下，从而保持较高的工作效率。

目前，混合动力汽车的热管理系统还是以分散式结构或部分集成式结构为主，如理想ONE整车热管理系统（见图 5-22）。

图 5-23 所示为某混合动力汽车热管理系统结构图，其发动机回路、空调回路、暖通回路与传统燃油车的相比，在暖通回路中增加了电子水泵、PTC加热器、三通电磁阀，保障车辆在纯

电动模式下的座舱采暖需求。同时，在暖通回路并联了一个液液换热器，与电池回路进行耦合换热，以满足动力电池的加热需求。

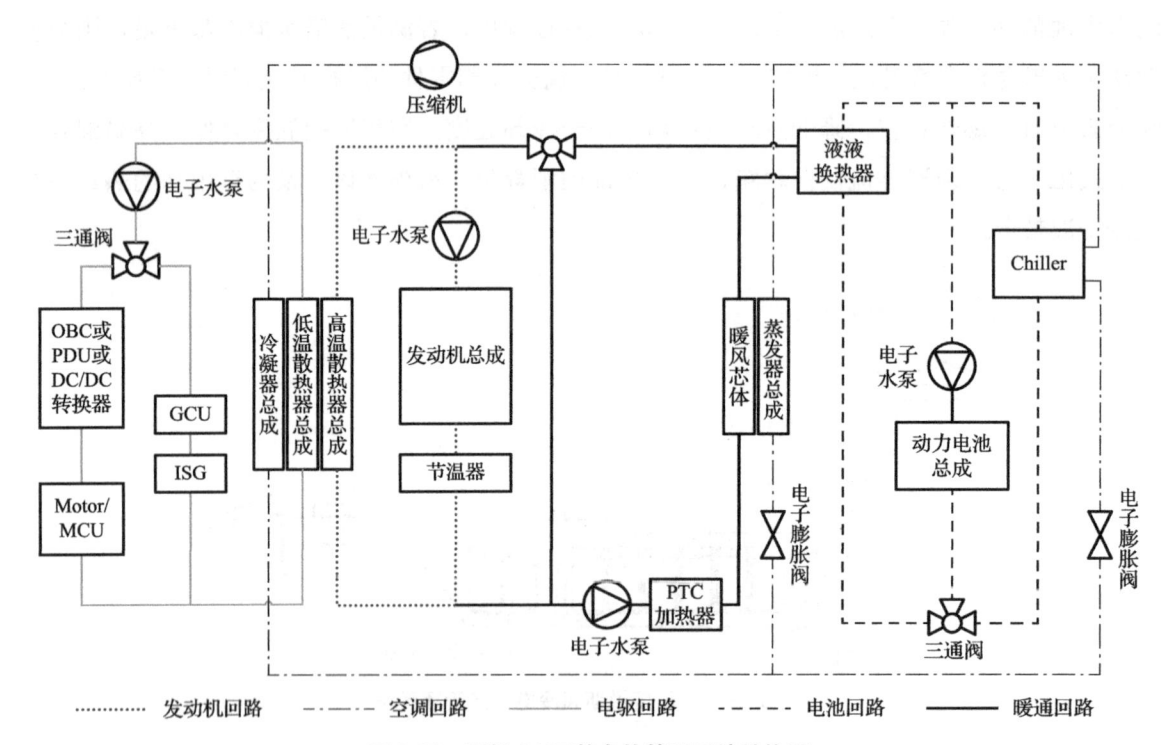

图 5-22 理想 ONE 整车热管理系统结构图

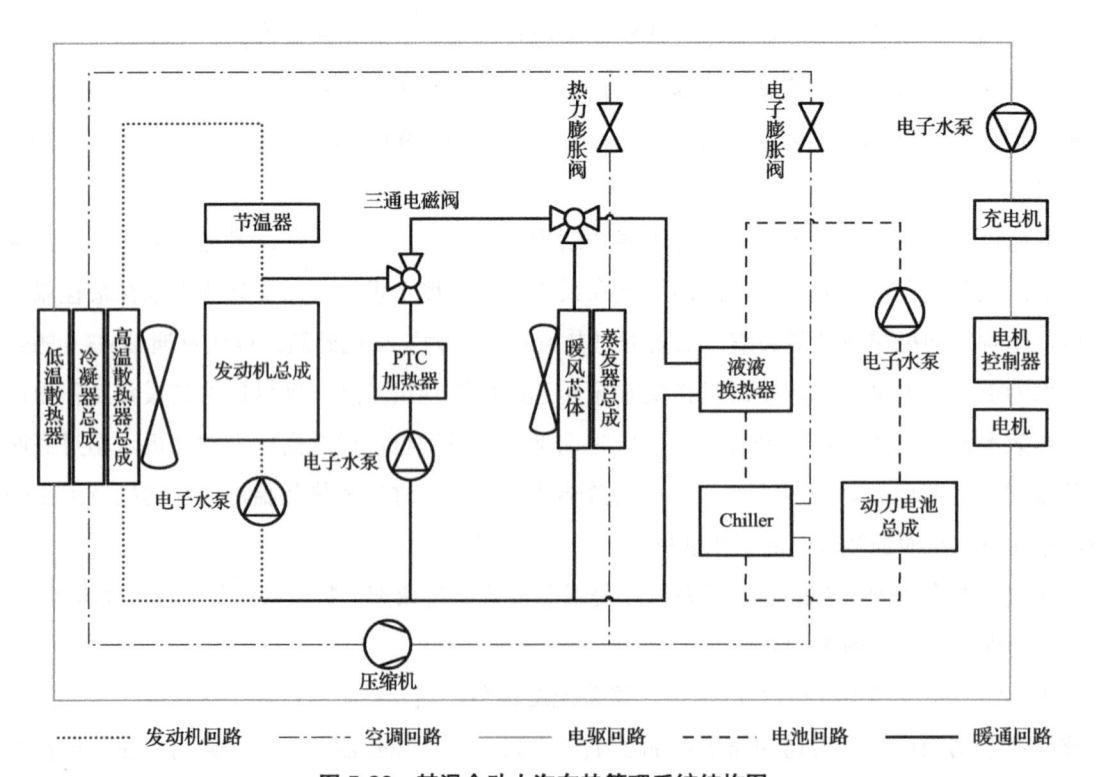

图 5-23 某混合动力汽车热管理系统结构图

动力电池冷却系统回路（电池回路）包含液液换热器、Chiller、动力电池水冷板、电子水泵等部件。其通过液液换热器与空调采暖系统回路（暖通回路）耦合换热，保证动力电池的加热需求；通过 Chiller 与空调制冷系统回路耦合换热，保证动力电池的制冷需求。

空调制冷系统回路（空调回路）包含两个并联的制冷支路：一个支路为热力膨胀阀和蒸发器总成，满足座舱的制冷需求；另一个支路为电子膨胀阀和 Chiller，满足动力电池的制冷需求。为了同时满足座舱与动力电池的制冷需求，空调回路的压缩机及冷凝器总成的要求提高了。两个并联的制冷支路可以通过电磁截止阀进行连通和断开。

电机冷却系统回路（电驱回路）是独立于其他系统的冷却回路，由低温散热器、电子水泵、电机控制器、电机等组成。电子水泵驱动回路冷却剂流动，将各发热部件的热量通过低温散热器散发到周围环境中。

混合动力汽车相比于纯电动汽车，增加了发动机这个巨大的热源，因此混合动力汽车发动机余热回收相关研究相对较多。例如，目前大多数车辆配备的发动机涡轮增压技术，其核心就是回收发动机排气能量，利用排气能量对即将进入发动机气缸的空气预先进行压缩，压缩后再加以冷却，以吸入更多的空气，增大进入发动机气缸的空气密度，并在供油系统的适当配合下，使更多的燃料得以更充分燃烧，达到提高发动机动力性、提高功率、改善燃料经济性、减少废气排放和噪声的目的。比亚迪汽车配备了全新的中冷冷却系统来对压缩后的气体进行冷却，该系统由中冷器、电子水泵和冷却回路构成，可以对增压后的气体进行冷却，减少热膨胀，进而增大发动机进气量。中冷冷却系统精确控制进气温度，改善了发动机热效率和排放性能，其通过冷却回路匹配低温散热器及电子水泵，通过传感器采集进气温度，经过计算将信号反馈至 ECU（电子控制单元），ECU 经过计算后控制电子水泵流量及电子风扇转速，冷却回路将增压后的气体温度保持在最佳区间。此外，比亚迪汽车新型的液冷方案为逆流式液冷中冷方案，相较于传统的风冷中冷方案具有更好的瞬态响应速度，提高了发动机的动态响应能力，解决了加速时的动力迟滞问题，冷却效率高达 95%。

混合动力汽车比传统燃油车在发动机余热回收方面具有更大的潜力，因为混合动力汽车有电机的加入，冷车时发动机升温的过程更慢。利用余热回收技术可使其发动机的效率提高 15%。博格华纳公司为混合动力汽车开发的废热再回收系统（EHRS，见图 5-24），利用汽车尾气中的热量，缩短发动机预热时间、提高效率，从而提升燃油经济性，减少 NO_x、CO_2 等气体排放；同时，通过辅助加热，提高座舱的舒适性。实车测试表明，该系统在低温环境下可达到 9% 的节油率。

EHRS 既可以提高发动机的热效率，又可以改善整车的油耗和排放，是适应全球碳排放形势的一种新的技术路线[8]。EHRS 实际上是一个气液热交换器，通过它的排气温度越高，回收的热量越多，热回收效率就越高。EHRS 有两种工作模式：一是旁通模式，在该模式下换热翅片通道关闭，废气直接从旁通道经排气管排出，不与冷却液产生热量交换；二是余热回收模式，在这种模式下，废气经过换热翅片通道与冷却液产生热量交换，对尾气余热以发动机冷却液为媒介进行热量再回收。切换 EHRS 的工作模式有两种方法：一种是根据冷却液温度，比如当发动机冷却液温度达到正常工作温度（80～85℃）时，不需要进入余热回收模式，就切换为旁通模式；另一种是根据发动机的气体流量，当发动机有很大的功率输出需要时，就切换为旁通模式。在余热回收装置上有一个控制阀门，控制回收热量装置的开闭，目前佛吉亚公司提供三种不同的阀门动作执行机构：第一种是真空泵；第二种是电控马达；第三种是自适应石蜡，当发动机冷却液温度达到一定值时，石蜡就会膨胀，把阀门推开，进入余热回收模式。

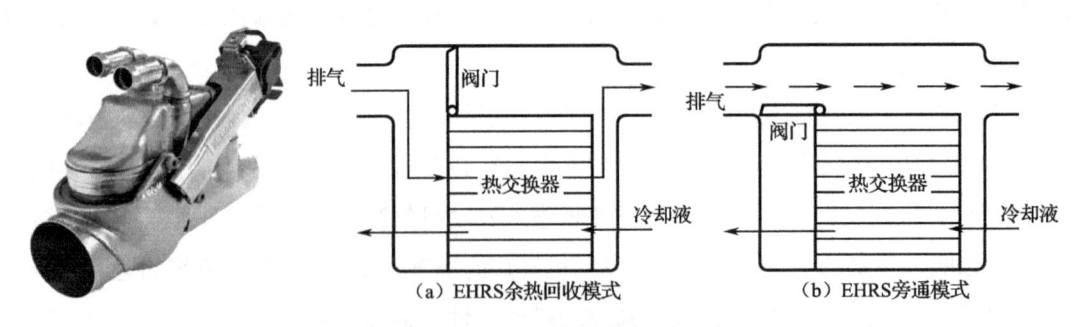

图 5-24 废热再回收系统（EHRS）

另外，利用发动机尾气余热发电也有相关研究，主要分为两条技术路线：一是采用塞贝克效应的热电转换技术，利用半导体材料的温差发电特性发电；二是采用朗肯循环推动膨胀机发电。德国马勒公司开发的电动废热回收系统（electric Waste Heat Recovery，eWHR），如图 5-25 所示，就是非常经典的朗肯循环。

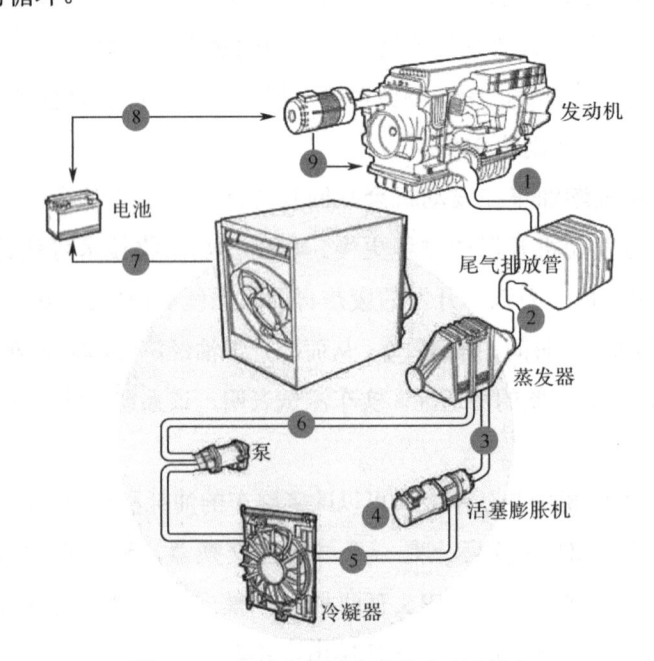

图 5-25 电动废热回收系统（eWHR）

发动机尾气排放管串联蒸发器，蒸发的工质气体推动活塞膨胀机运转输出动能进行发电，实现对尾气热量的回收再利用。回收之后的电能将接入车辆的 48V 电气系统，用来驱动电机工作，和发动机一起组成混动系统。全系统能输出的最大电力为 13kW，但只有尾气温度达到 150℃ 以上时才能正常工作。马勒公司将这套系统封装在了一个体积很小的装置里，该装置的质量仅为 150kg，一般安装在车辆的尾气后处理系统后方。

5.2.2 典型混合动力汽车热管理系统建模与仿真

1. 背景介绍

混合动力汽车的热管理系统构架相对纯电动汽车复杂得多，本案例在 NEDC 工况下，对混合动力汽车热管理系统进行车速跟随情况分析。

2. 模型搭建

在 AlTherMa 软件中对混合动力汽车热管理系统进行建模，结果如图 5-26 所示。

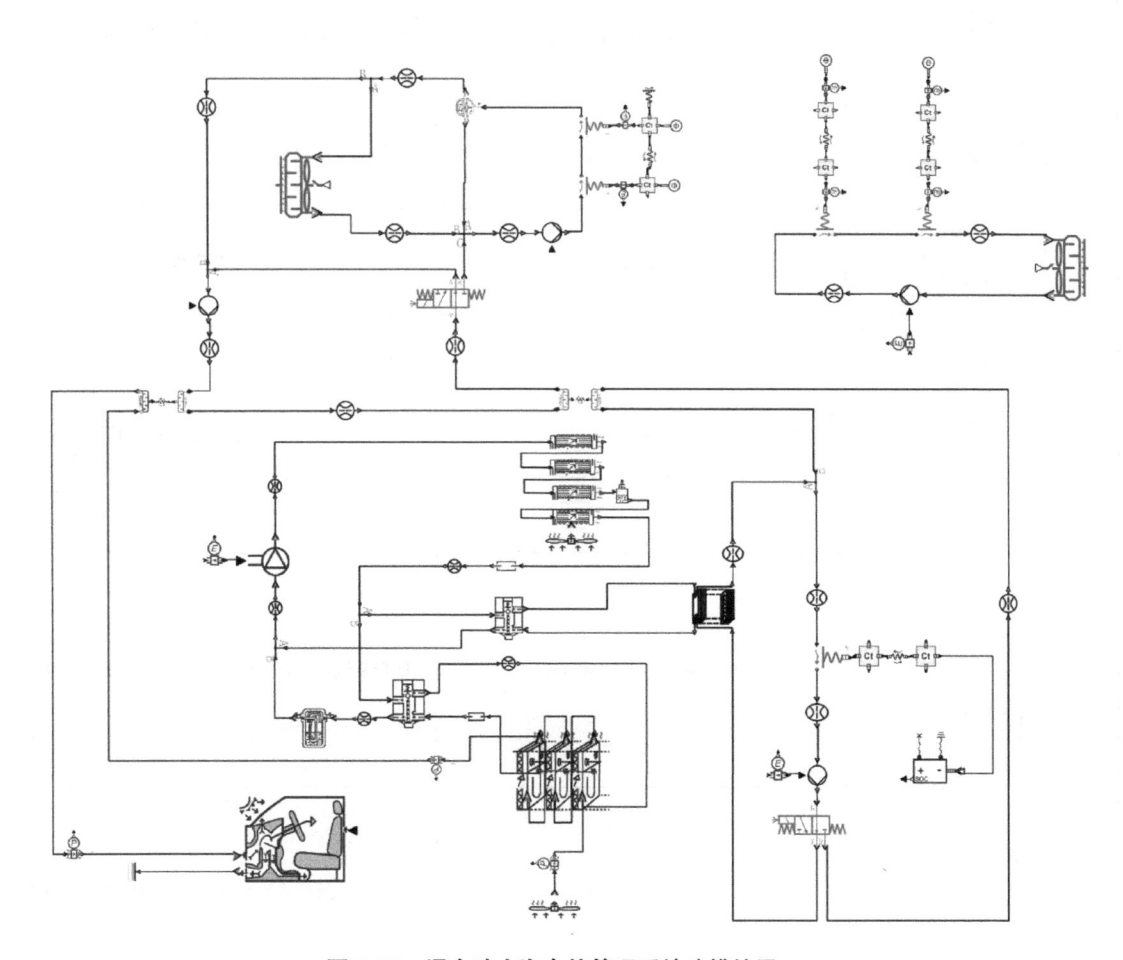

图 5-26 混合动力汽车热管理系统建模结果

该系统模型主要使用的组件如表 5-2 所示，模型参数设置在 2.1.3 节和 4.3.2 节均有说明，此处不再赘述。

表 5-2　模型主要使用的组件列表

组件图标	组件名称	说明
	CompressorConstDisp	外部控制用定排量压缩机
	MoistAirSourceEvap MoistAirSourceCond	湿空气源
	CondenserReference1	微通道管和翅片热交换器的参考部件（配置1）
	CondenserIntermediate1	微通道管和翅片热交换器的中间部件（配置1）
	CondenserIntermediate2	微通道管和翅片热交换器的中间部件（配置2）
	CondenserTop1	微通道管和翅片热交换器的顶部部件（配置1）
	PipeC	两相管道
	EvaporatorReference1	U 形通道板翅式热交换器的参考通道（配置1）
	EvaporatorIntermediate1	U 形通道板翅式热交换器的中间通道（配置1）
	EvaporatorEnd1	U 形通道板翅式热交换器的出口通道（配置1）

组件图标	组件名称	说明
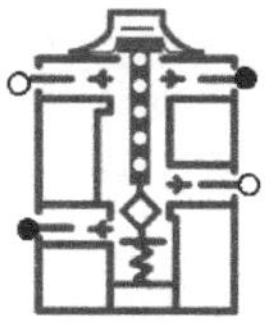	ThermalExpansionValve	集成热敏球的热力学膨胀阀
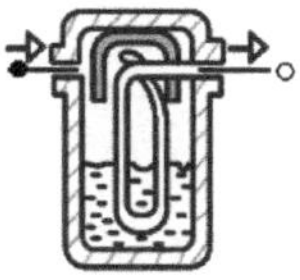	ReservoirGas	储液器模型
	Cabin	座舱模型

3. 求解设置

为了验证搭建的整车热管理系统仿真模型是否满足基本要求，本节在 NEDC 工况下进行车速跟随情况分析。选择主菜单下的"仿真配置"选项，在弹出的对话框中设置结束时间和初始化方法（见图 5-27），单击"确定"按钮开始仿真计算。

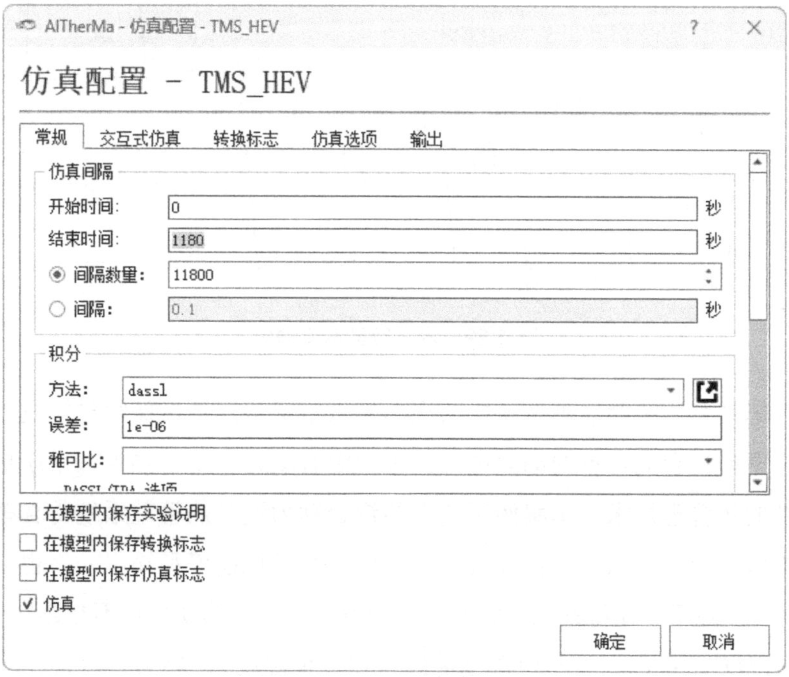

图 5-27 仿真配置界面

消息浏览器显示计算进度，待计算完成后，可在右下角单击"绘图"按钮（见图 5-28），进入绘图模块。

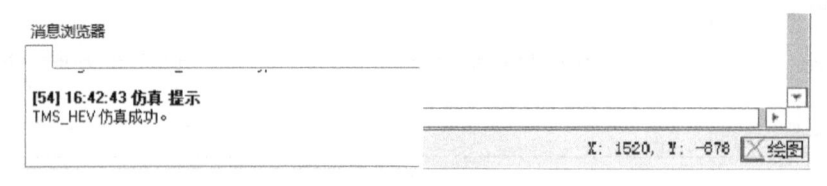

图 5-28 消息浏览器

4. 结果分析

根据所建立的混合动力汽车热管理系统仿真模型，结合 NEDC 工况下的汽车行驶速度曲线（见图 5-29），模拟在环境温度为 -20℃、行驶时间为一个标准 NEDC 工况的条件下，汽车主要部件的温度变化。

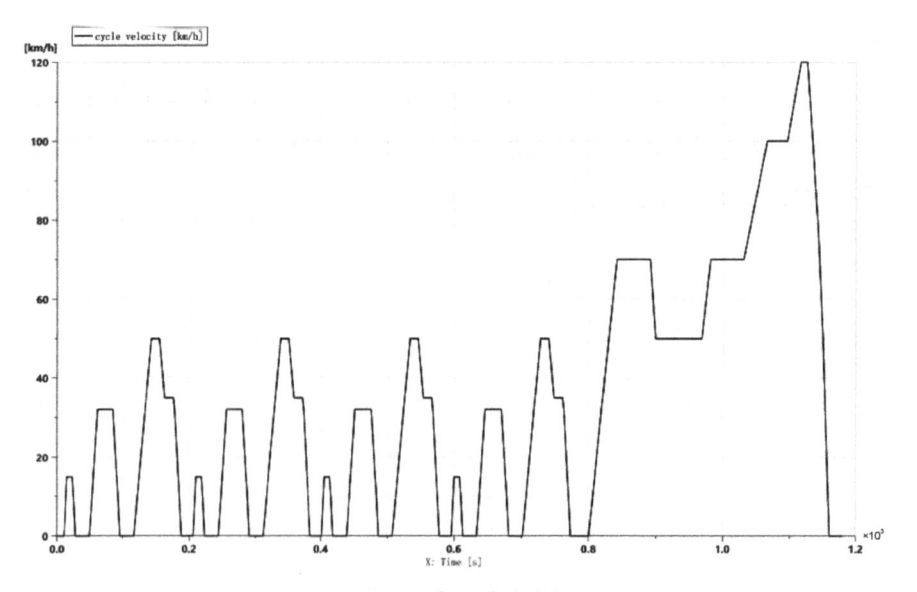

图 5-29 汽车行驶速度曲线

混合动力汽车具有传统燃油车和纯电动汽车的双重优势，不仅保留传统发动机作为驱动部件，同时配备了电动机和大容量的动力电池。因此混合动力汽车的热管理系统更加复杂，需要满足更多子系统的热管理需求。本案例所建立的混合动力汽车热管理系统仿真模型，动力系统结构为串联式构型，根据整车能量管理策略的不同，发动机起停和输出功率也随之改变。混合动力汽车的发动机一般不处在持续工作状态，因而发动机的产热损失也不是连续的。

图 5-30 所示为发动机出口冷却液温度曲线，在环境温度为 -20℃ 的工况下，发动机出口冷却液温度缓慢升高；行驶时间约为 800s 时，发动机出口冷却液温度升高速度加快，温度超过

80℃后，温度曲线在80℃上方出现波动。这是由于NEDC工况在800s之后为郊区阶段，平均车速增加，车载动力电池不足以提供整车需求功率，发动机需要增加输出功率，发动机产热功率同时增加，因此发动机出口冷却液温度上升幅度较高。NEDC工况末端，汽车持续保持高速行驶，发动机出口冷却液温度逐步升至80℃及以上，节温器开始工作，冷却液部分进入大循环回路，经过高温散热器散热，以满足发动机的降温需求，因此图5-30所示温度曲线在末端出现波动。发动机开启大循环回路后，电池或者座舱如果有加热需求，可以开启发动机三通阀，以充分利用发动机余热。

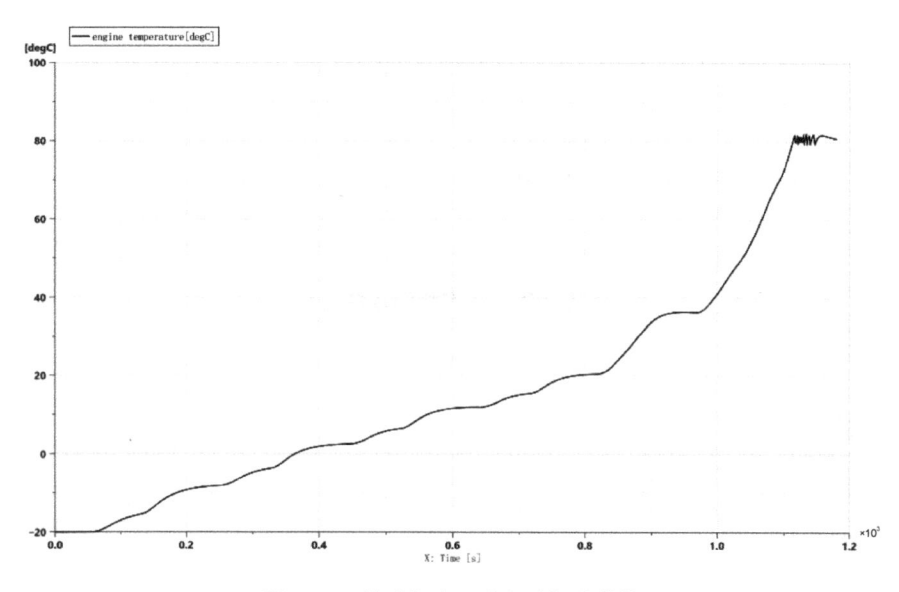

图5-30 发动机出口冷却液温度曲线

在串联式混合动力汽车中，发电机和发动机的工作状态在时间上是一致的。发动机起动阶段，发电机用来辅助发动机起动；发动机起动之后，发动机的输出功率用来带动发电机发电。发电机温度曲线如图5-31所示，对比发动机出口冷却液温度曲线，两者在趋势上具有一致性。在环境温度为-20℃的工况下，发电机温度缓慢上升，发电机工作在合理的温度区间。为了驱动系统的局部温度均衡，即使在发电机温度没有超过温度阈值上限时，电子水泵也处于低转速状态，驱动冷却液在回路中循环。实际上，冷却液不断从发电机带走热量散发到空气中，因此在发电机工作产热功率较高期间发电机温度上升，反之温度下降，发电机温度曲线呈现折线式上升状态。

与发动机相似，在车辆正常行驶过程中需要对驱动系统进行冷却。在环境温度为-20℃、NEDC工况下，对驱动系统的散热性能及温度曲线进行仿真分析，电机温度曲线如图5-32所示。电机温度在汽车行驶过程中缓慢上升，温升速率总体上不断增大，至行驶结束电机仍工作在合适的温度区间。在NEDC工况下，汽车先低速行驶、后高速行驶，因此电机的温升速率先慢后快。电机的产热功率根据行驶工况不断变化，同时电机和周围环境的温差较大，通过调节电子水泵转速，使电机的热量及时散发，以始终保持电机温度在目标温度之下，满足热管理系统要求。

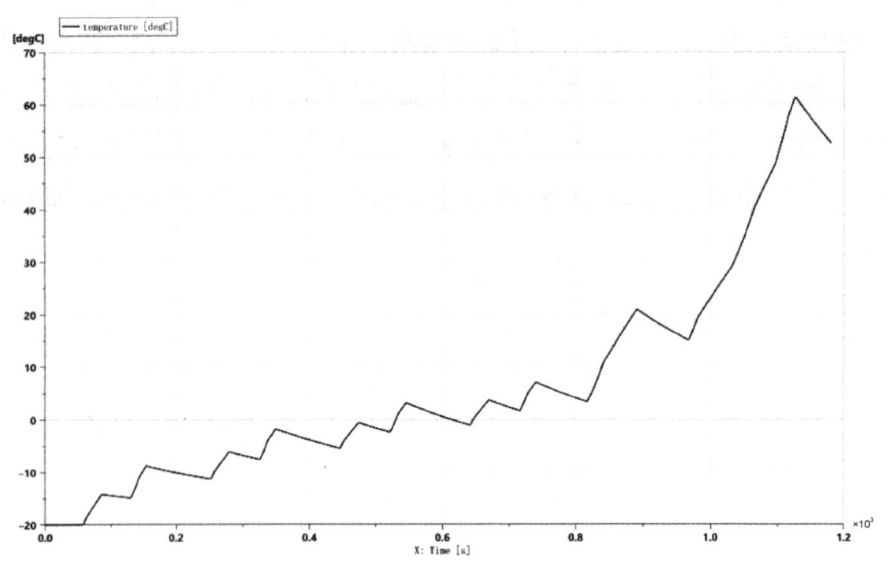

图 5-31 发电机温度曲线

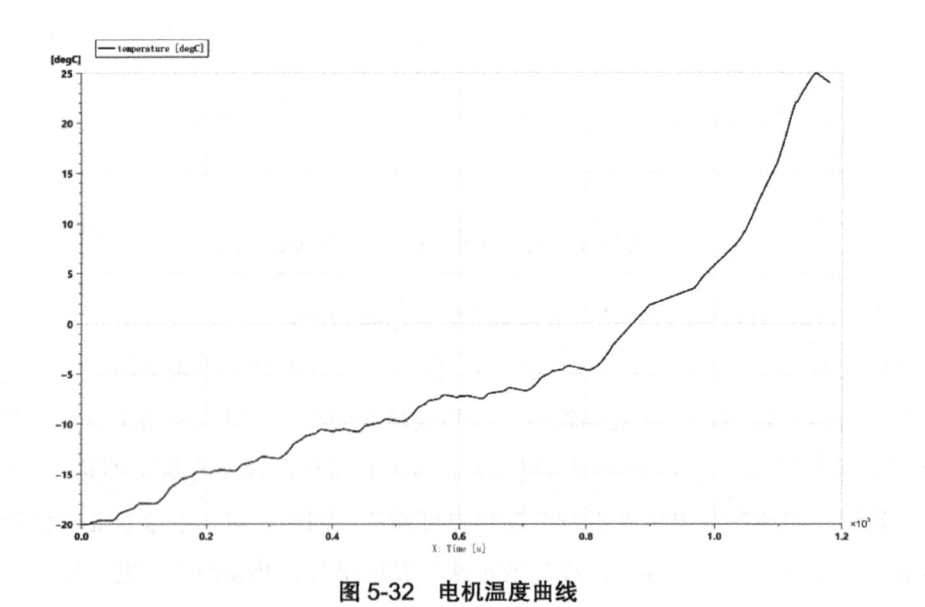

图 5-32 电机温度曲线

动力电池作为混合动力汽车重要的蓄能部件，除提供车辆行驶过程中的功率需求外，还起到储存制动回收能量、缓冲突发功率需求等作用。低温会严重损害动力电池的使用性能和循环寿命，因此需要通过加热或者保温措施使电池处在适宜的工作温度范围。本案例设置环境温度为 -20℃，动力电池需要加热到目标温度附近，电池温度曲线如图 5-33 所示。在上述搭建的热管理系统仿真模型中，在没有发动机余热提供时，电加热器通过加热冷却液为电池和座舱提供热量。电池换热器和座舱换热器属于串联模式，为了优先保证座舱的热舒适性，电池换热器处于座舱换热器后面，因此电池温度不是以最快的速度达到目标温度。在环境温度为 -20℃ 的工况下，约 630s 时电池温度上升至 0℃，约 1100s 时电池温度上升至 15℃，满足热管理系统要求。

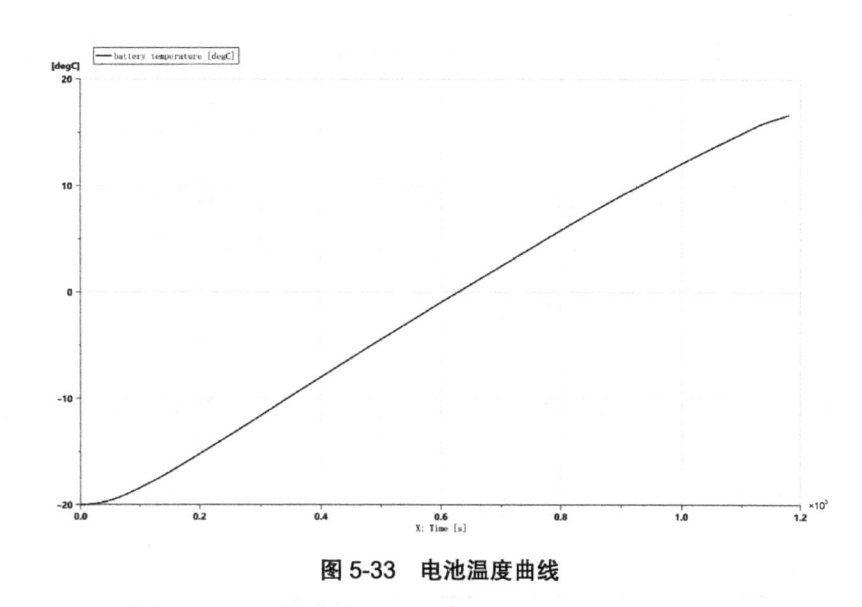

图 5-33 电池温度曲线

混合动力汽车的座舱热管理系统结合了发动机采暖和 PTC 加热器加热两种方式，综合考虑了能耗和座舱的热舒适性。座舱温度曲线如图 5-34 所示，汽车起动后，座舱温度不断上升，约 150s 上升至 0℃，约 520s 上升至 15℃，随后很快上升至目标温度 20℃，并在目标温度区域附近合理波动。NEDC 工况下的郊区阶段最高车速为 120km/h，从图 5-34 中曲线可以看出，随着车速突然增大，座舱温度并没有下降过多，在短暂的时间内座舱温度又重新调整到 20℃。由此可以得出，座舱热管理系统具有很好的热稳定性。在低温情况下，座舱不需要空调系统制冷，因此模型中的空调系统并未工作，座舱的降温效果可在高温工况下验证，这里不做分析。

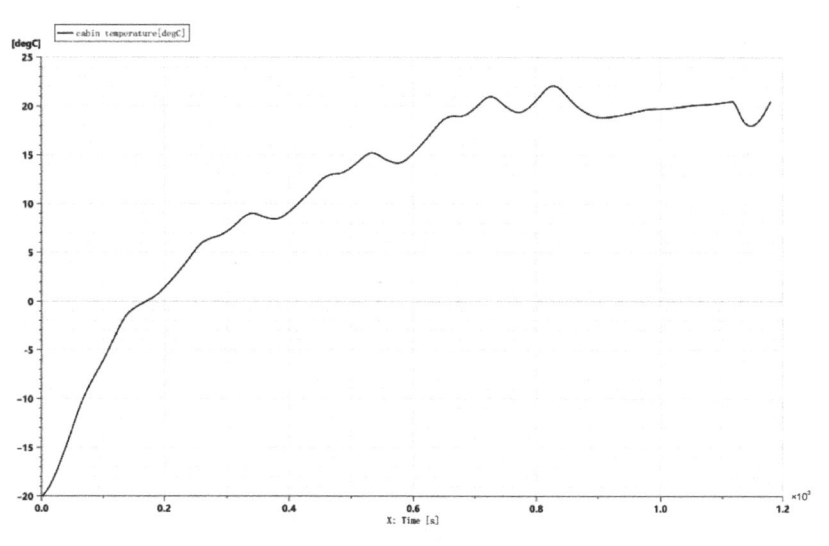

图 5-34 座舱温度曲线

参考文献

[1] LIN J Y, LIU X H, LI S, et al. A review on recent progress, challenges and perspective of battery thermal management system[J]. International Journal of Heat and Mass Transfer, 2021, 167: 120834.

[2] KUMAR P, CHAUDHARY D, VARSHNEY P, et al. Critical review on battery thermal management and role of nanomaterial in heat transfer enhancement for electrical vehicle application[J]. Journal of Energy Storage, 2020, 32: 102003.

[3] CABEZA L F, FRAZZICA A, CHÀFER M, et al. Research trends and perspectives of thermal management of electric batteries: Bibliometric analysis[J]. The Journal of Energy Storage, 2020, 32: 101976.

[4] 邹慧明，唐坐航，杨天阳，等.电动汽车热管理技术研究进展[J].制冷学报，2022, 43(3):15-27, 56.

[5] 胡志林，张天强，杨钫.特斯拉电动汽车热管理技术发展趋势[J].汽车文摘，2021(1): 53-57.

[6] Tesla Motors, Inc. Electric vehicle thermal management system: US7789176 B2[P]. 2010.

[7] Tesla Motors, Inc. Thermal management system with dual mode coolant loops: US8402776 B2[P]. 2013.

[8] 胡攀，韦虹，李双清，等.排气废热回收系统在汽油发动机上的应用[J].内燃机，2017(5): 22-23, 27.

第6章　AI技术与汽车热管理

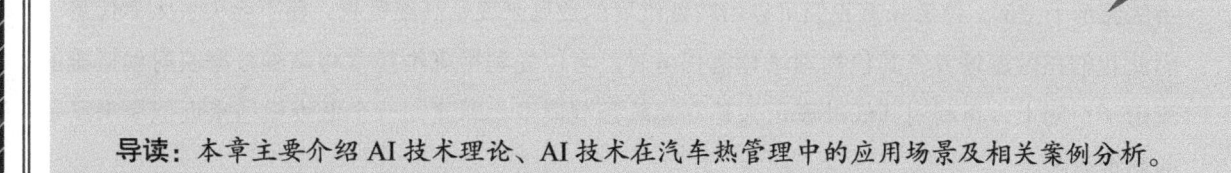

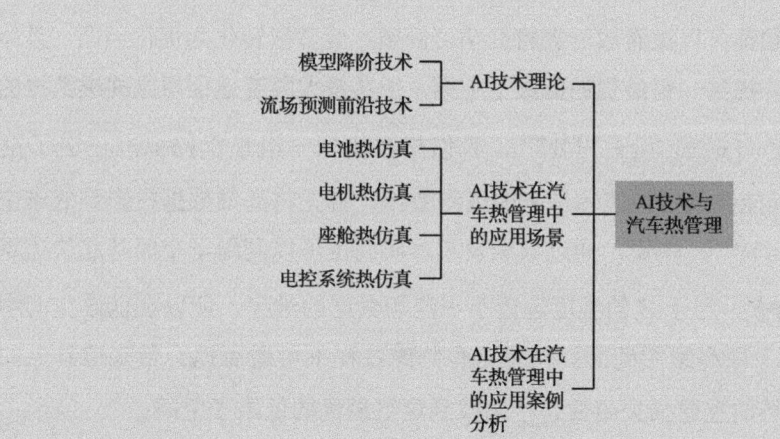

导读：本章主要介绍 AI 技术理论、AI 技术在汽车热管理中的应用场景及相关案例分析。通过本章的学习，读者将了解 AI 技术在汽车热管理中的应用趋势。

```
                    模型降阶技术
                                  ┐
                    流场预测前沿技术 ┴─ AI技术理论 ┐
                                                │
                    电池热仿真 ┐                  │
                    电机热仿真 ┤  AI技术在汽      ├─ AI技术与
                             ├─ 车热管理中      │   汽车热管理
                    座舱热仿真 ┤  的应用场景      │
                    电控系统热仿真 ┘              │
                                                │
                              AI技术在汽        ┘
                              车热管理中
                              的应用案例
                              分析
```

6.1 AI 技术理论

1. 模型降阶技术

1）流形假设

通常来说，三维数值模拟的复杂度比较高，在实际应用中一些高精度或者大规模的模拟，其网格数量可能达到百万级甚至千万级，流场解的维度更是网格维度的数倍。这样高维度的问题无论是对传统的数值求解技术还是对神经网络、克里金（Kriging）方法等常见的代理模型来说，都是很大的挑战。然而值得注意的是，在实际问题中这些高维数据往往都存在于某些低维流形上；也就是说，它们可能只是高维空间中的一部分，并不占据整个空间。这种现象被称为"流形假设"，它的基本思想是：虽然数据可能具有高维度，但它们的内在结构可能只占据了高维空间中一个小的流形子空间。这意味着我们可以用较低维度的数据来表示高维数据，而不会失去太多信息。因此我们在做流场或者其他物理场预测任务时，可以先利用降维技术将高维数据映射到低维的流形子空间上，再利用其低维表示来建立流场预测模型，即建立一个低维模型来近似原来复杂的高维问题。

2）高维数据降维

通常来说，降维问题都可以被看成一类特征学习问题，或者被转化为优化问题。具体来说，即根据一系列高维数据，找到一组最优的低维子空间，使其最大限度地保留原高维数据的信息。假设有一组流场数据 $X = [x_1, x_2, \cdots, x_n] \in \mathbb{R}^{m \times n}$，我们想要找到一组最优的标准正交子空间基底 $\boldsymbol{\Phi} \in \mathbb{R}^{m \times r}(r \ll m)$，使其能够最好地表示原来的高维数据。首先将高维数据投影到低维空间，得到其低维表示 $Z = \boldsymbol{\Phi}^T X \in \mathbb{R}^{r \times n}$；相反，通过低维表示，我们也可以利用子空间基底快速重建高维的流场数据，$X \approx \hat{X} = \boldsymbol{\Phi} Z$。由于 Z 的维度远远小于流场数据的维度，所以在低维空间中的计算和存储效率都会远远高于原高维空间的。但是这种降维过程不可避免地会带来信息上的损失，我们可以通过最小化流场的重建损失函数 l_{recon} 来找到这组最优的低维子空间：

$$\boldsymbol{\Phi}_r = \arg\min_{\boldsymbol{\Phi}} l_{\text{recon}} = \arg\min_{\boldsymbol{\Phi}} \|X - \hat{X}\|_2^2 = \arg\min_{\boldsymbol{\Phi}} \|X - \boldsymbol{\Phi}\boldsymbol{\Phi}^T X\|_2^2 \tag{6-1}$$

式（6-1）中的优化问题，可以转换为矩阵特征根问题：

$$XX^T \boldsymbol{\Phi}_r = \boldsymbol{\Phi}_r \Lambda_r \tag{6-2}$$

式中，Λ_r 为降序排列的前 r 个特征根构成的对角矩阵，$\boldsymbol{\Phi}_r$ 为对应的特征向量矩阵。式中的重建损失函数经过归一化，可以显式地写为

$$l_{\text{recon}} = 1 - \frac{\lambda_1^2 + \lambda_2^2 + \cdots + \lambda_r^2}{\sum_{i=1}^{k} \lambda_i^2}, \quad k = \min\{m, n\} \tag{6-3}$$

我们可以对方阵 XX^T 的频谱进行分析，从而在适当的前 r 个特征根处对其进行截断，使得最后的重建误差满足一定的精度要求，比如 $l_{recon} \leq 1\%$。该种方法通常也被称为本征正交分解（Proper Orthogonal Decomposition，POD），由于其清晰的数学含义和物理解释，被广泛应用于流场特征提取、压缩等。

POD 是基于解空间的线性分解，即将流场数据表示为低维空间基底的线性组合，因此仅能捕捉数据中的线性结构，而对于非线性较强的复杂流体问题往往效果不佳。相比之下，自动编码器（Autoencoder）则是一种基于神经网络的非线性降维方法。它可以通过神经网络强大的非线性拟合能力自动地学习高维数据的非线性特征，并将其映射到低维空间中。Autoencoder 由编码器（Encoder）和解码器（Decoder）两部分组成，两者均为全连接的神经网络模型，Autoencoder 基本结构如图 6-1（a）所示。其中编码器将输入数据压缩到低维表示，$Z = \Phi(X) = f_e(X; \Theta_e)$，解码器则将这个低维表示映射回原始高维空间，$\hat{X} = \Psi(Z) = f_d(Z; \Theta_d)$。通过最小化重构误差的方法可以优化神经网络的参数 Θ_e、Θ_d，即模型的训练过程为

$$\arg\min_{\Theta} l_{recon} = \arg\min_{\Theta} \sum_{i}^{n} \left\| x_i - f_d(f_e(x_i; \Theta_e); \Theta_d) \right\|_2^2 \tag{6-4}$$

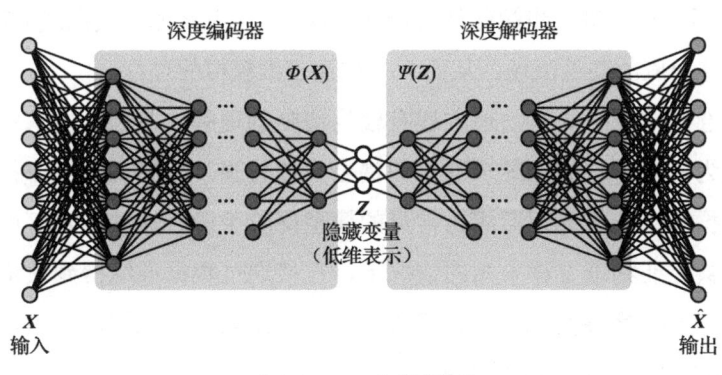

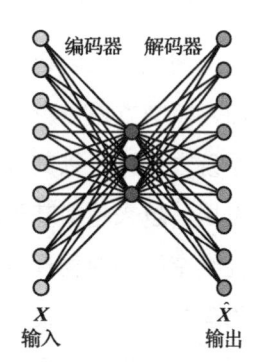

图 6-1 自动编码器的结构组成 [1]

（a）Autoencoder基本结构　　（b）Autoencoder退化后对应的POD

相比于 POD，Autoencoder 的优势在于其非线性拟合能力。对于具有复杂非线性结构的高维数据，Autoencoder 能够更好地提取和表示信息。从另一个角度来看，我们也可以把 POD 看成退化后的 Autoencoder，即只取一层隐含层，同时取消网络中的非线性激活，Autoencoder 则会退化为 POD［见图 6-1（b）］。同时，Autoencoder 还可以在不需要显式计算协方差矩阵的情况下进行降维，因此对于大规模数据的处理更加高效。但是，由于其降维和重建过程是通过神经网络学习得到的复杂非线性映射关系，所以 Autoencoder 相对于 POD 来说，物理解释性较差。

3）模型降阶

通过高效的降维技术，我们可以将原来高维的流场数据投影到低维的线性或者非线性空间，

然后在低维空间中建立轻量化的预测模型，从而达到快速预测的目的。一般来说，这种轻量化的模型可以通过将物理控制方程投影到低维流形上获得，也可以通过数据驱动的方式在低维流形上直接建立启发式的模型。前者由于其清晰的物理意义，在传统流场降阶模型中被广泛采用。以动态系统的降阶为例，考虑高维空间中的系统：

$$\dot{X} = \frac{\mathrm{d}X}{\mathrm{d}t} = r(X) \tag{6-5}$$

式中，r 为非线性函数。假设训练得到了一组较优的自动编码器（POD 降维也可以被看成退化后的自动编码器），可以利用解码器 $X \approx \hat{X} = f_\mathrm{d}(Z)$，简化高维模型：

$$\begin{aligned}
\frac{\mathrm{d}f_\mathrm{d}(Z)}{\mathrm{d}t} &= r(f_\mathrm{d}(Z)) \\
\frac{\partial f_\mathrm{d}}{\partial Z} \frac{\mathrm{d}Z}{\mathrm{d}t} &= r(f_\mathrm{d}(Z)) \\
\dot{Z} = \frac{\mathrm{d}Z}{\mathrm{d}t} &= \left[\left(\frac{\partial f_\mathrm{d}}{\partial Z} \right)^\mathrm{T} \frac{\partial f_\mathrm{d}}{\partial Z} \right]^{-1} \left(\frac{\partial f_\mathrm{d}}{\partial Z} \right)^\mathrm{T} r(f_\mathrm{d}(Z)) = \bar{r}(Z)
\end{aligned} \tag{6-6}$$

式（6-6）将原来高维空间中的非线性系统投影到了低维空间中，从而得到了关于 Z 的动态系统，通常也叫作原系统的降阶模型。通过进一步简化其右端项的计算，可以快速地模拟式（6-6）中 Z 的时间演化，然后利用 Z 重建对应的高维流场，从而大大加速三维模拟的过程。

然而，控制方程投影方式的选择需要对高维物理方程有较为清晰的理解，并且需要求解降维后的系统方程，所以其过程较为复杂，与原三维求解器的耦合也比较强。随着机器学习技术的快速发展，越来越多基于纯数据驱动的方式逐渐成为常见的模型降阶手段。这种方式可以不借助原高维空间中的物理方程，甚至在物理方程未知的情况下，直接通过数据训练得到低维空间中的物理模型。仍以式（6-5）的动态系统为例，我们可以在得到一组较优的低维流形后，在其上训练一个神经网络模型来近似低维空间中的系统演化：

$$\frac{\mathrm{d}Z}{\mathrm{d}t} = f_\mathrm{m}(Z; \boldsymbol{\Theta}_\mathrm{m}) \tag{6-7}$$

式中，f_m 为神经网络；$\boldsymbol{\Theta}_\mathrm{m}$ 为其参数。采用这种方式进行模型降阶，需要先训练一个神经网络来找到最优的低维子空间，然后在低维流形上训练另一个网络来近似系统的时间演化特性。有时候为了避免分别训练带来额外的计算消耗，也可以将整个过程集中到一个神经网络模型中进行训练。基于数据驱动的模型降阶流程如图 6-2 所示。

2. 流场预测前沿技术

1）卷积神经网络

近些年来，机器学习技术的许多突破性进展都集中在计算视觉领域，也产生了许多高效的图像识别、分割等算法，其中大部分最为常用的算法框架都基于卷积神经网络（Convolutional

Neural Network，CNN）。由于三维数值模拟的数据，尤其是在结构化的笛卡儿网格下，其存储结构与图像存储结构非常类似，所以 CNN 技术在流场快速预测上也有很大的潜力。同时，流场数据通常具有高维度和复杂的结构特性，一般 CNN 还会和编码、解码类型的网络结构一起使用：可以认为先通过编码器部分的卷积层对流场数据进行特征提取和下采样，然后通过解码器部分的反卷积层对这些特征上采样并解码为流场预测。这种结构可以帮助我们更好地理解流场的物理特性，同时也能提高预测的准确性，图 6-3 所示为基于 CNN 的二维机翼翼型流场快速预测流程。

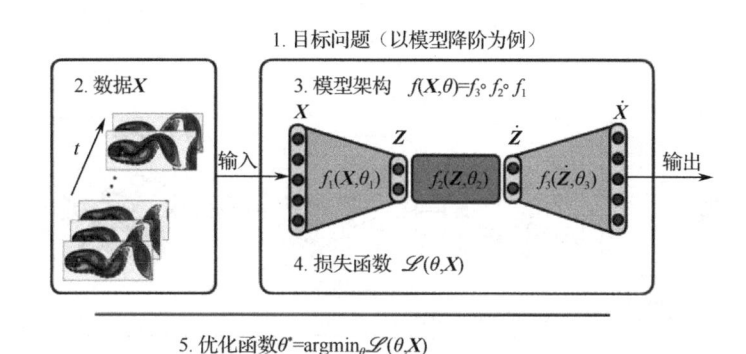

图 6-2 基于数据驱动的模型降阶流程 [2]

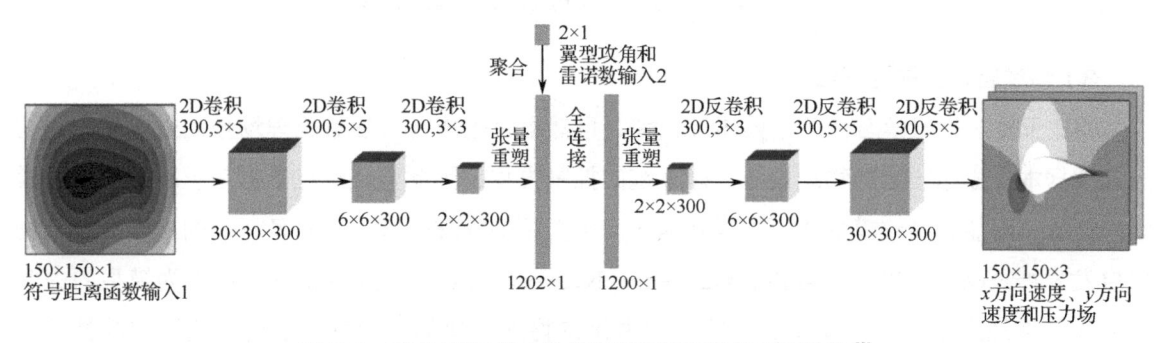

图 6-3 基于 CNN 的二维机翼翼型流场快递预测流程 [3]

2）图网络技术

由于数值模拟通常会涉及比较复杂的几何外形，所以非结构网格的使用往往比结构网格更加普遍。CNN 的输入需要是一个固定形状的张量，而非结构网格下的流场数据则没有固定的形状。因此，针对此类问题，基于网格拓扑连接的图卷积网络（Graph Convolutional Network，GCN）逐渐受到更多的关注。GCN 通过对每个网格节点周围的节点进行卷积操作，从而提取出局部的特征信息，并将这些特征信息传递至全局进行最终的预测。相比于传统的 CNN，GCN 更适合处理非结构化数据，因为它能够高效地处理和利用节点之间的拓扑连接关系。此外，GCN 对于输入、输出的维度没有要求，在它们的维度改变时依然能够保持较好的预测效果。GCN 对于三维模拟中变几何、变网格等工况来说,优于绝大部分传统的神经网络模型。一个较为典型的基于非结构网格数据建立的 GCN 模型如图 6-4 所示。

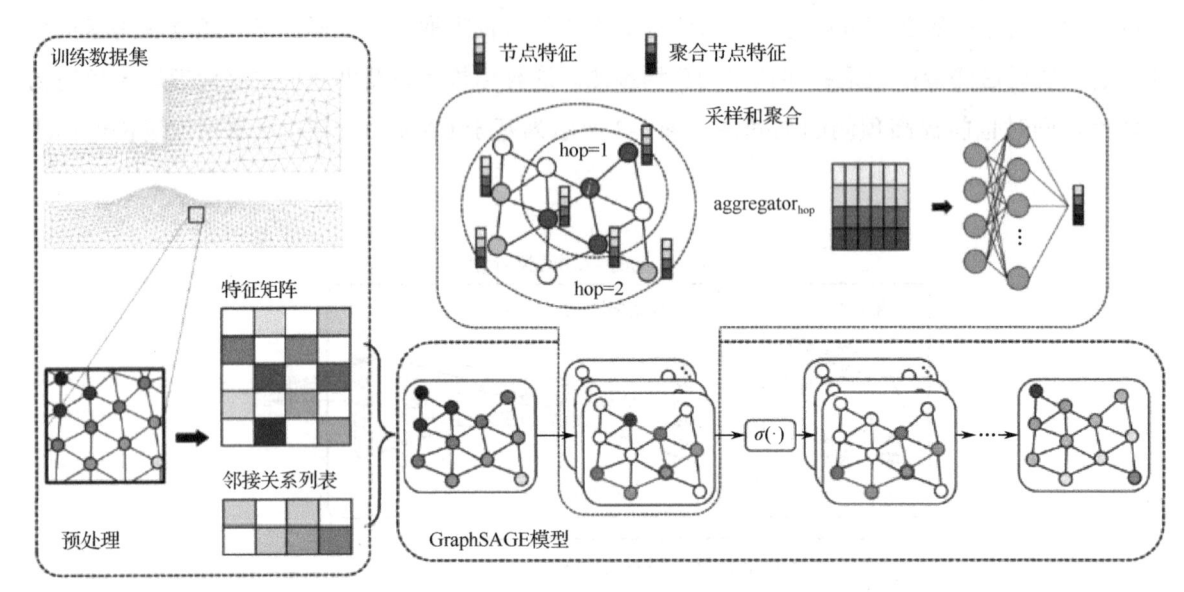

注:aggregator$_{hop}$ 为聚合算子,hop=1 表示采样与当前节点直接相连的节点;hop=2 表示采样与当前节点之间连接的边数量小于 2 的节点

图 6-4 一个较为典型的基于非结构网格数据建立的 GCN 模型 [4]

3)物理启发式神经网络

相比于传统机器学习任务,如图像识别、自然语言生成等,三维物理场预测最大的不同在于其数据本身遵循一定的物理规律,即系统的控制方程。因此直接通过数据来驱动机器学习模型的训练,可能会导致模型并不能很好地学习到真正的物理规律,不具备良好的外推能力。物理启发式神经网络(Physics-Informed Neural Network,PINN)则将物理规律作为模型的先验约束嵌入神经网络中,在模型训练的过程中保持物理规律的一致性,从而提高模型的性能。PINN 结构最先由布朗大学的 Raissi 等提出 [5],并用于一维 Burgers 方程和二维圆柱绕流模型的训练。其与传统方法最大的区别在于,该结构在数据预测损失的基础上加入了控制方程的损失项:

$$\mathcal{L} = \mathcal{L}_{data} + \mu \mathcal{L}_{PDE} \tag{6-8}$$

式中,μ 为控制方程损失的权重。不仅如此,PINN 类型的神经网络还可以将其他物理信息,如边界条件、初始条件等一系列信息引入,具有非常高的灵活性和可扩展性。图 6-5 展示了 PINN 对于一维扩散问题的模拟,在损失函数中嵌入了控制方程、初始条件和边界条件等的损失(误差)项,可以让模型的预测更好地满足物理问题的特性。

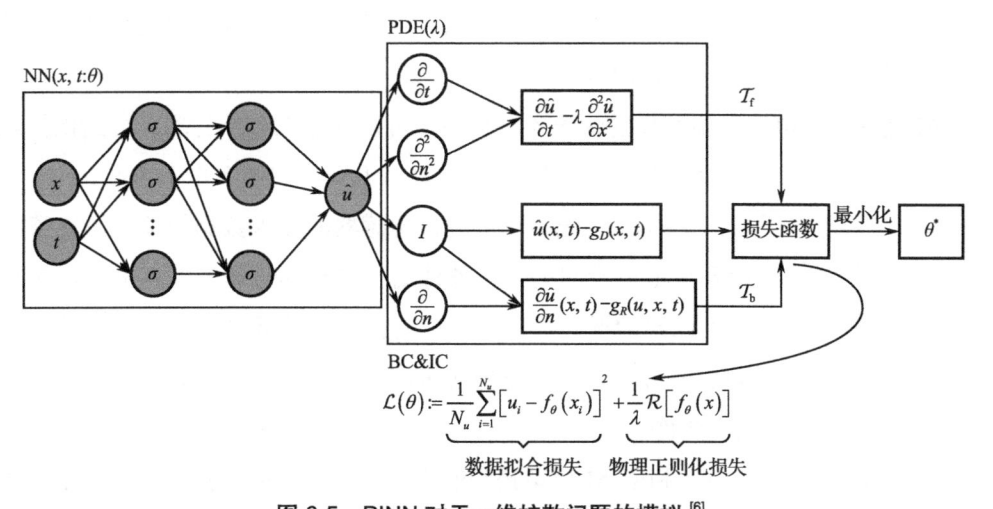

图 6-5　PINN 对于一维扩散问题的模拟 [6]

6.2　AI 技术在汽车热管理中的应用场景

1. 电池热仿真

电池的性能、寿命和安全性与电池的工作温度密切相关。首先，过高的温度会加速电池老化，造成可用容量不可逆的衰减。其次，电化学反应速率与温度有关，不均匀的电池系统温度分布会导致每个电池单体不同的充放电行为和电化学性能，而这会加速电池系统的局部老化，影响整个电池系统的使用寿命。此外，如果电池产生的热量不能得到及时的耗散，过高的温度将会导致固体电解质界面（Solid Electrolyte Interphase，SEI）膜分解，形成内部短路引发热失控，导致燃烧、爆炸等危险后果。图 6-6 和图 6-7 展示了典型的电池波纹冷板设计和电池包热仿真分析结果。

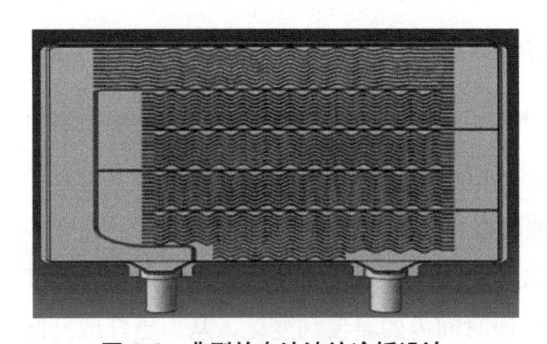

图 6-6　典型的电池波纹冷板设计 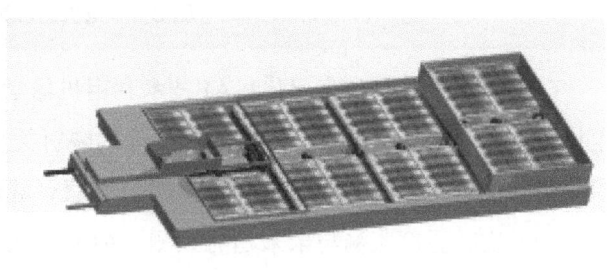　　　　图 6-7　电池包热仿真分析结果

因此，为了在保证电池寿命的前提下充分发挥电池的性能，需要一套电池热管理系统使电池工作在合适的温度范围内。传统的 CFD 仿真技术能够得到完整的电池包三维温度分布，从而

反馈到设计优化端。但是 CFD 仿真一般计算量较大、耗时长，无法满足快速设计的需求，更无法实现实际工作条件下的快速反馈控制。

利用 AI 技术建立电池包温度场的快速预测模型，可以辅助电池热管理，达到优化热管理策略的目的，实现较低的平均温度和较为均匀的温度分布，其具体应用有以下方面。

（1）实时监测与自适应热管理。AI 模型可以通过传感器的输入数据快速预测完整的电池包全场温度，从而指导热管理系统根据不同的工作条件动态调整热管理策略。例如，在检测到电池包全场温度较高时，系统可以自动增大冷却强度；而在温度较低时，系统可以减小冷却功率以节省能源。AI 模型通过自适应算法，确保电池包全场温度在各种工作条件下均保持在最佳范围内，延长电池寿命并提高安全性。

（2）异常检测与故障诊断。利用 AI 模型预测的完整电池包温度场数据，可以对电池系统进行异常检测与故障诊断。相比于少量的独立测点数据，利用较为完整的全场温度结果，能够更加高效地检测电池系统中的异常温升情况，预防热失控事件。

2. 电机热仿真

电机作为新能源汽车的核心部件，其性能和可靠性与汽车热管理效能息息相关。当前，电机热仿真主要基于三维 CFD 仿真，图 6-8 展示了电机热仿真分析结果。但是传统的 CFD 仿真计算存在计算速度慢、仿真难度大等问题，大大降低了设计优化和反馈控制的效率。AI 技术在电机热仿真中的应用，可以有效解决这些问题，提升仿真效率和精度，其具体应用方向如下。

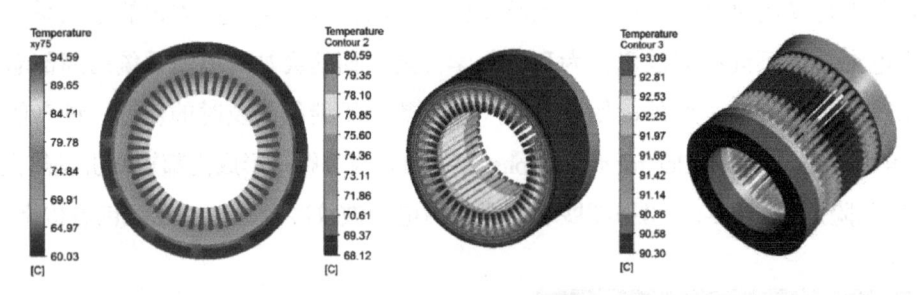

图 6-8 电机热仿真分析结果

（1）快速设计与仿真优化。AI 技术利用机器学习算法，可以从大量的历史仿真数据中学习电机设计参数、工况参数与电机散热性能的映射关系。利用训练好的 AI 模型，可以对电机设计参数进行快速的优化，从而规避传统 CFD 仿真计算速度慢、计算资源消耗大等弊端。

（2）实时温度监测与未来趋势预测。AI 模型可以通过传感器数据快速预测完整的电机温度分布。同时，基于 AI 的时序降阶模型可以预测未来一段时间内的温度场变化，从而更好地反馈到热管理系统中，实现更加高效的电机温度控制。

（3）损伤预测和运维管理。通过 AI 技术对电机运行状态的监测和分析，可以进行损伤预测和寿命预测，指导电机的维修和保养，确保电机在最佳状态下运行，延长其使用寿命。

3. 座舱热仿真

随着科技的进步，汽车在人们生活中的地位发生着变化。汽车正在从代步工具逐渐演变成新的生活空间，满足人们旅行、住宿、生活、会议等不同需求，因此人们对座舱舒适性的要求也越来越高。在座舱舒适性的评价体系中，热舒适性是其中一个至关重要的因素。热舒适性，在美国供暖空调工程师学会的标准中已有明确的定义，即对热环境表示满意的意识状态。影响人体热舒适性的因素主要包括环境因素和人的因素，其中环境因素主要包括空气温度、平均辐射温度、空气流速、空气相对温度等。图 6-9 展示了座舱仿真模型和乘员体表空气流速仿真分析结果。但是该场景的仿真需要考虑多种不同工况，涉及不同鼓风机挡位、制冷温度，还要考虑热辐射对舱内温度的影响，导致仿真较为复杂，计算耗时长，且对计算资源要求较高。

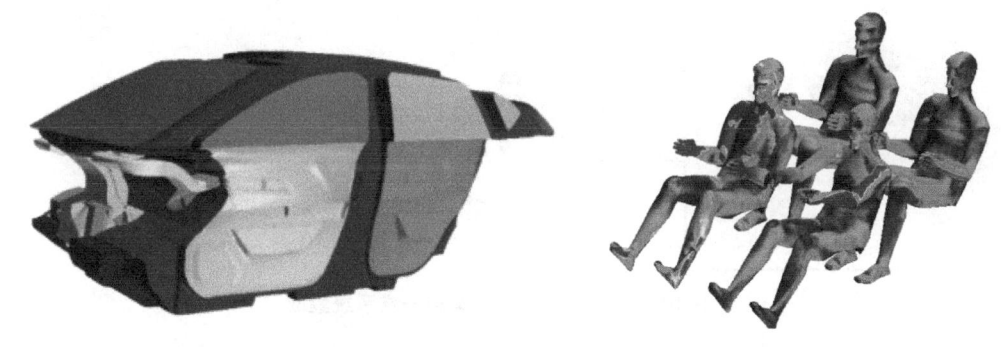

图 6-9 座舱仿真模型和乘员体表空气流速仿真分析结果

在座舱热舒适性评价中，引入 AI 技术可以有效解决传统 CFD 仿真难度大、效率低等问题，大大提升座舱热舒适性评估的效率，实现更高的热舒适性，为乘员提供更舒适、安全的出行体验。其具体的应用方向如下。

（1）智能空调控制系统。AI 技术可以根据座舱内外的温度、湿度、人员数量等参数，实时预测座舱内部的空气温度、湿度及人体表面的温度分布。完整的温度分布数据能够指导空调系统调整工作状态，以提供最佳的热舒适性。这种智能控制系统可以动态地调整鼓风机挡位和制冷温度，以适应不同的环境条件和乘员需求，提高座舱的热舒适性。

（2）个性化热舒适性定制。由于座舱热舒适性还涉及乘员的主观感受，所以利用 AI 技术还可以通过乘员的反馈数据，分析乘员的偏好、乘车习惯等信息，为每位乘员提供个性化的热舒适性体验，提高乘员满意度。

（3）加速整车热管理一、三维联合仿真。传统的三维 CFD 仿真虽然能够提供较为完整、准确的物理场信息，但是在嵌入整车热管理一、三维联合仿真中时会成为主要的计算瓶颈，极大地降低联合仿真的效率。AI 三维降阶模型代替三维 CFD 仿真（见图 6-10），能在与一维仿真相当的时间下完成三维流场预测，从而实现高效的整车热管理一、三维联合仿真。

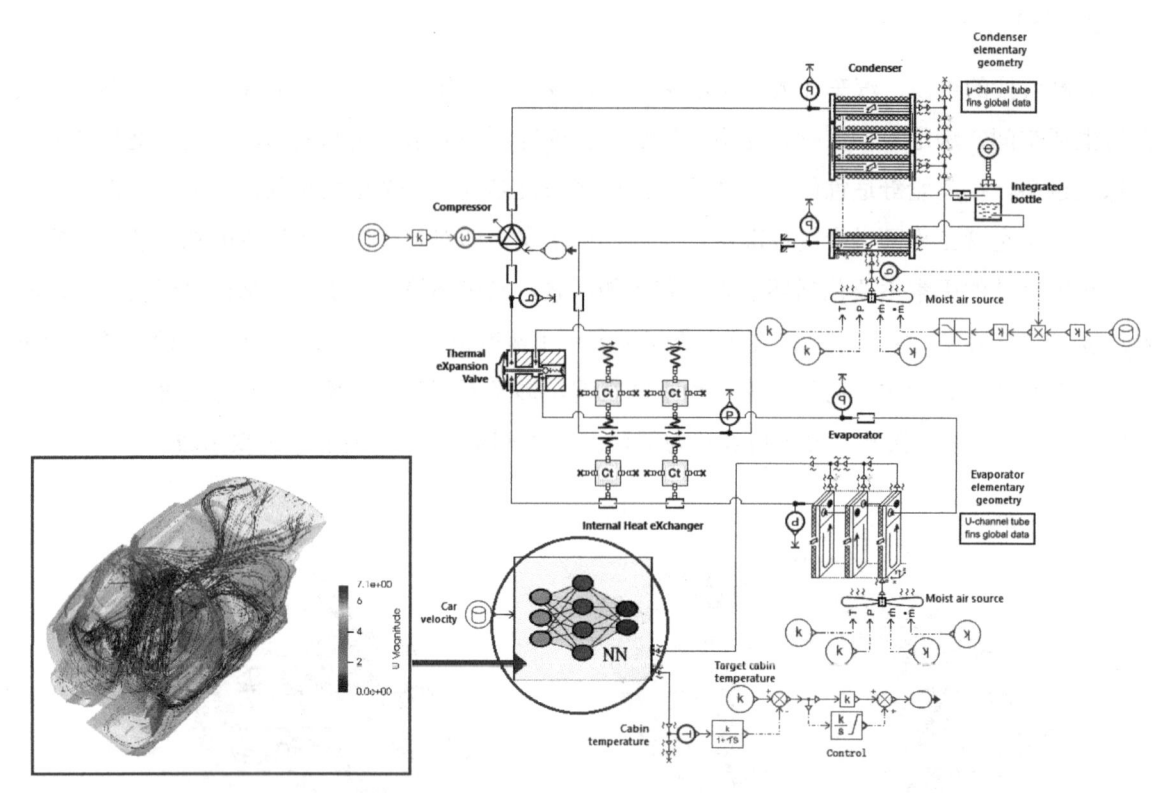

图 6-10　座舱三维降阶模型和一维系统集成

4. 电控系统热仿真

在集成电路设计验证迭代过程中，为了评估电路的发热程度，会多次反复调用热分析工具进行分析。因此，发展快速、高精度、高容量的集成电路热分析工具，对于当前的集成电路特别是三维芯片及系统封装的设计验证，具有非常重要的意义。热分析可以分为稳态热分析及瞬态热分析两类。稳态热分析关注芯片系统在散热趋向稳定时的温度分布，而瞬态热分析则关注芯片系统在给定初始状态下，温度分布随时间的瞬态变化。尽管瞬态热分析的时间复杂度很高，但其能够捕捉芯片系统的瞬态温度尖峰，从而更精确地评估芯片系统的温度分布。传统的CFD仿真在求解这类热分析问题时，虽然精度较高，但计算复杂度也很高，需要耗费较多的时间和硬件成本。而随着电控系统的发展，其集成度和规模不断增加，相应的仿真模型往往极为复杂，电机驱动器PCB板及仿真模型如图6-11所示。基于三维CFD仿真的热分析在实际应用中由于其较大的计算资源和计算时间消耗，往往无法满足快速仿真设计迭代的需求。

针对这些挑战，引入AI技术可以显著提高集成电路热分析的效率，具体应用方向如下。

（1）实时热分析模型构建。利用AI模型降阶技术，通过大量的仿真数据训练神经网络模型，可以构建高精度的电控系统热仿真模型。这些模型可以根据工况条件以及芯片当前状态，快速预测芯片的温度分布，尤其是在瞬态热分析中，大大减少计算时间，大幅提升仿真效率。

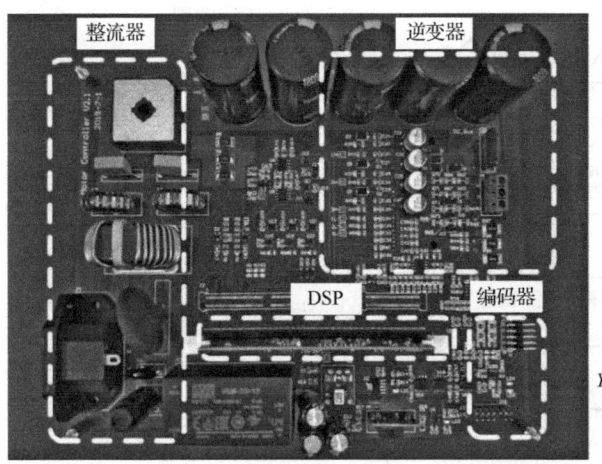

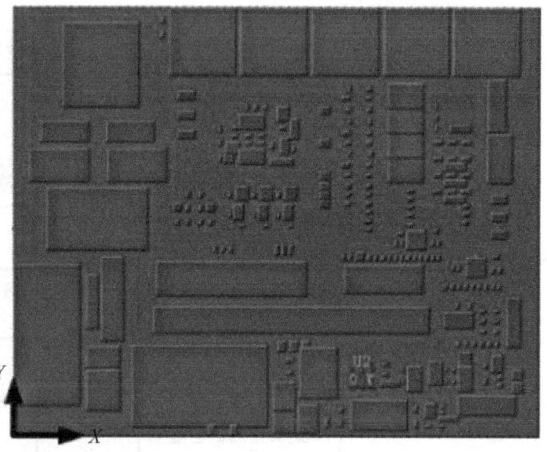

图 6-11　电机驱动器 PCB 板及仿真模型

（2）优化设计空间探索。传统方法在进行参数优化时，需要进行大量的 CFD 仿真和计算。利用响应速度较快的 AI 降阶模型，设计工程师可以通过智能优化算法，如遗传算法、贝叶斯优化算法等，在更短时间内找到最优的设计参数，从而有效地缩小设计空间，提高优化效率。

（3）多物理场协同仿真。集成电路的热分析不仅涉及热传导，还涉及电学和力学等多物理场的耦合。AI 技术可以整合不同领域的数据，通过多物理场协同仿真模型，更准确地预测芯片系统在复杂工作条件下的热分布情况。

6.3　AI 技术在汽车热管理中的应用案例分析

在仿真软件中融入 AI 技术，借助于仿真样本或者实验数据，可实现秒级的仿真预测，在产品设计端，加速与一维系统仿真的耦合；同时，预测模型也可用于产品的孪生模型，实现智能运维。与传统 CFD 仿真不同，融入 AI 技术的仿真流程一般包含数据的采集、模型的训练以及最后快速预测功能的使用等多个步骤，两者流程的主要区别可以由图 6-12 简单概括。需要注意的是，尽管在训练 AI 模型的过程中需要先进行样本批量的仿真计算，但是在模型训练完成之后，可以多次、独立且重复地进行仿真对象三维物理场的快速预测。

南京天洑软件有限公司目前已成功将 AI 技术融入其智能热流体仿真软件 AICFD 中，实现了仿真结果的实时预测。该软件可通过随书资源中的给定链接下载。本节以 AICFD 为基础，以座舱流场仿真为例，讲解仿真结果的 AI 预测，所仿真的座舱几何模型如图 6-13 所示。

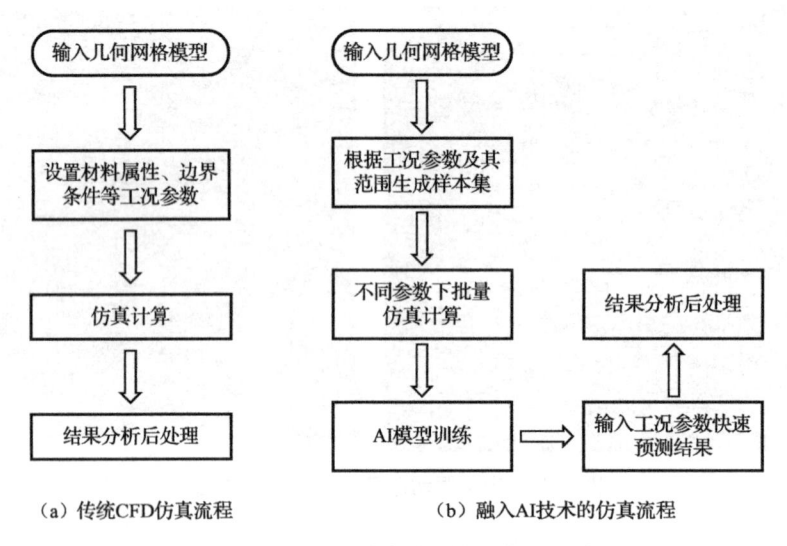

(a) 传统CFD仿真流程　　　(b) 融入AI技术的仿真流程

图 6-12　融入 AI 技术前后的仿真流程对比

图 6-13　座舱几何模型

本案例采用稳态不可压物理模型进行求解，湍流模型选用 Standard k-epsilon 外加标准壁面函数，计算域材料为空气。整个计算域包括 2 个假人模型、12 个进风口、4 个玻璃窗、1 个天窗和 1 个挡风玻璃。设计变量为进风口风速，样本区间为 0.1 ~ 11m/s。

以下展示本案例的操作流程。

步骤一：首先导入网格，然后在节点树中双击"Solution Modeling"选项（见图 6-14）设置模型参数，选择 Standard k-epsilon 湍流模型（见图 6-15）。

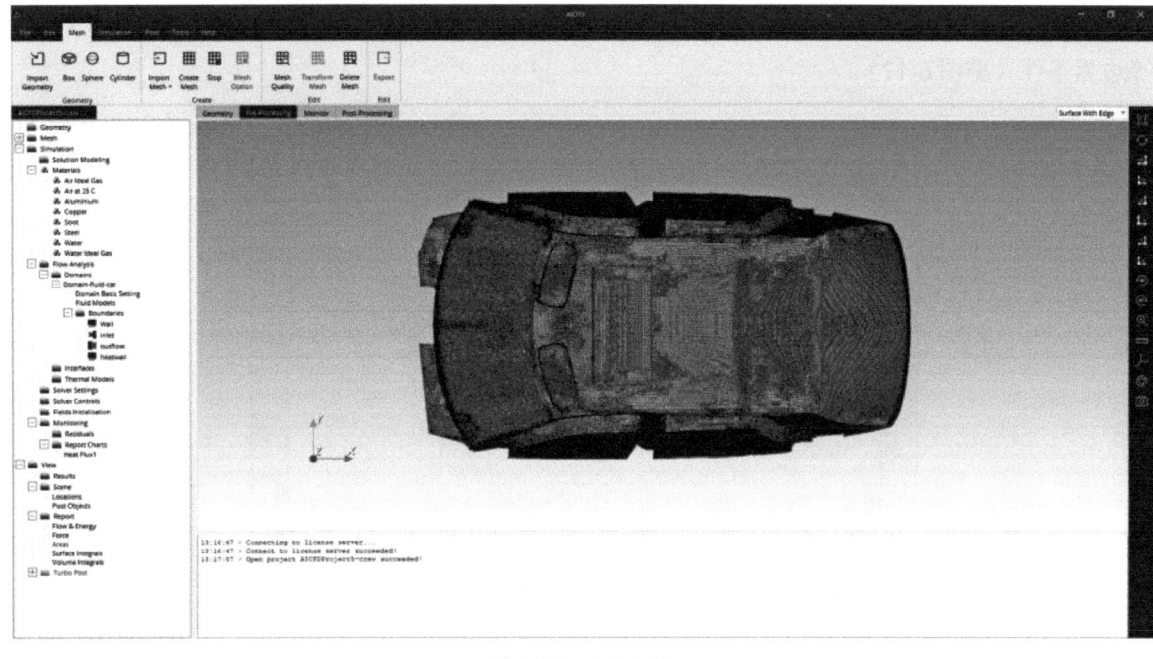

图 6-14 网格导入

图 6-15 模型设置

步骤二：设置模型计算域，流体域材料选择空气（见图 6-16）；设置速度入口和压力出口等边界条件（见图 6-17）。

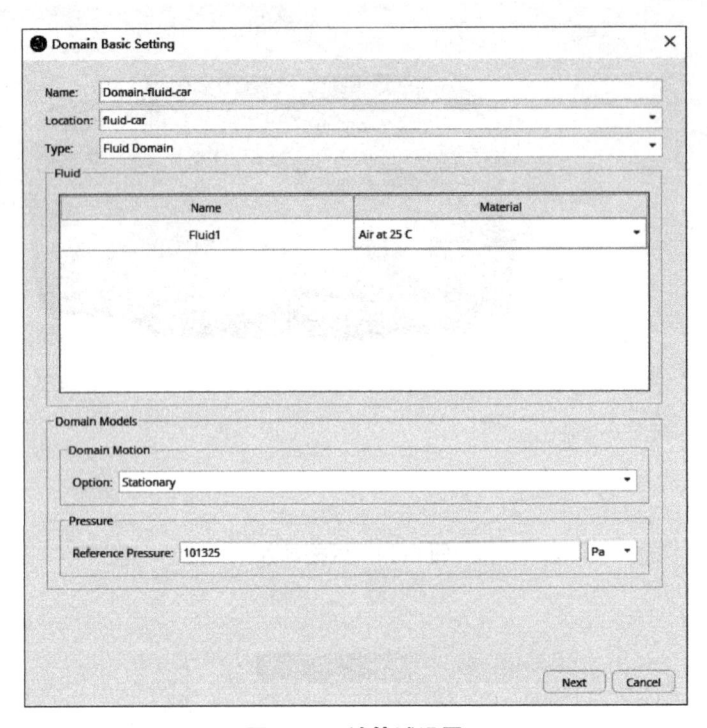

图 6-16　计算域设置

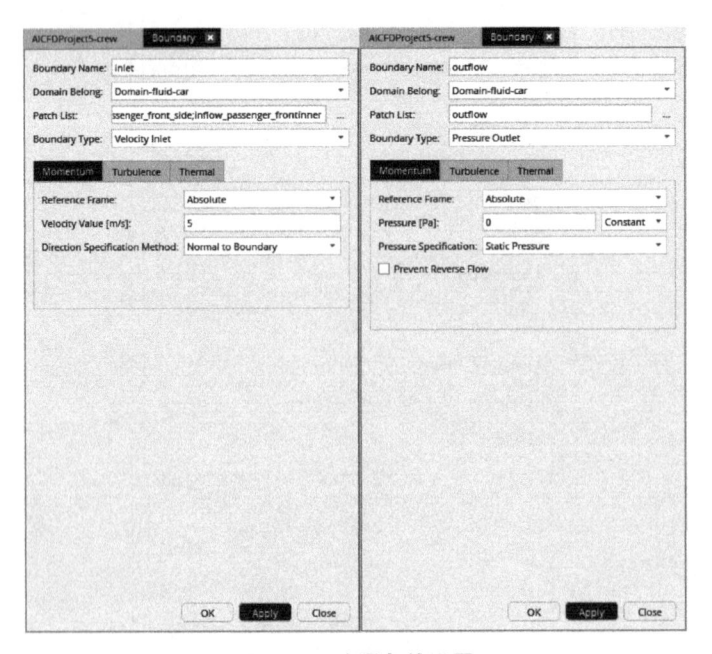

图 6-17　边界条件设置

步骤三：设置求解方程（见图 6-18）和求解器（见图 6-19）。完成设置后单击主菜单中的"initialize"选项进行初始化。

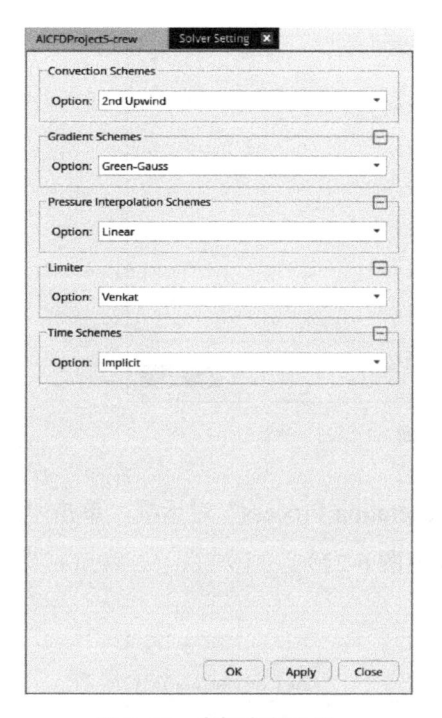

图 6-18　求解方程设置

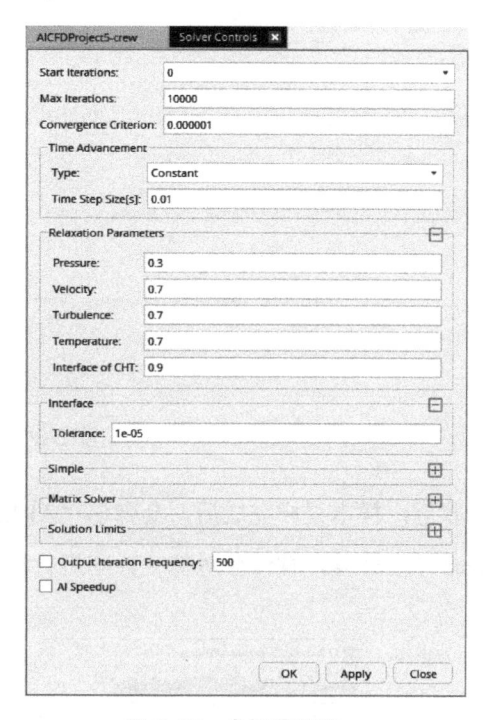

图 6-19　求解器设置

步骤四：初始化完成后，单击主菜单中"Run Solver"选项下拉列表中的"Generate AI Samples"选项进行样本采样。设置设计变量为进风口风速，即入流气体的速度（见图 6-20），对速度范围 0.1～11m/s 进行样本采样（见图 6-21）。

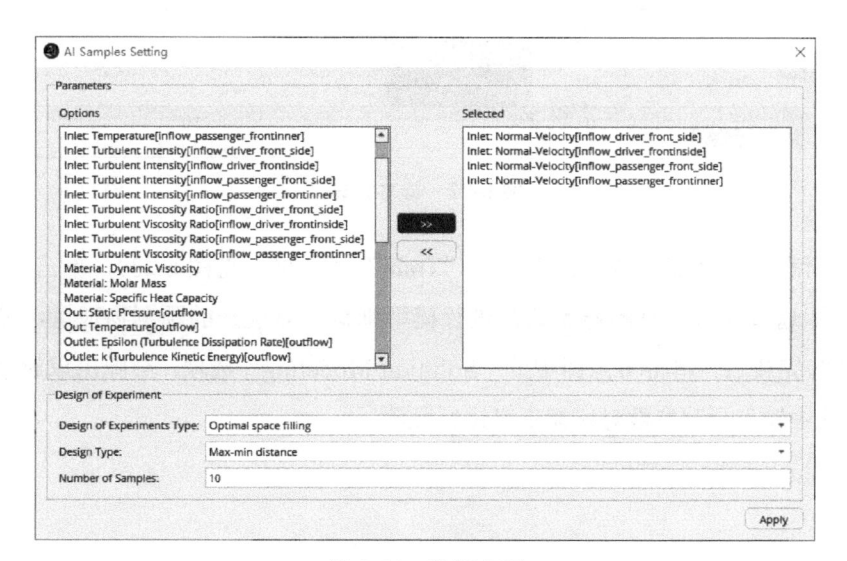

图 6-20　选择变量

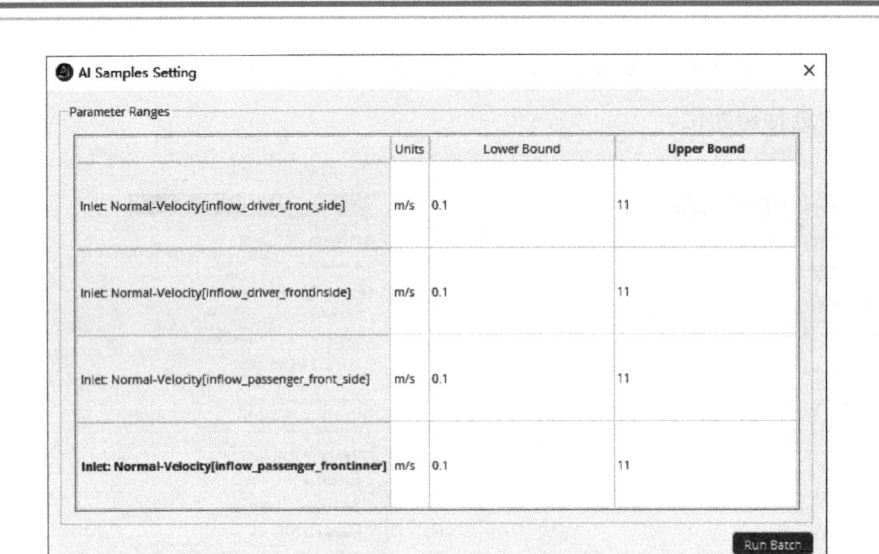

图 6-21 设置采样空间

步骤五：样本采样完成后，会弹出"AI Samples Generation Process"对话框，单击"Start"按钮进行样本计算，软件会对每个样本进行单独计算（见图 6-22）。

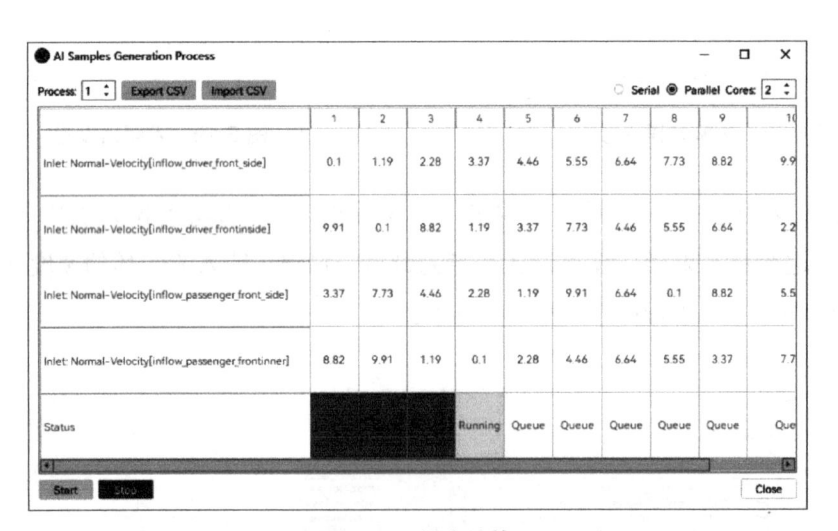

图 6-22 样本计算

步骤六：所有样本计算完成后，会弹出"Train"对话框（见图 6-23），单击"Yes"按钮进行模型训练，即通过完成计算的样本数据进行模型训练，对选择的预测物理量，输出对应的物理场数据。训练完成后，单击节点树中的"Solution Modeling"选项，会弹出求解模型窗格（见图 6-24），在其中输入预测参数对所需工况进行预测。

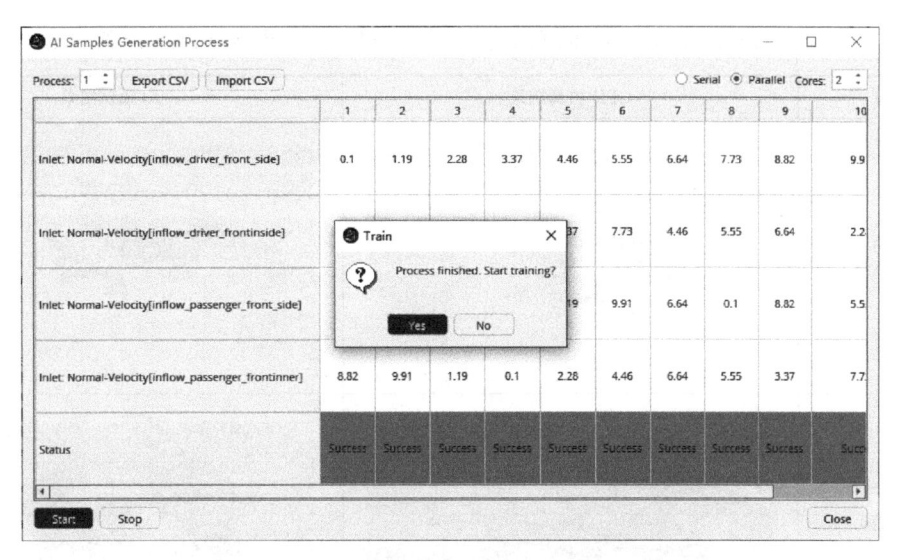

图 6-23 样本计算完成，弹出"Train"对话框

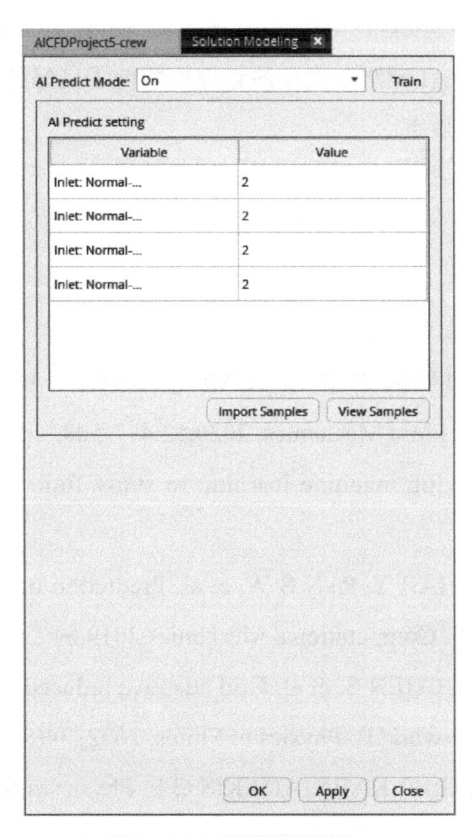

图 6-24 求解模型窗格

在 8 核并行计算的前提下，该案例对应的 CFD 仿真耗时为 1.5h，AI 预测耗时为 8s。表 6-1 所示为进风口风速为 2m/s 时的座舱流场 CFD 仿真结果与 AI 预测结果对比。

表 6-1 进风口风速为 2m/s 时的座舱流场 CFD 仿真结果与 AI 预测结果对比

对比位置	CFD 仿真结果	AI 预测结果
$Y=0$ 截面（汽车中截面）		
$X=2.81$ 截面（人体前部位置）		

该结果表明，AICFD 中的 AI 预测在汽车热管理中取得了良好的预测效果，保证了仿真精度，提升了多工况评估流场的计算效率。

参考文献

[1] BRUNTON S L, NOACK B R, KOUMOUTSAKOS P. Machine learning for fluid mechanics[J]. Annual Review of Fluid Mechanics, 2020,52:477-508.

[2] BRUNTON S L. Applying machine learning to study fluid mechanics[J]. Acta Mechanica Sinica, 2021, 37(12):1718-1726.

[3] BHATNAGAR S, AFSHAR Y, PAN S W, et al. Prediction of aerodynamic flow fields using convolutional neural networks[J]. Computational Mechanics,2019,64(2):525-545.

[4] PENG J Z, WANG Y Z, CHEN S, et al. Grid adaptive reduced-order model of fluid flow based on graph convolutional neural network[J]. Physics of Fluids, 2022, 34(8): 087121.

[5] RAISSI M, PERDIKARIS P, KARNIADAKIS G E. Physics-informed neural networks: A deep learning framework for solving forward and inverse problems involving nonlinear partial differential equations[J]. Journal of Computational Physics,2019,378:686-707.

[6] VADYALA S R, BETGERI S N, MATTHEWS J C,et al. A review of physics-based machine learning in civil engineering[J]. Results in Engineering, 2022, 13:100316.

第 7 章 相关软件技术展望

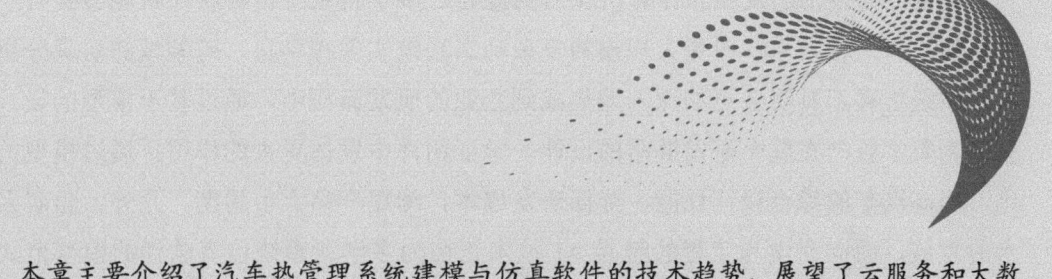

导读：本章主要介绍了汽车热管理系统建模与仿真软件的技术趋势，展望了云服务和大数据分析等前沿技术在汽车 CAE 领域的应用前景，同时介绍了国内自主可控的数字化仿真云平台，包括其设计理念、技术架构和功能模块等。通过本章的学习，读者可以深入了解汽车热管理系统仿真涉及的多学科系统仿真软件、流体动力学仿真软件的发展趋势，以及相关云平台的功能与优势，便利后续的汽车热管理系统研发工作。

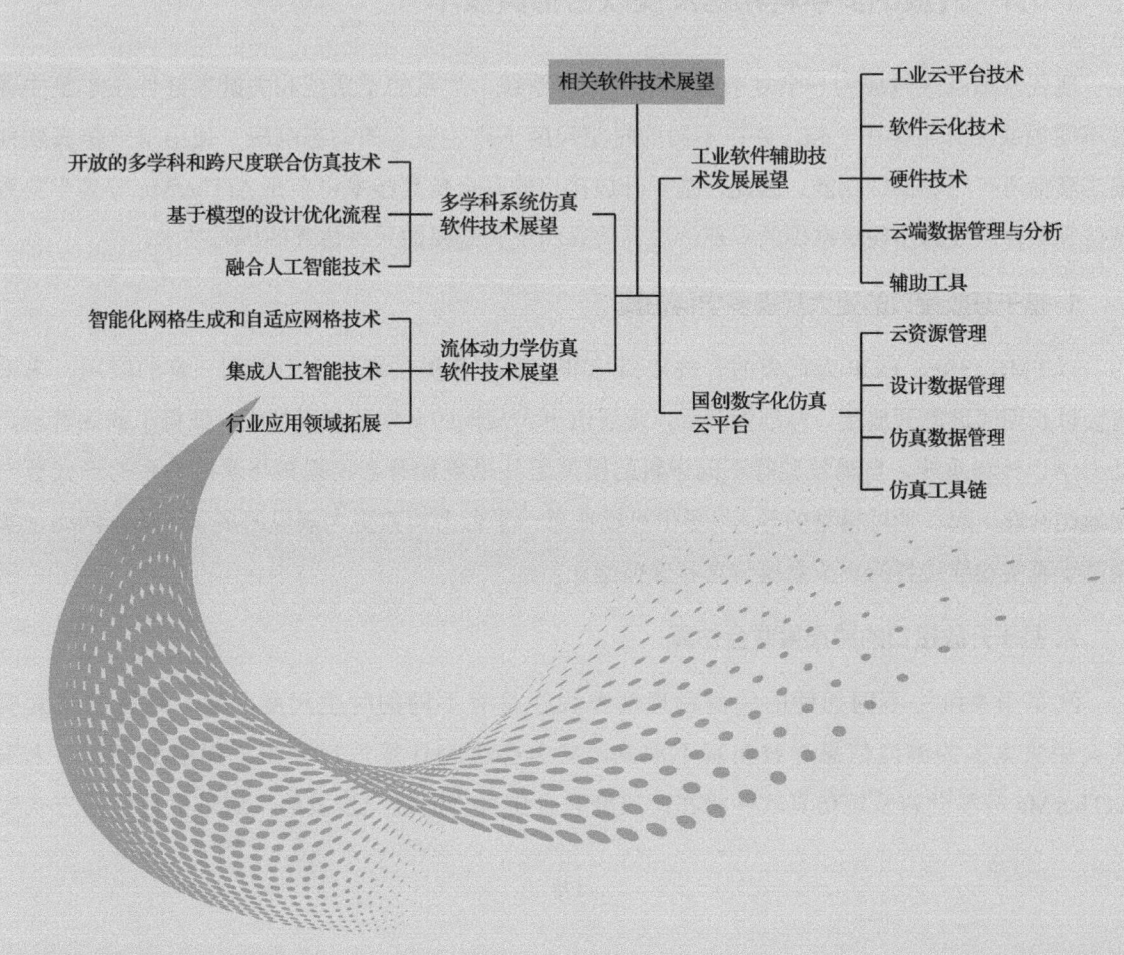

- 相关软件技术展望
  - 多学科系统仿真软件技术展望
    - 开放的多学科和跨尺度联合仿真技术
    - 基于模型的设计优化流程
    - 融合人工智能技术
  - 流体动力学仿真软件技术展望
    - 智能化网格生成和自适应网格技术
    - 集成人工智能技术
    - 行业应用领域拓展
  - 工业软件辅助技术发展展望
    - 工业云平台技术
    - 软件云化技术
    - 硬件技术
    - 云端数据管理与分析
    - 辅助工具
  - 国创数字化仿真云平台
    - 云资源管理
    - 设计数据管理
    - 仿真数据管理
    - 仿真工具链

7.1 多学科系统仿真软件技术展望

随着汽车技术的不断革新，以及汽车电动化、智能化的深入发展，汽车工业对仿真工具的要求也日益提高，未来汽车的内部系统将越来越复杂，涉及热力学、流体力学、机械、电子、控制等众多学科，因此 AITherMa 等多学科系统仿真软件将成为汽车工业不可或缺的重要工具之一。

随着仿真技术的发展和计算机算力的提高，多学科系统仿真软件将能够整合不同领域的学科知识和工程技术，对更大规模的复杂动态系统实现跨学科、跨领域的仿真分析和优化设计。系统仿真工具将会更加深入地集成到企业的研发流程中，通过基于模型的设计，使得模型作为数字资产在整个研发链路的设计—验证闭环中发挥更大的作用；通过模型的设计与优化，提高汽车的综合设计性能，降低研发成本，缩短产品上市周期。此外，随着人工智能技术的发展，面向科学和工程的跨界 AI 技术正在为多学科系统仿真软件的模型范式带来新的变革。通过数据驱动和机器学习，新的建模方法将会为多学科系统仿真软件带来更准确的边界条件、更优化的模型参数、更少的资源消耗、更细致的维度信息，以及与实际工程数据更好的集成应用。

7.1.1 开放的多学科和跨尺度联合仿真技术

现代汽车越来越成为一个复杂的多学科工程系统，大量的子系统和关键零部件在车辆中通过不同领域接口连接在一起，并在不同的时空尺度下产生复杂的动态响应。使用单一仿真软件很难囊括所有的零部件功能，因此，基于开放接口的联合仿真技术将会在 AITherMa 等多学科系统仿真软件中成为实现更准确的零部件边界仿真和更大规模的系统仿真的核心技术。

1. 基于开放接口的更大规模多学科仿真

以 FMI、SSP、DCP 为代表的开放接口标准已经在各类仿真软件中得到一定的应用，未来将会以长期演进的开放接口标准为基础，发展出更大规模的多学科仿真技术，使得车辆热管理、动力学、控制系统、自动驾驶等不同学科的模型组件以更加符合物理拓扑连接关系的形式更方便地结合在一起，通过模型的导入 / 导出可以在单一平台上构建更大规模的多学科仿真网络，实现基于真实物理边界的集成系统仿真和虚拟验证。

2. 基于开放接口的跨尺度联合仿真

汽车子系统中不同部件的关键物理现象往往具有不同的时空尺度，单一维度的仿真要么会丢失太多的维度信息导致仿真不准确，要么会因为计算消耗大在工程中不可行。未来 AITherMa 等多学科系统仿真软件将在跨尺度联合仿真方面进一步发展，通过更方便的方式实现在系统各节点上按需进行维度定义,并将不同尺度的内外部模型集成到同一个仿真网络中进行仿真。

7.1.2 基于模型的设计优化流程

现代快速的迭代需求使得汽车的研发周期越来越短,这与越来越复杂的整车系统形成一对深刻的矛盾,为此 AITherMa 等多学科系统仿真软件必将深入地与企业的研发流程相结合,通过仿真模型的设计优化和虚拟验证,减少实物验证,缩短研发周期。

通过与研发流程中各个需求层级的系统功能和行为进行对应,结合组件化和模块化的方法,AITherMa 软件可以在热管理系统设计的各个阶段,以符合工程师认知的形式组合出最优的模型解决方案,并提供相应的开放接口,帮助工程师更容易地描述系统的功能和行为。

同时,通过模型管理和接口管理技术,各需求层级产生的各种高、低精度的仿真模型,可以通过同一个管理平台进行管理,作为数字资产在跨部门、跨供应链的协作中流转,从而通过基于模型的协作方式提高需求传递和集成设计的效率。

最后,通过仿真优化技术,模型在设计阶段就可以通过大量的验证场景确定最优的设计方案和集成方案。多参数、多目标优化技术,将仿真模型与实际的工程边界结合,为多学科系统在多场景工程约束下进行解决方案寻优,极大地减少了实际集成验证所需的工时。

7.1.3 融合人工智能技术

人工智能算法与算力的快速发展必然会对热管理系统仿真等多学科系统仿真产生持续的影响,当前人工智能技术已经为 AITherMa 软件带来了基于模型降阶技术的模型范式,未来还会在各种应用场景中提升建模与仿真体验。

1. 模型降阶技术

模型降阶技术对随时间变化的高维物理过程进行低维的近似描述,以在捕捉系统能量的意义上达到最优化。这一技术的主要优势在于能够减少计算维数和计算量、节省计算时间和 CPU 负荷,从而提高仿真效率。对于热管理系统,通过持续引入前沿的模型降阶技术,未来各类部件都将具有更加广泛的可用降阶模型。

2. 基于实际工程数据建模

企业已经在实际工程中积累了大量的实测数据,这些数据可以通过模型标定技术来提高物理模型的精度,或通过数据比对来验证设计,但实验和仿真之间的数据链路仍然没有打通。通过数据建模技术可以将实际工程数据和虚拟仿真模型结合起来,构造一个虚实结合的仿真网络。对工程数据通过智能模型进行建模,并与虚拟模型连接,可以为虚拟模型提供真实的物理边界和物理响应，从而提高模型的准确度。

7.2 流体动力学仿真软件技术展望

随着计算设备的迭代升级，流体动力学仿真软件将能够处理更大规模、更高精度的仿真计算，提供更准确、更可靠的仿真结果。未来，随着智能化技术的引入和跨学科需求的增加，流体动力学仿真软件将进一步实现智能化网格生成、自适应网格技术，以及集成人工智能技术的功能。这些技术将显著提高仿真效率和准确性，满足用户在解决各类复杂工程问题时的需求。此外，流体动力学仿真软件将积极拓展应用领域，不仅在传统的流体力学领域发挥重要作用，还将在生物医学工程、环境工程和新能源等领域中提供创新的解决方案。

7.2.1 智能化网格生成和自适应网格技术

网格划分在流体动力学仿真中起着至关重要的作用，它直接影响仿真计算的结果准确性、计算效率和适应性。因此，在进行流体动力学仿真时，需要根据具体的仿真问题和计算要求进行合适的网格划分。

未来，流体动力学仿真软件会引入更先进的几何建模工具，使用户能够更轻松地创建复杂的几何模型，包括直接集成 CAD 功能或者具备更智能的几何处理功能，允许用户在软件内部进行几何建模，从而提高仿真效率和精度。

此外，流体动力学仿真软件会引入更智能的自动化网格划分功能，包括自动网格生成算法，根据用户设定的几何模型和仿真条件，自动生成适当的网格结构。同时，增加对多种网格格式的支持，使用户能够方便地导入不同来源的网格数据。

7.2.2 集成人工智能技术

目前，人工智能技术已经得到了广泛应用，如果将人工智能技术集成到流体动力学仿真软件中，应用于仿真的建模、优化和数据分析等过程，那么软件的功能和性能将得到显著提升，能够更好地满足用户的仿真需求，为用户提供更智能、更高效的仿真工具。

一是提供智能设置推荐。软件利用机器学习算法，从大量的仿真数据中学习模型特征、总结规律，从而推荐三维热流体仿真模型的初始条件、边界条件或者模型参数。智能设置推荐功能将提高建模效率和模型的准确性，特别是在处理复杂问题或工程师缺乏相关经验的情况下，将显著提高仿真效率。

二是提供结果深度分析。软件通过人工智能算法对仿真数据进行特征提取和模式识别，挖掘隐藏在数据背后的潜在模式和关联性,对仿真结果进行深度分析,为用户提供更详细、更全面的仿真结果报告。

7.2.3 行业应用领域拓展

除了传统的流体力学领域,流体动力学仿真软件将积极拓展到新的行业应用领域,如生物医学工程领域、环境工程领域、新能源领域等,解决新领域的工程问题,为相关行业带来更多的创新和发展机遇。

例如,在生物医学工程领域,可以利用软件模拟人体内的血液流动,优化医疗器械的设计。在环境工程领域,可以利用软件模拟大气、水体的流动,评估环境污染物的传输和扩散。在新能源领域,可以利用软件对如风能、水能等可再生能源的设备进行优化设计和运行仿真,提高能源利用效率。

随着新兴科学技术的发展和工程仿真领域的扩展,QFLUX 等流体动力学仿真软件已经逐步应用于一些新的领域。相信随着仿真技术的不断进步和软件功能的不断完善,流体动力学仿真软件在新领域的应用将得到进一步加强,为相关行业的发展和创新带来更多的助力。

7.3 工业软件辅助技术展望

7.3.1 工业云平台技术

工业云平台技术具有强大的数据处理能力和灵活的集成性,能为企业建立一个统一产品开发业务流程、研发数据及研发工具的管理平台,包括软件上云、线上协同及数据上云。该技术支持汽车研发设计全生命周期流程的云端管理,贯通从汽车设计、仿真到测试验证的所有环节,实现汽车研发仿真的全流程化集成和管理、数据共享和协同设计;不仅促进了跨部门、跨领域的数据流动和信息交流,提升了整体研发效率,而且保证了研发质量,赋能整车企业和零部件厂商的数字化转型(见图 7-1)。

1. 软件上云

从单机软件到云端软件的转变,成功解决了长期困扰企业的软件孤岛问题。将许可统一部署在云端,不仅可以实现软件许可的统一监控和管理,更可以使软件许可的自动调配成为可能,极大地增强了灵活性,有效避免了资源闲置。

图 7-1 工业云平台蓝图

2. 线上协同

从传统的线下任务分配模式转型为线上协同任务分配模式，是解决软件人员孤岛问题、提升团队协作效率的关键步骤。通过智能化的任务分配系统，团队可以快速、准确地根据成员的能力、工作量和项目需求，对任务进行自动或手动分配。系统能够实时更新任务的状态和进度，每个团队成员都可以随时查看任务列表，了解当前的工作进度。

3. 数据上云

数据管理从本地离线到线上统筹的转变，已经成为解决软件数据孤岛问题的关键。数据统一线上管理，极大地丰富了企业的数据资产。过去，数据散落在各个部门、各个团队的本地存储中，难以形成统一的数据视图。而现在，所有数据都集中存储在线上平台，形成宝贵的数据财富。

7.3.2 软件云化技术

软件云化一般可采用云原生技术、虚拟可视化技术等云计算技术，与 AI 大模型相结合，建设超大规模的云计算数据中心。软件云化技术为操作简单、远程可视化、轻量化、无感知的云端工业软件的软件服务提供了技术支撑，实现了资源的高效调度和灵活分配，使企业可以按需获取计算资源、存储资源和网络资源，从而降低运营成本，提高运营效率。

云原生技术的兴起为应用开发和管理带来了革命性的变化。容器化、微服务、自动化部署等云原生技术，在提高应用的可靠性和可伸缩性的同时，使应用程序能够更快速地完成部署和更新。这不仅加快了企业的创新速度，还提升了用户体验。

虚拟可视化技术充分利用 GPU（图形处理器）的图形处理能力，采用集群化部署，支持多机冗余和负载均衡；通过远程可视化协议，支持二维/三维软件可视化，为工业软件提供基于 B/S 架构的、兼容不同操作系统的、跨平台的远程虚拟应用。

云计算与 AI、大数据、物联网等技术的融合，催生出一系列新的应用场景。例如，通过云计算平台，企业可以轻松地处理和分析海量数据，从中挖掘出有价值的信息，并将其作为决策依据。

7.3.3 硬件技术

GPU 和 CPU 作为计算机硬件技术的两大核心，近年来取得了显著的技术进步。

多核心、高性能的 CPU 被广泛应用于云计算服务器。例如，现代处理器的 Intel Xeon 或 AMD EPYC 系列，它们的多核设计和高级功能使云计算系统能够处理海量数据，完成更复杂的计算任务。

同时，GPU 为云计算提供了强大的计算能力，尤其是在图形渲染、深度学习及 GPU 加速计算等方面，不断刷新了工业软件的计算速度。未来，CPU 可在物理模拟、数据分析等方面发挥更大优势。

7.3.4 云端数据管理与分析

云端数据管理是利用计算机硬件和软件技术对数据进行有效的收集、存储、处理和应用的过程，将数据转化为有用的信息以支持业务决策和运营，包括数据规划、数据建模、数据架构设计、数据存储和备份、数据安全和隐私、数据质量管理、数据集成和共享、数据分析和挖掘等。

随着计算机技术的发展，数据管理经历了从人工管理、文件系统到数据库系统等多个阶段，数据管理的技术和方法在不断更新和完善。现代数据管理技术包括关系型数据库管理系统、非关系型数据库、数据仓库、数据湖、大数据分析与处理、数据挖掘技术，以及实时数据处理等，这些技术都在不同的场景中发挥着重要的作用。

实时数据流处理系统能够实时接收、处理和分析数据流，实时捕捉和响应数据的变化，进而进行实时决策和预警，适用于需要实时响应的场景，如汽车智能物联网。

7.3.5 辅助工具

面向汽车设计及仿真业务流程，通过调度器建立仿真工具链，可以实现复杂工具流程（如整车被动安全、Trimmed Body）和多学科耦合（如结构疲劳、流固耦合）流程的标准化及自动化；封装现有程序和脚本（前后处理、求解器等），发布功能块（Functional Block），复杂的工具子流程（Sub-Procedure）也可被封装为功能块，便于工程师管理和调试。功能块之间通过文件或进程接口相互实现数据传输。系统预先封装一批常用的前后处理和求解器等工具软件，以及逻辑控制等内置功能块，便于工程师将仿真规范搭建为流程，并通过 AI 智能算法持续优化应用。

7.4 国创数字化仿真云平台

国创数字化仿真云平台是一个面向整车设计研发的、汇聚多款国产自研汽车设计仿真商业软件产品的、能提供汽车设计研发全生命周期管理的云服务平台。该云平台汇集支持汽车仿真分析的热管理仿真分析、碰撞安全性分析、汽车电控算法科学计算、多物理场仿真验证等多个商业化国产自研软件工具，通过统一平台为用户提供服务，降低许可费用，减轻主机厂对于未来商业软件使用权限的焦虑，同时为高校培养新型仿真工程师提供一体化教育平台，促进汽车研发产业健康发展。

该云平台由四大模块组成，即云设计平台、仿真工具链、仿真数据管理、设计数据管理。云设计平台作为整个云平台的基础底座，承载其余三大模块，完成对整车研发流程从 0 到 1 的支持。

7.4.1 云资源管理

云平台支持 Windows 和 Linux 操作系统上常见的三维设计仿真应用及办公教学应用，可跨操作系统、跨地理位置对所需资源进行访问。云平台采用高安全级别的可视化协议，该可视化协议支持图形传输、操作传递、共享、加密/解密、数据压缩等。其技术要点参考当前主要可视化协议的功能要求、技术特性，同时独立于当前主要可视化协议，形成自主可控的、新的协议栈与协议层。

云平台的资源管理与调度功能支持多种类型应用软件的通用中间件集成应用，包括机械行业设计软件、分析软件、仿真软件、芯片设计软件、科学计算软件、大数据分析软件等。这些不同类型的应用软件可以被同时集成到资源管理与调度软件管理的计算集群中，实现了多领域、多学科、多种类型应用资源的充分共享。云平台采用混合云方式实现资源的弹性伸缩配置，云架构如图 7-2 所示。

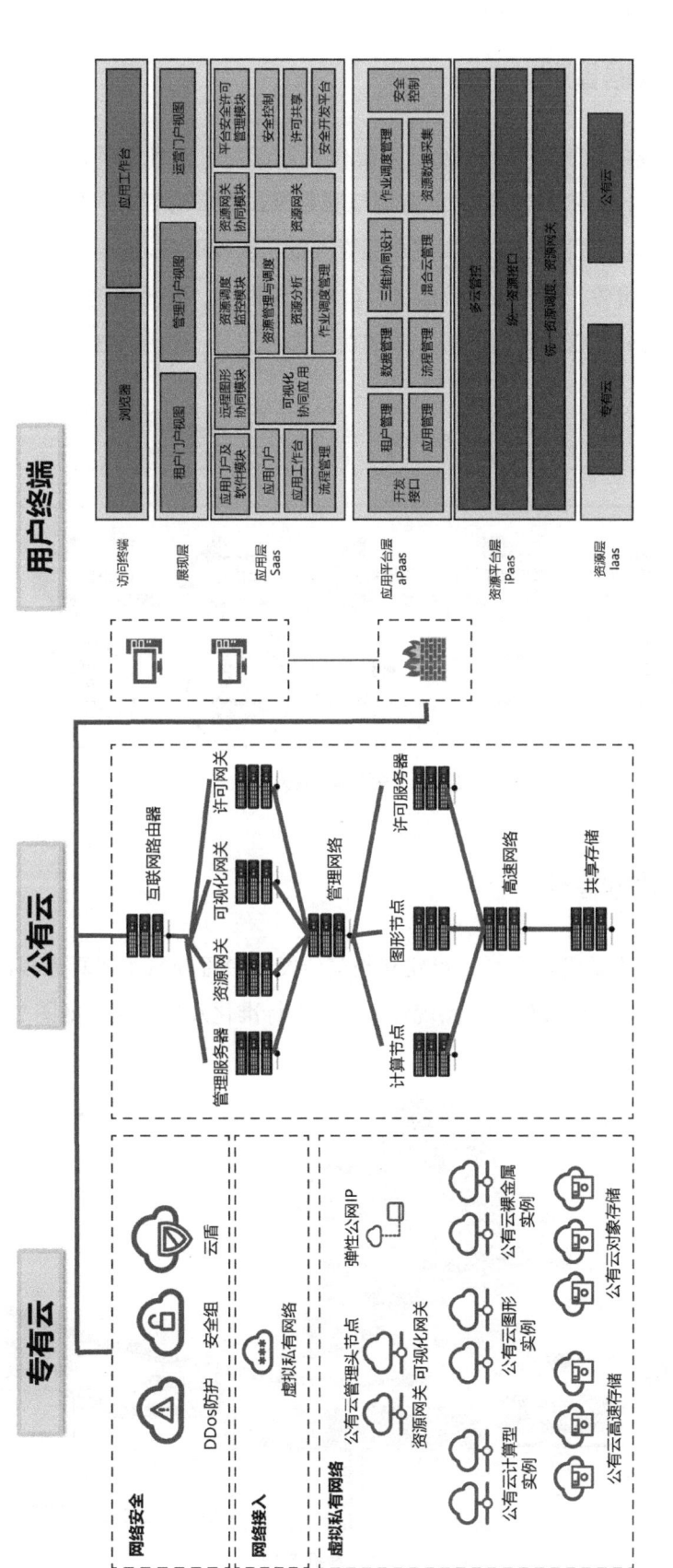

图 7-2 云架构

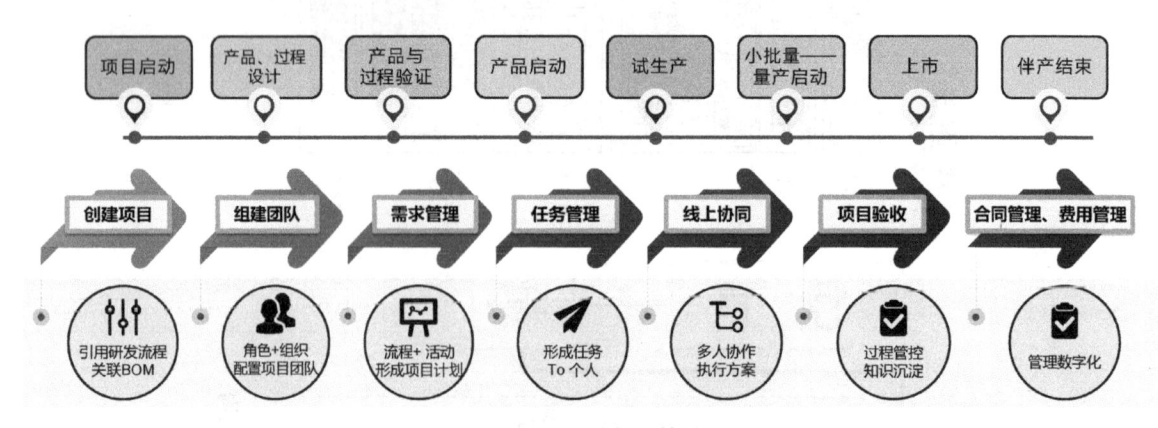

7.4.2 设计数据管理

设计数据管理系统依托于云设计平台，可提供企业级项目管理服务，主要包括项目库管理服务、模板管理服务、计划管理服务、经费管理服务等。引擎也可对产品设计过程和设计数据管理场景进行支撑，在统一建模基础上，实现产品设计数据管理服务，主要包括产品结构（E-BOM）管理服务、零部件管理服务、图文档管理服务、审批管理服务、变更管理服务、基线管理服务、工作流管理服务，以及编码权限管理服务等基础功能管理服务，如图 7-3 所示。

图 7-3 设计数据管理

7.4.3 仿真数据管理

仿真数据管理依托于云设计平台，可建立整车研发平台管理汽车仿真流程，分解整车性能目标，并根据开发目标分配仿真任务，实现业务流程的标准化及自动化，如图 7-4 所示。

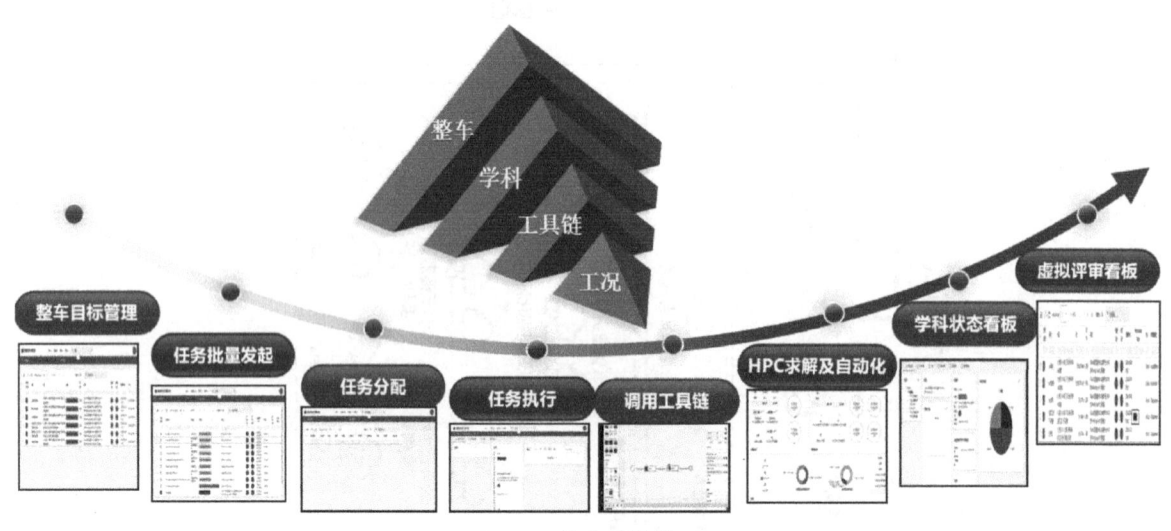

图 7-4 仿真数据管理

在引擎中，仿真工程师在接收到仿真任务后，根据接收到的设计模型和数据，开展仿真验证工作，并按照相应分析工况要求执行仿真任务，包括前处理、求解、后处理、生成仿真报告等。在完成仿真后，仿真工程师将仿真验证结果及分析报告反馈给设计师。

7.4.4 仿真工具链

仿真工具链依托于云设计平台，可实现仿真模型及结果复用、仿真流程封装、多学科联合仿真封装、多物理场参数优化。为了支持国产软件替代，在模型复用场景中，以标准格式作为中间介质，为工具软件厂商和第三方文件搭建桥梁，打通多学科间的数据壁垒，快速实现已有商业模型在国产软件中的复用，如图 7-5 所示。

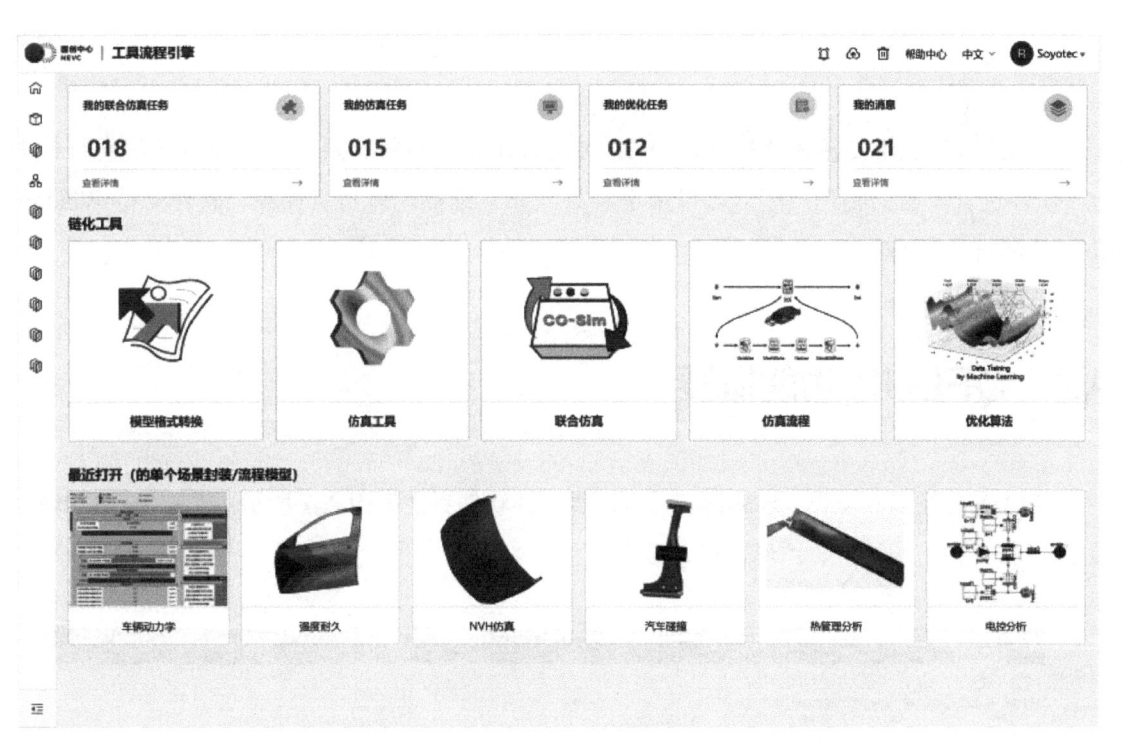

图 7-5 仿真工具链

读者可以通过扫描封底二维码，查看国创数字化仿真云平台的相关操作演示。

附录 A　QFLUX 软件介绍

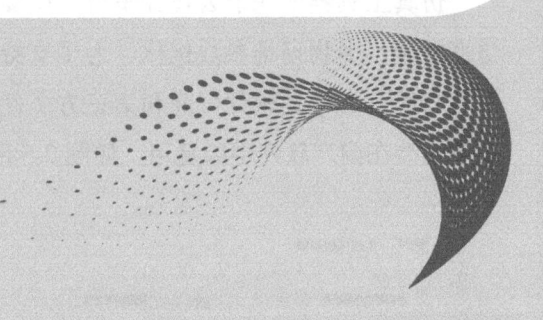

汽车热管理三维热流体分析软件 QFLUX 是深圳十沣科技有限公司开发的一款通用 CFD 软件。软件包含丰富的物理模型，可以用于各种汽车三维热流体仿真计算。软件支持 Windows、Linux 等跨平台操作。

A.1　QFLUX 功能概要

QFLUX 包含前处理器、求解器和后处理器。其软件界面如图 A-1 所示，主要包括菜单栏（工具栏）、按钮栏、工程区、图形窗口、信息栏。

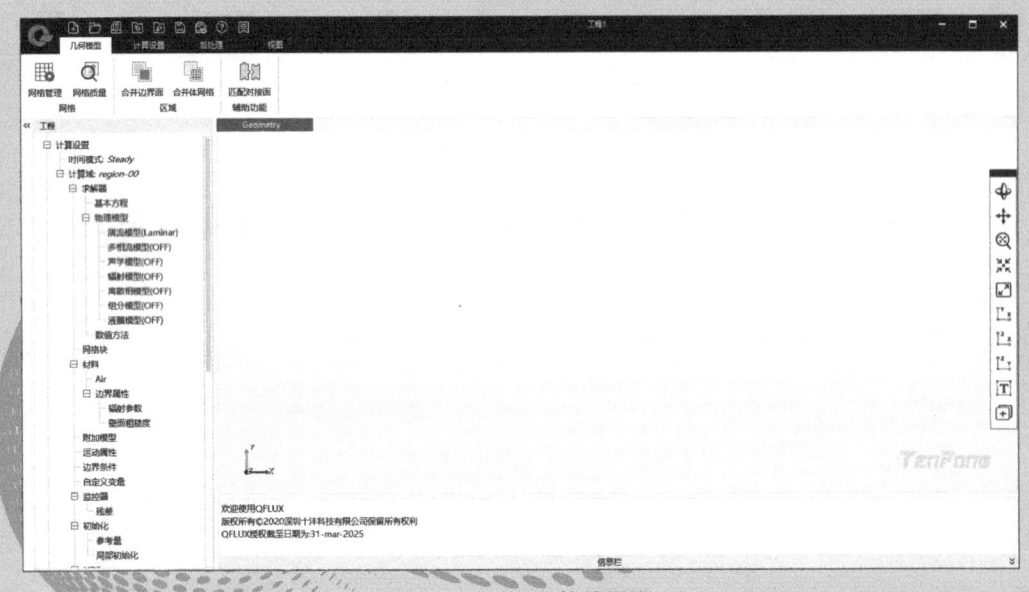

图 A-1　QFLUX 软件界面

1. 前处理器

软件本身不具备网格生成功能，但是提供丰富的网格文件接口，支持 CGNS 格式、ANSYS Fluent 软件的 .msh 格式和 .cas 格式、STAR-CCM+ 软件的 .ccm 格式、Nastran 软件的 .bdf 格式、Comsol 软件的 .mphtxt 格式（文本数据）和 .mphbin 格式（二进制数据）。

软件前处理器还支持网格质量检查、网格操作（包括缩放、平移、旋转、镜像）、自动匹配对接面等功能。

求解器设置主要在工程区中的节点树中完成，包括时间模式选择（瞬态或稳态）、基本方程选择（是否求解能量方程、是否冻结流体）、物理模型设置（包括湍流模型选择、多相流设置、多组分设置等）、材料设置、数值方法设置、运动属性设置、边界条件设置、监控器设置等。

2. 求解器

软件求解器采用有限体积法，数值求解不可压缩的 Navier-Stokes 方程组（含耦合求解能量方程），压力-速度耦合算法包括 SIMPLE、PISO、Coupled 等，同时具备完善的动网格算法，包括滑移网格法、弹簧网格法、嵌套网格法等，支持如下问题的求解。

- 稳态及非稳态问题。
- 不可压缩问题。
- 层流及湍流问题。其中，支持的湍流模型包括 LVEL 代数模型、RANS 模型，如 S-A、k-ε 模型（含 Standard、RNG、Realizable k-ε）、k-ω 模型（含 Standard、SST k-ω）、k-kl-ω 转捩模型、γ-Reθ 转捩模型等；DES 模型、DDES 模型、IDDES 模型、大涡模拟（LES）方法（含 Dynamic Smagorinsky、WALE、Smagorinsky-Lilly）及 CLES（Constrained LES，约束大涡模拟）。
- 多相流、空化问题。
- 气动噪声问题。
- 流固耦合传热及辐射传热问题。
- 考虑重力加速度的流动问题。
- 多孔介质中的流动问题。
- 静止、旋转或平移刚体绕流问题，多刚体六自由度（6DOF）运动绕流问题。

针对上述问题，软件提供了丰富的常用介质材料数据库，以及自定义材料属性功能；提供了各种常用边界类型供用户选择及定义，针对环境流体动力学问题，用户也可以自定义风廓线等入流参数。软件还支持基于 Microsoft MPI 协议的并行计算，具有优异的大规模并行计算能力。

3. 后处理器

针对经过求解获得的计算结果，软件支持丰富的流场可视化功能。

- 云图。

- 矢量及矢量线。
- 切面。
- 等值面。
- 视图半透明化展现物体内部结构。
- 以图片/动画形式展现运动物体的运动姿态及绕流结构。
- 图片保存。

数据统计分析功能如下。
- 统计报表。
- 曲线图。
- 跟踪并输出物体阻力、力矩、角速度、加速度变化曲线。
- 数据自动保存。

A.2 QFLUX 中的物理模型概述

1. 湍流模型

针对流体分析的多种需求，QFLUX 软件包含多种湍流模型。

- Spalart-Allmaras（S-A）模型：包括 Standard Spalart-Allmaras 模型、Edwards Spalart-Allmaras 模型、Ashford Spalart-Allmaras 模型。
- k-ε 模型：除了标准 k-ε 模型，还包括 Renormalization-group（RNG）k-ε 模型和 Realizable k-ε 模型。
- k-ω 模型。
- k-kl-ω 模型。
- γ-Re_θTransition 模型。
- LVEL（Length-VELocity）模型。
- Detached Eddy Simulation（DES）模型。
- Delayed Detached Eddy Simulation（DDES）模型。
- Improved Delayed Detached Eddy Simulation（IDDES）模型。
- Large Eddy Simulation（LES）模型：Dynamic Smagorinsky 模型、Smagorinsky-Lilly 模型、WALE 模型、Dynamic k-equation 模型。
- Constrained Large Eddy Simulation（CLES）模型。

在 CLES 模型中可以应用的 RANS 模型有 Standard Spalart-Allmaras 模型、Edwards Spalart-

Allmaras 模型、Standard k-ω 模型、SST k-ω 模型、Standard k-ε 模型、RNG k-ε 模型 Realizable k-ε 模型、k-kl-ω 模型、γ-Re_θ Transition 模型；可以应用的 LES 模型有 Dynamic Smagorinsky 模型、Smagorinsky-Lilly 模型、WALE 模型、Dynamic k-equation 模型。

常见的软件支持的壁面函数如下。

1）Standard Wall Functions

Standard Wall Functions 广泛适用于工程领域的流动问题，其可根据网格粗细选择采用线性律或对数律来描述邻近壁面流动特性，对大多数壁面约束流动都能给出较好描述。然而，当流动与理想情况差别较大时，比如近壁面受到强烈的压力梯度，且当流动有很强的非平衡特性时，Standard Wall Functions 的预测效果较差。标准壁面函数是 k-ε 和 k-ω 湍流模型的默认选项。

2）Scalable Wall Functions

为了避免 Standard Wall Functions 在网格细化到满足线性律的黏性层时所出现的结果恶化现象，Scalable Wall Functions 引入了一个限制器，强迫对数律的满足，从而对于任意加密的网格可产生较为一致的结果。Scalable Wall Functions 提供给 k-ε 湍流模型。

3）Non-Equilibrium Wall Functions

Non-Equilibrium Wall Functions 考虑了压力梯度的影响，且采用双层概念来计算邻近壁面的湍流动能，从而部分考虑了 Standard Wall Functions 中所忽略掉的非平衡效应。推荐将其应用于复杂流动，比如，包含分离、再附、冲击等平均速度和湍流受到压力梯度和急剧变化的情形。Non-Equilibrium Wall Functions 提供给 k-ε 湍流模型。

4）Modified Enhanced Wall Treatment

Modified Enhanced Wall Treatment 结合了双层模型和近壁面模型，由于考虑了众多影响因素，所以其应用范围较为宽广，可给出完全湍流层、缓冲层、黏性底层的合理描述。对于能分辨到黏性底层的精细网格，其可给出精确解答；对于粗糙网格，其也可给出合理解答；而对于中等网格，其不会产生过多误差。Modified Enhanced Wall Treatment 提供给 k-ω 湍流模型。

2. 多相流模型

软件提供 VOF（Volume Of Fluid）和 Eulerian 模型供使用，当前仅支持不可压常密度两相流。VOF 模型可以用来模拟包括但不限于自由面流动、灌注、液体中的大气泡流动、溃坝、喷射衰竭（表面张力）的预测等。其中，考虑重力作用且需保持液位高度的自由面流动需要勾选"明渠流"复选框，软件还提供造波边界。

软件提供了两种相变模型，包含空化模型与蒸发冷凝模型，两者不可同时使用。空化模型为恒定温度下的低压空化，包含 Full Cavitation Model、Kunz Model、Yuan-Sauer-Schnerr Model 和 Zwart Model 四种空化模型。蒸发冷凝模型仅考虑因温度引起的相变，包含常用的常系数 Lee 模型与变系数的 Eulerian 模型，主要用来模拟多相分离的流动，所有相都被视为连续介质（包括颗粒相），相间存在相互穿透，各相拥有共同的压力，但拥有各自的速度和温度。主要应用包括气泡柱、油水分离、乳化、气溶胶、流化床等。软件提供了多种相间力，包括阻力、升力、虚拟质量力、壁面润滑力、湍流耗散力，每种相间力又具备多个选项。

3. 声学模型

声学模型旨在为噪声问题仿真设置模型及相关参数。软件噪声模块在求解器计算过程中支持 FWH 模型和 BroadBandNoise-Proudman 模型的声源信息文件输出。FWH 模型仅在非稳态问题的单个流体区域内可用。BroadBandNoise-Proudman 模型可以用于稳态和非稳态单个流体区域的问题处理。

4. 辐射模型

辐射模型旨在为模拟辐射传热过程设置模型及相关参数，模型仅在激活能量方程后才可用。软件支持基于角系数的辐射模型及 DO 辐射模型。

5. 离散相模型

离散相模型旨在为模拟离散相设置模型及相关参数，仅在非稳态问题的流体区域内可用。

6. 组分模型

组分模型旨在为模拟组分输运及相关化学反应问题设置模型及相关参数。

7. 附加模型

附加模型模块可以在当前计算域中添加如下源项。

➢ 能量源项：旨在为模拟体积热源设置几何及物理参数，固体导热区中仅有此附加模型选项。

➢ 动量源项：旨在为模拟体积力设置几何及物理参数。

➢ 多孔介质：旨在为模拟多孔介质设置几何及物理参数。

➢ 阻塞区模型：旨在将流体区中的指定区域设置为特定的固体属性。

➢ 周期边界驱动源项：旨在设定周期性边界条件的流动条件，仅当计算域内有周期性边界条件时可用。

➢ 组分源项：旨在在流体区的指定边界上设置组分源。

附录 B　AITherMa 软件介绍

AITherMa（Artificial Intelligence enhanced Thermal Manager）智能汽车热管理系统仿真软件是一款由南京天洑软件有限公司开发的汽车专用热管理系统仿真软件，其软件界面如图 B-1 所示。

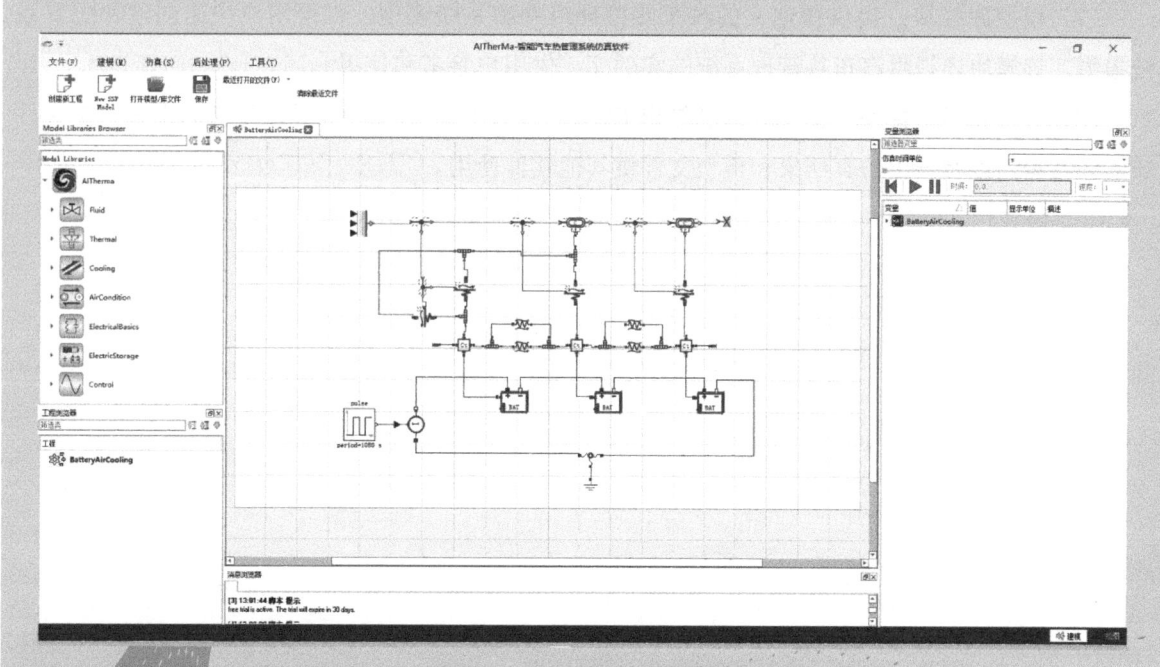

图 B-1　AITherMa 软件界面

该软件包括多个功能模块，如系统建模、仿真设置、仿真运行、结果分析等。系统建模模块允许用户定义热管理系统的组件和连接关系；仿真设置模块提供参数设置和仿真条件配置功能；仿真运行模块用于进行热管理系统的仿真运行控制；结果分析模块用于展示仿真结果和生成图表报告。

（1）系统建模模块：提供建立汽车热管理系统模型的工具和功能。用户可以选择不同类型的热管理系统组件（如散热器、冷却液循环系统、热交换器等）并配置其属性和参数。该模块还支持组件之间连线即连接关系的建立。

（2）仿真设置模块：允许用户设定热管理系统中各个组件的参数，如流量、温度、压力等。用户可以根据具体需求进行参数设置，并进行参数优化以找到最佳的系统配置和工作条件。

（3）仿真运行模块：用于启动热管理系统的仿真运行，并监视仿真过程。该模块提供仿真控制选项，如启动、暂停、停止仿真，并显示仿真时间、状态和进度等信息。

（4）结果分析模块：提供丰富的结果分析工具，以可视化和解释仿真结果。该模块应包括绘图工具，用于绘制温度分布图、流量曲线图表等。此外，该模块还提供数据表格和统计分析功能，以便用户更详细地查看和分析仿真结果。

（5）优化模块：支持系统参数的优化和优化算法的应用。用户可以定义优化目标和约束条件，以及选择合适的优化算法。该模块可以自动调整系统参数，以实现最佳性能和效率。

（6）可视化界面模块：提供直观和友好的用户界面，以便用户轻松地操作软件。该模块包括菜单栏、工具栏、状态栏等常见的界面元素，以及与其他模块的交互和集成窗口。

（7）模型库模块：提供预定义的汽车热管理组件和系统模型，以便用户快速创建和配置系统模型。该模块还提供汽车热管理系统的案例库，供用户参考和使用。

（8）导入和导出模块：支持导入和导出 FMU 模型文件。用户可以导入现有的系统模型文件或实验数据，以及导出仿真结果和模型文件供其他软件使用。

附录 C AICFD 软件介绍

南京天洑软件有限公司自主研发的智能热流体仿真软件 AICFD，功能分为几何模型导入、网格自动生成、快速仿真、后处理和结果可视化、智能加速预测五大部分。通过现代化的图形界面结合数值仿真、智能预测和加速算法，AICFD 向用户提供了简便易用的智能热流体仿真功能，其界面主要由菜单栏、树窗口、视口界面和日志输出窗口四部分组成（见图 C-1）。

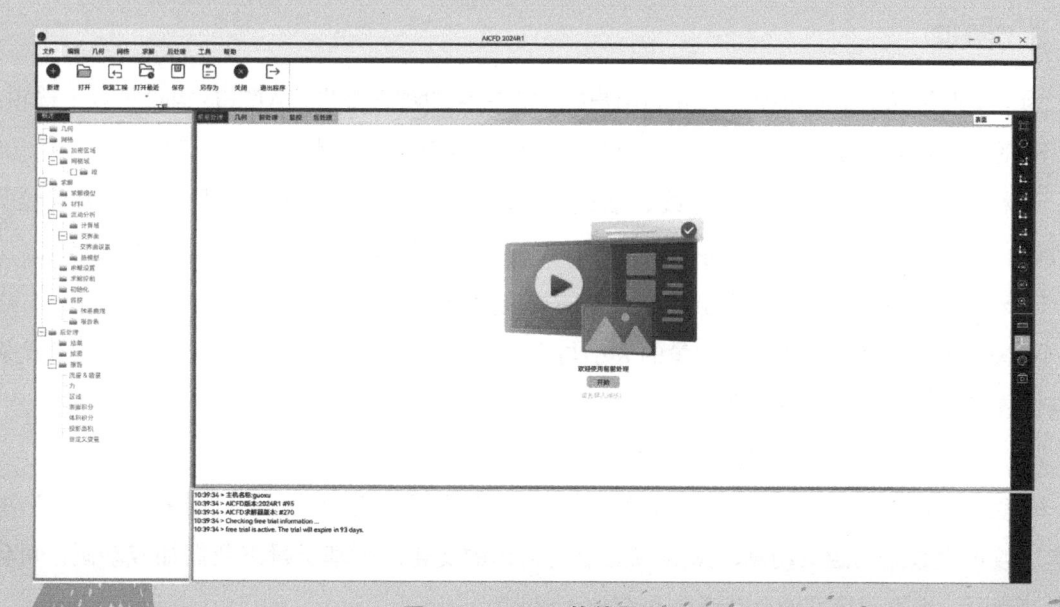

图 C-1 AICFD 软件界面

AICFD 从用户的角度出发，内嵌了通用的 CFD 前、后处理工具，降低了仿真软件的使用门槛，使得任何类型的工程师都可以轻松入门完成复杂分析。同时，AICFD 为用户提供流畅、便捷的可视化操作界面，帮助用户提高仿真设计效率，减少仿真过程中的重复劳动。用户可以方便快速地进行几何模型导入、网格划分、后处理等操作，并对仿真模型进行查看和三维交互。

1. 几何模型导入

软件提供几何模型导入接口，可直接读取 STL 等格式的几何模型文件，满足用户多 CAD 数据源的仿真需求。

同时，软件提供电子设备内常见器件的非几何属性配置功能，用户可直接将模型属性赋予特定的几何形状，极大程度地简化了电子器件的模型建立过程，具体对象包括但不限于以下内容：电气条件、流设备，如入口边界风扇、出口边界风扇、域内风扇、热管、PCB、体热源、平面热源、辐射面、多孔板等。

2. 网格划分

软件网格模块以非结构化的三角形/四边形面网格为基础，提供曲面跟踪、曲率自适应、自动光顺、质量检查等功能。同时，自动面网格划分、边界层（附面层）处理（含自动的曲率自适应处理），以及阵面推进的四面体网格算法等技术组合在一起，实现了 CFD 流体分析的"一键式"高度自动化、高质量网格划分。

同时，软件拥有丰富的网格数据接口，可读取 MESH、GMSH、CCM 等主流格式的网格模型文件。

3. 后处理

为了实现仿真结果的可视化，并为用户提供定制化的仿真报告，AICFD 提供了以下选项：

☑ 等值面：可基于标量、矢量、坐标值，建立等值面和等值体。

☑ 粒子追踪：可创建流线、迹线、烟线；可以线状、带状、管状等不同的形式表现粒子追踪轨迹；可基于点、线、面或部件发射流线；可使用鼠标操纵来实现流线的动态交互显示。

☑ 云图：可查看流体在任意空间位置上的物理量分布。

☑ 矢量图：可使用箭头显示向量的大小与方向；可根据喜好定义箭头的风格、颜色、比例、起点位置等；可使用曲线箭头显示局部曲率变化。

☑ 二维图表：可基于二维图表进行数据分析和展示。

☑ 动画制作：可创建粒子追踪、平面剪切扫略、等值面移动等动画；可利用"动画书"功能，创建过渡过程数据的翻页动画，来虚拟显示几何体的变化；可基于瞬态数据加载动画；可创建关键帧动画，来表现模型的自动漫游与缩放。

☑ 数据导出：支持导出特定位置流场流动和温度信息。

☑ 数据查询：可获知任意坐标点、节点、单元、部件与模型的信息。

AICFD 具备以下功能：

（1）软件可以进行流动传热分析，能够模拟的热现象包括：热传导、热对流、热辐射、稳态温度场、瞬态温度场。

（2）求解器包含压力基求解器（Pressure Based Solver），压力基求解器包含 SIMPLE、SIMPLEC、PROJECTION 三种分离求解器。

（3）求解器支持丰富的网格类型，包括三角形、四边形、四面体、棱柱、六面体、金字塔、多面体网格等。

（4）求解器具备四面体网格转换为多面体网格的功能，并具备支持多面体网格的积分算法。

（5）求解器具有一阶和二阶数值离散格式。

（6）软件内置多种湍流模型，包括：标准 K-Epsilon 模型、Realizable K-Epsilon 模型、Spalart-Allmaras 一方程模型、标准 k-omega 模型和 SST k-omega 模型。瞬态大涡模拟系列的 SGS（Sub-Grid-Scale）模型有标准 Smagorinsky SGS 模型和动态 Smagorinsky SGS 模型两种。

（7）求解器内部集成有丰富物性参数的数据库，支持用户新增气体、液体、固体等类型的材料。针对不同类型材料，提供对应的材料属性模板，用户可在模板上修改相关属性。

（8）求解器可以添加常数或非常数的质量、动量、热、化学组分等变量的体积源项。

（9）求解器具有噪声计算模块，能进行噪声计算和输出声压数据至专业声学分析软件等，内嵌 Ffowcs-Williams&Hawkings 声学模型；提供多种方法计算由非稳态压力脉动引起的噪声，可以将瞬态大涡模拟预测的表面压力通过快速傅里叶变换工具转换成频谱。

（10）求解器支持 CPU 多核并行计算，支持 HPC 部署。

（11）软件在传统 CFD 仿真模式上融合了 AI 智能预测和加速算法，可实现智能预测和加速迭代计算，大幅度提高热仿真效率。针对同一模型需要改变热设计参数或边界条件的情况，基于历史计算样本，可进行秒级结果预测，实现真正意义上的实时仿真。

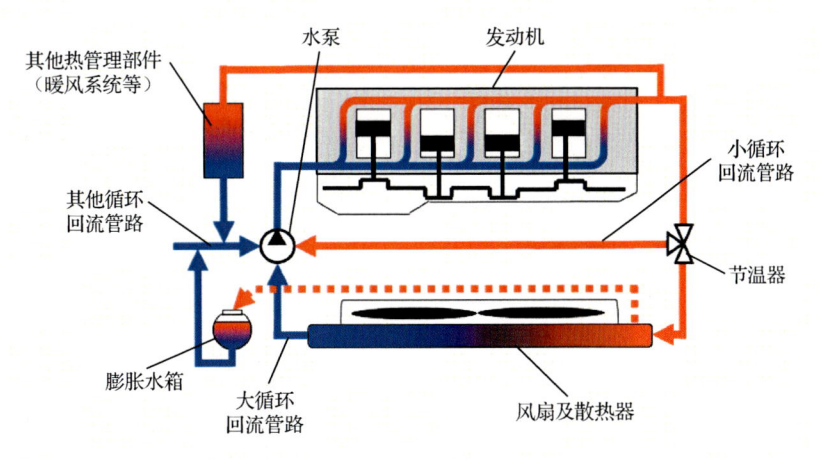

图 2-23　经典的发动机热管理系统结构示意图

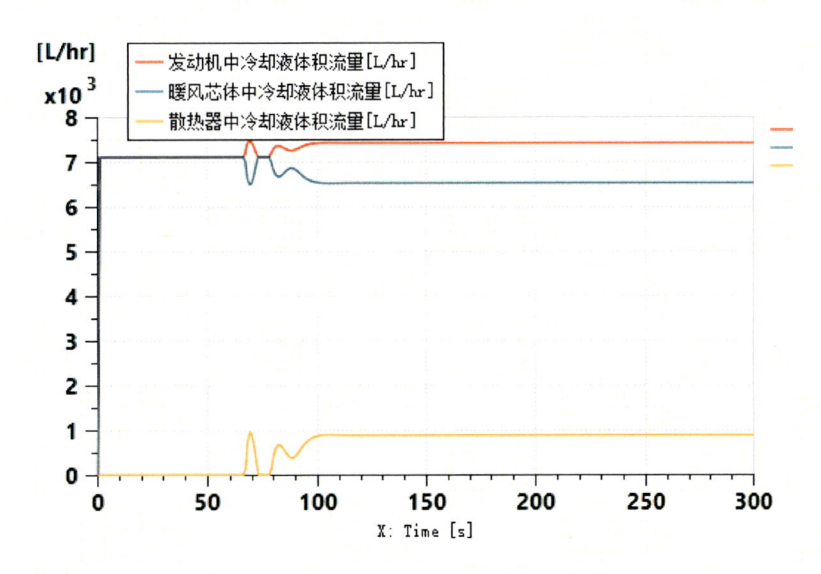

图 2-42　不同部件中的冷却液体积流量

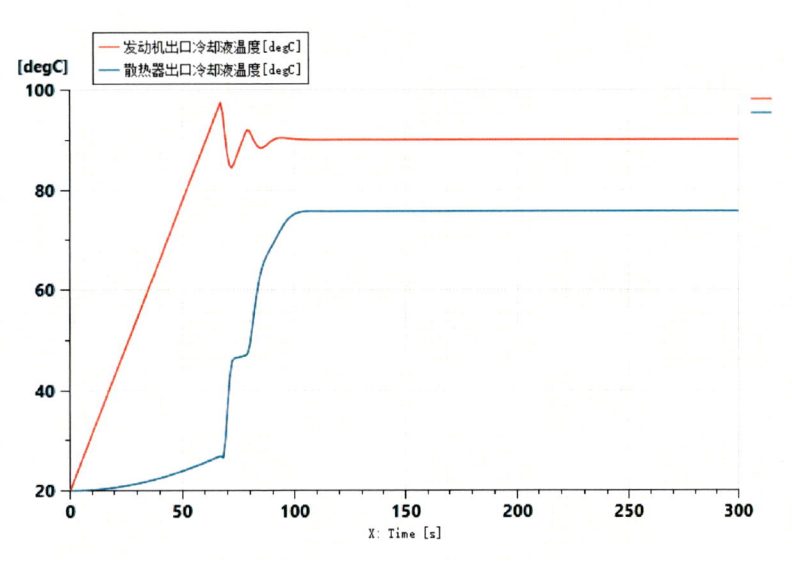

图 2-43　散热器和发动机出口冷却液温度的变化

（a）机壳表面温度分布云图　　　　　　（b）冷却液温度分布云图

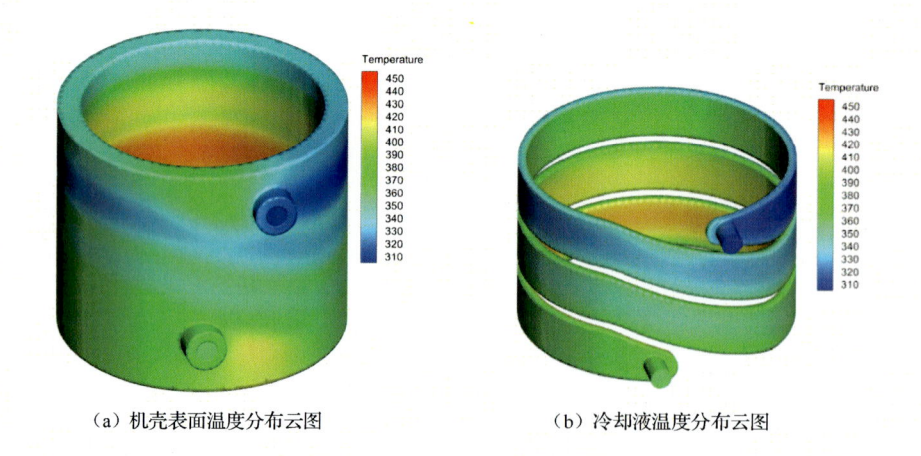

图 3-29　水冷电机散热系统温度分布云图

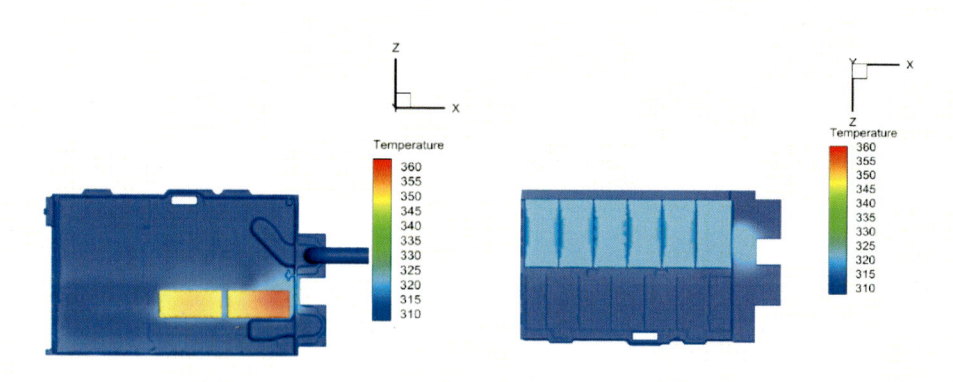

图 3-57　逆变器温度分布云图

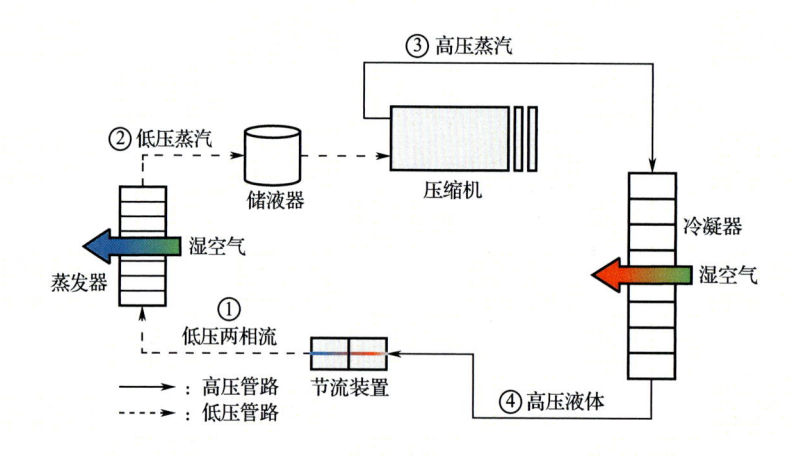

图 4-4　常规的空调系统结构示意图

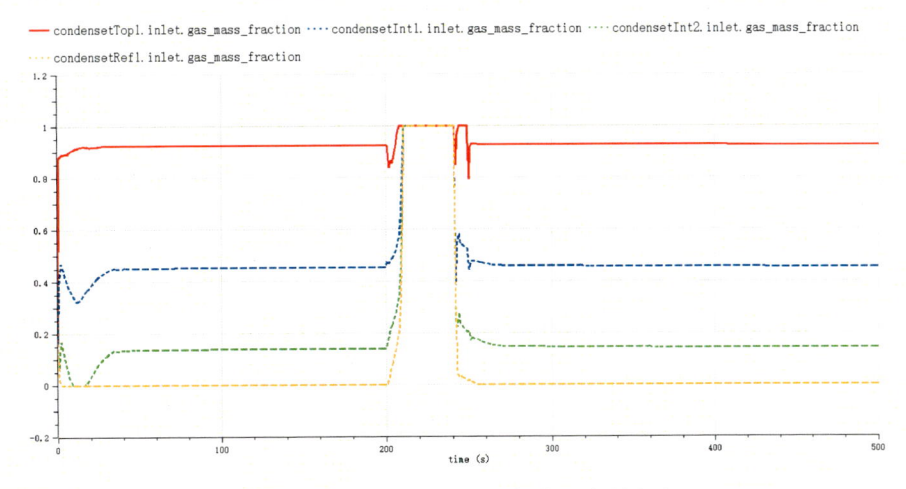

图 4-18 冷凝器各段入口的气态制冷剂占比

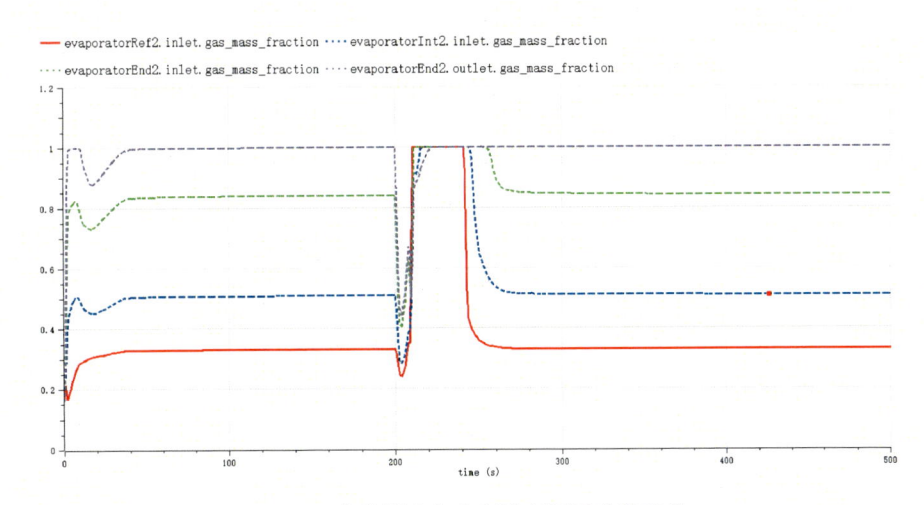

图 4-21 蒸发器中气态制冷剂质量分数变化

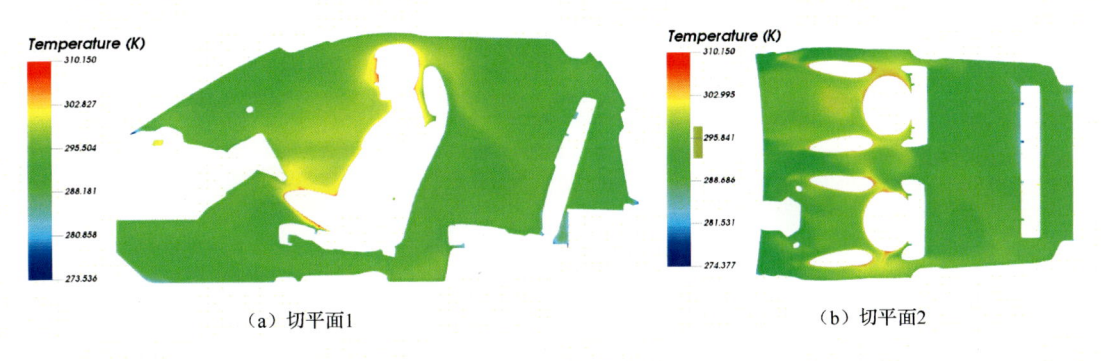

（a）切平面1　　　　　　　　　　（b）切平面2

图 4-40 计算结果后处理

图 6-7 电池包热仿真分析结果

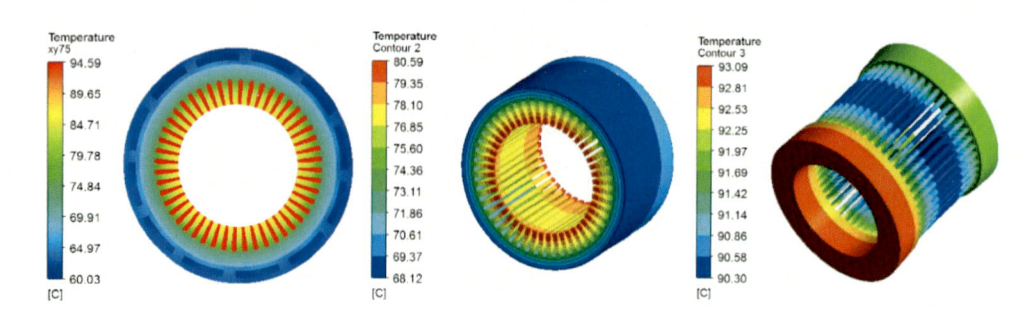

图 6-8 电机热仿真分析结果

图 6-9 座舱仿真模型和乘员体表空气流速仿真分析结果

表 6-1 进风口风速为 2m/s 时的座舱流场 CFD 仿真结果与 AI 预测结果对比

对比位置	CFD 仿真结果	AI 预测结果
Y=0 截面 （汽车中截面）		
X=2.81 截面 （人体前部位置）		